THÉORIE
DES PEINES.

Cet Ouvrage se trouve aussi chez :

BOSSANGE FRÈRES, *LEIPZIG,*

REICHS STRASSE;

MARTIN BOSSANGE ET Cº, *LONDRES,*

14, GREAT MARLBOROUGH STREET.

———

IMPRIMÉ PAR LACHEVARDIERE FILS,

RUE DU COLOMBIER, N. 30, A PARIS.

THÉORIE
DES PEINES

ET

DES RÉCOMPENSES,

OUVRAGE EXTRAIT DES MANUSCRITS DE

M. JÉRÉMIE BENTHAM, JURISCONSULTE ANGLAIS.

PAR ET. DUMONT,

MEMBRE DU CONSEIL REPRÉSENTATIF DE GENÈVE.

Et quoniam variant morbi, variabimus artes.
OVID

TROISIÈME ÉDITION.

TOME PREMIER.

PARIS,

BOSSANGE FRÈRES, LIBRAIRES,
RUE DE SEINE, N° 12.

1825.

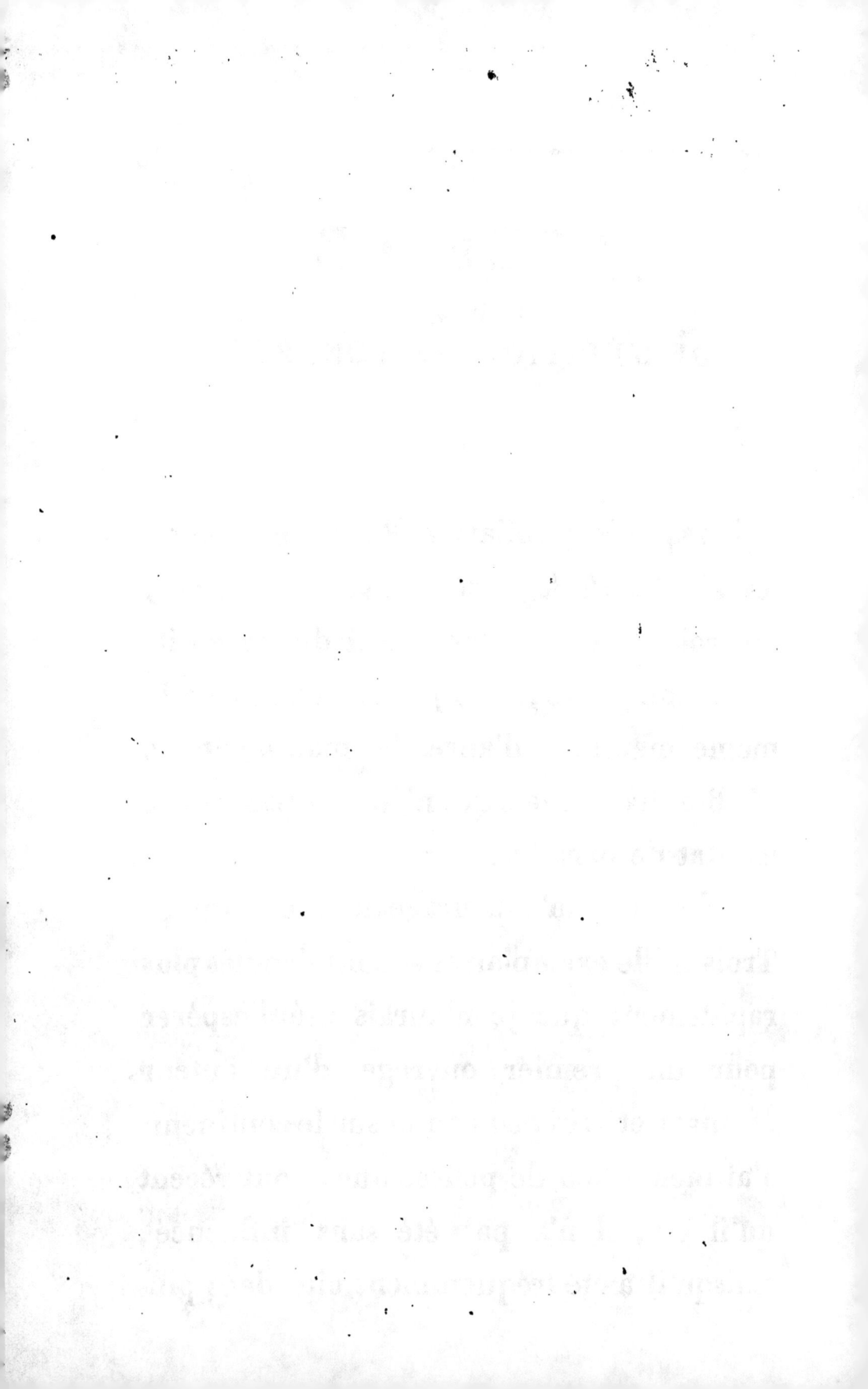

PRÉFACE

DE L'ÉDITION DE LONDRES,

EN 1811.

Lorsque je publiai, à Paris, en 1802, les *Traités de législation civile et pénale*, en trois volumes, j'annonçai divers écrits du même genre, que j'avais rédigés de la même manière, d'après les manuscrits de M. Bentham, mais qui n'étaient pas encore en état de paraître.

Le succès m'encourageait à continuer. Trois mille exemplaires se sont écoulés plus rapidement que je n'aurais osé l'espérer pour un premier ouvrage d'un auteur étranger et très peu connu sur le continent. J'ai même lieu de penser que, tout récent qu'il est, il n'a pas été sans influence, puisqu'il a été fréquemment cité dans plusieurs compositions officielles sur des codes criminels ou civils.

Mais les circonstances actuelles, qui ne me permettent pas de faire entrer ces nouveaux volumes dans la même circulation que les précédents, ont quelquefois ralenti mon zèle, et j'aurais volontiers résigné la tâche que je m'étais imposée, si l'auteur eût voulu s'en charger lui-même. Malheureusement, il y est aussi peu disposé que jamais : et si ces ouvrages ne paraissaient pas dans le costume français que je leur ai donné, il est plus que probable qu'ils resteraient enfouis dans son cabinet.

Ils l'ont été plus de trente ans. Les manuscrits dont j'ai extrait la *Théorie des peines* sont de l'année 1775. Ceux qui m'ont fourni la *Théorie des récompenses* sont un peu postérieurs. Ils furent mis, non au rebut, mais à l'écart, comme des pierres d'attente, pour entrer un jour dans le système général de législation, ou comme des études que l'auteur avait faites pour lui-même.

Ces manuscrits, quoique beaucoup plus volumineux que l'ouvrage que je donne au public, étaient fort incomplets. Ils m'offraient souvent, sur le même sujet, différents essais dont il fallait prendre la substance pour les réunir en un seul. Je n'avais, pour me diriger dans quelques chapitres, que des notes marginales. Pour le quatrième livre de la *Théorie des peines*, j'ai été réduit à rassembler et mettre en œuvre des fragments. La discussion sur la *peine de mort* n'était point finie. L'auteur a eu un moment l'intention de la traiter à neuf, mais cette intention n'a pas eu d'effet. Il n'y avait rien sur la *déportation*, rien sur les *maisons de pénitence ;* l'idée du *Panoptique* était encore dans les espaces imaginaires. J'ai trouvé le fond de ces deux

chapitres importants dans un ouvrage publié par M. Bentham il y a huit ou neuf
ans'. J'en ai pris tout ce qui convenait à
ma manière générale d'envisager le sujet,
en le dégageant de toute controverse.

On ne s'étonnera pas, après ces explications, si l'on trouve souvent des faits ou
des allusions qui ne s'accordent point avec la
date originaire de ces manuscrits. J'ai usé
librement des droits d'éditeur. Selon la
nature du texte et l'occasion, je traduis
ou je commente, j'abrège ou je supplée;
mais s'il est besoin de le répéter, après ce
que j'ai dit dans le *Discours préliminaire
des Traités de législation civile et pénale*,
cette coopération de ma part, n'ayant pour
objet que des détails, ne doit pas trop
diminuer la confiance des lecteurs. Ce n'est
point mon ouvrage que je leur présente,
c'est, aussi fidèlement que la nature de

' *Letters to lord Pelham*, etc., etc., etc.

la chose le permet, celui de M. Bentham.

Ces additions, ces changements, m'a-t-on dit, auraient dû porter quelque marque distinctive : mais ce genre de fidélité, quoique désirable, était impossible. Il ne faut qu'imaginer ce qu'est un travail sur un premier jet, sur des manuscrits non achevés, non revus, quelquefois sur des fragments ou de simples notes, pour comprendre qu'il exige une liberté continuelle, une espèce d'infusion imperceptible, si je puis parler ainsi, dont il n'est pas même possible au rédacteur de se souvenir. Mais qu'importe : on peut juger que l'auteur n'a pas trouvé ses idées défigurées ou falsifiées, puisqu'il a continué à me confier ses papiers.

Cependant je dois déclarer qu'il a refusé toute communication de mon travail, et qu'en aucune manière il ne veut en être responsable. Comme il n'a jamais été satisfait d'une première composition, et qu'il

n'a rien publié qui n'eût été écrit deux fois
tout au moins, il a prévu que la révision
d'un essai d'une date si ancienne le mè-
nerait loin et serait incompatible avec ses
occupations actuelles. C'est ainsi qu'il a
justifié son refus; mais il m'autorise à ajouter que les changements n'auraient porté
que sur la forme, car sur le fond ses sentiments n'ont point varié : au contraire, le
temps et les réflexions n'ont fait que leur
donner de nouvelles forces.

Que M. Bentham, trop difficile sur ses
productions, ne crût pas celle-ci digne des
regards publics, c'est ce qui n'étonnera
point ceux qui savent tout ce qu'il exige
de lui-même, et les idées qu'il se forme
d'un ouvrage achevé.

Un livre parfait serait celui qui rendrait
inutiles tous ceux qui ont été faits sur la
même matière, et tous ceux qui pourraient
venir après. Par rapport à cette seconde

condition, on ne saurait décider qu'elle est remplie, à moins de prétendre mesurer les forces de l'esprit humain : par rapport à la première, on en peut mieux juger par une comparaison avec les ouvrages qui ont précédé.

Cette comparaison est précisément ce qui m'a soutenu contre une juste défiance, après que l'auteur m'eut refusé tout secours, et m'eut témoigné ses doutes sur le mérite de son travail. Je me suis mis à relire et à considérer les écrits les plus renommés sur cette matière, et même ceux qui ont eu moins d'éclat ; et après cela je n'ai plus hésité.

J'ai été tenté un moment de rassembler tout ce qui est disséminé dans l'*Esprit des lois* sur le sujet des peines et des récompenses. Ce recueil eût été de dix ou douze pages. On aurait pu juger, par ce rapprochement, si elle est bien fondée cette ex-

pression de d'Alembert, si souvent répétée
en France, que *Montesquieu a tout dit,
qu'il a tout abrégé , parcequ'il a tout
vu.* Au milieu de plusieurs pensées ou trop
vagues ou trop peu exactes, et dont quelques unes sont erronées, il y en a certainement de judicieuses et de profondes ,
comme dans tout ce que nous avons de
cet illustre écrivain; mais qu'il y a loin de
là à une théorie des peines! Au reste, ce
n'était point son objet principal; et rien
ne serait plus injuste que de le critiquer
pour n'avoir pas fait ce qu'il n'a pas eu intention de faire.

Beccaria fit plus. Il fut le premier à examiner l'efficacité des peines, d'après leurs
effets sur le cœur humain; à calculer la
force des motifs qui poussent l'individu au
crime, et celle des contre-motifs que la loi
doit leur opposer. Ce genre de mérite analytique fut moins toutefois la cause de son

grand succès que le courage avec lequel il
attaquait des erreurs accréditées, et cette
éloquence d'humanité qui répand un vif
intérêt sur tout son ouvrage. Mais après
cela, je ne crains pas de dire qu'il est dé-
pourvu de méthode, qu'il n'est point conduit par un principe général, qu'il ne fait
qu'effleurer les questions les plus importantes, et qu'il évite avec soin les discussions de pratique, où l'on aurait trop vu
qu'il était étranger à la science positive de
la jurisprudence. Il annonce deux objets
distincts : les *délits*, les *peines;* il y ajoute
occasionellement la *procédure,* — et ces
trois vastes carrières lui fournissent difficilement la matière d'un petit volume.

Après Montesquieu, après Beccaria, on
peut laisser en paix une bibliothèque d'é-
crits plus ou moins estimables, mais qui
n'ont pas un grand caractère d'originalité :
non qu'on ne trouve dans plusieurs des

vues saines et judicieuses, des faits intéressants, de très bonnes critiques sur des
lois dont la plupart n'existent plus, et
qu'ils ont contribué à faire disparaître : je
ne veux point entrer ici dans ce détail de
critique ou d'éloge : il me suffit d'observer
que, comme *théorie des peines*, il n'en
est aucun qui atteigne le but et qui puisse
servir de guide général.

La *Théorie des peines* n'était qu'esquissée dans les volumes que j'ai publiés. Ce
n'était, relativement aux lois criminelles,
que la carte générale d'un pays dont on
présente ici la topographie.

Cependant, pour éviter les renvois, et
pour rendre cet ouvrage-ci complet en lui-
même, j'ai emprunté du précédent quelques chapitres nécessaires, mais en leur
donnant une nouvelle forme, et en y faisant
des additions considérables.

Maintenant, au risque d'inspirer aux

lecteurs un préjugé peu favorable à l'ouvrage; j'avouerai que son objet, quelque
important qu'il soit par ses conséquences,
n'est rien moins qu'attrayant par sa nature.
Je l'ai trop senti durant mon travail, et je
ne l'ai pas achevé sans avoir eu souvent à
me vaincre moi-même. Il faut donc que
l'intérêt philosophique leur suffise seul. Des
descriptions de peines, des *examens de
peines* qui se succèdent, sans relâche, dans
un ordre didactique, ne se prêtent pas à la
variété du style, et n'offrent point de tableaux sur lesquels l'imagination puisse se
reposer avec plaisir.

> *Felices ditant hæc ornamenta libellos;*
> *Non est conveniens luctibus ille color.*

Heureusement le sujet des récompenses,
par sa nouveauté, et par les idées de vertus, de talents, de services qu'il fait passer
en revue, conduira les lecteurs par des

routes plus agréables. On ouvre ici, pour ainsi dire, le *Tartare* et l'*Elysée* de la législation; mais on n'entre dans ce Tartare que pour en adoucir les tourments, et l'on se gardera bien de graver sur le seuil l'inscription terrible du poëte :

Lasciate speranza, voi ch' entrate.

THÉORIE

DES

PEINES LÉGALES.

~~~~~~

LIVRE PREMIER.

PRINCIPES GÉNÉRAUX.

———

CHAPITRE PREMIER.

DÉFINITIONS ET DISTINCTIONS.

Le mot *peine*, ou, pour éviter toute équivoque,
le mot *punition*, est un de ceux qu'au premier
coup d'œil il ne paraît pas nécessaire de définir.
On ne peut pas, ce semble, en donner une notion
plus claire que celle qui est déjà dans l'esprit
de tout le monde. Mais cette notion générale,
toute claire qu'elle est, n'est pas bien déterminée : elle ne va pas jusqu'à distinguer pré-

cisément *l'acte de punir* d'avec plusieurs actes
qui lui ressemblent à certains égards. S'il faut
énoncer tout ce qui est renfermé dans l'acte de
punir, c'est principalement pour parvenir à connaître tout ce qu'il exclut.

I.

Punir, dans le sens le plus général, *c'est infli-*
ger un mal à un individu, avec une intention di-
recte par rapport à ce mal, à raison de quelque
acte qui paraît avoir été fait ou omis.

Arrêtons-nous un moment à justifier cette définition. L'*intention directe par rapport au mal*
infligé est essentielle. Si je fais un mal à Titius,
sans intention, c'est pur *accident*. Si je lui fais ce
mal pour le préserver de quelque danger, ou
pour me préserver moi-même, ou par tout autre
motif étranger à sa souffrance, un tel acte n'emporte pas l'idée de punition.

L'énoncé du *motif* par rapport au mal infligé
n'est pas moins essentiel. S'il n'y a point eu d'acte
antérieur, réel ou présumé, de la part de Titius,
servant de motif au mal que je lui fais, ce mal
ne sera considéré par personne comme une punition.

Si, en conséquence d'un acte de Titius, le
mal était infligé, non à lui, mais à quelque autre
individu, à raison de sa liaison avec lui, ce mal

serait compris sous l'idée de punition de Titius[1].

II.

Après avoir défini l'acte de punir, nous sommes en état d'expliquer d'autres actes qui ont avec celui-là des rapports et des différences.

S'il n'y a eu de ma part aucun acte réel ou présumé qui ait servi de motif au mal que vous m'infligez, si ma souffrance a été l'objet direct et final de votre intention, c'est de votre part un acte de *pure hostilité, de pure malice.*

S'il y a eu de ma part ou de la part des miens quelque acte réel ou présumé, qui vous offense, et que dans le mal que vous me faites vous n'ayez en vue que le plaisir de me faire souffrir, c'est un acte de *vengeance*[2].

Si votre acte d'hostilité n'est fondé sur aucun acte hostile de ma part, mais sur quelque circonstance qui vous déplaît en moi, quoique étrangère à toute intention de vous offenser, c'est un acte de *pure antipathie.*

[1] *Voyez* livre V. *Peines déplacées.*

[2] Ainsi tout acte de vengeance est un acte de punition, mais tout acte de punition n'en est pas un de vengeance. La définition de Johnson est bien défectueuse : *Punishment, any infliction or pain in vengeance of a crime.*

Celle de Grotius est meilleure : *Malum passionis quod infligitur ob malum actionis,* lib. II, cap. xx.

III.

Dans les trois cas précédents, l'intention par rapport au mal est directe; dans les cas suivants, elle est *indirecte* : le mal n'est pas le but, il n'est que le moyen.

Le mal que vous me faites a-t-il pour unique objet de restreindre l'exercice de mes facultés par rapport à certains actes que vous appréhendez de ma part: c'est un acte préventif ou de *prévention.*

Le mal de votre part a-t-il pour objet de me déterminer à faire certains actes que je ne ferais pas sans cela: c'est un acte de *contrainte.*

Le service militaire, les obligations civiles, les impôts, sont des maux de cette nature. La peine qui les accompagne n'entre point dans l'intention du législateur; cette peine ne contribue point à l'objet du service : les actes de contrainte ne sont donc pas des punitions.

Me soumettez-vous à une souffrance aiguë corporelle dont l'application doive cesser dès que j'aurai rendu le service exigé de moi; par exemple, dès que j'aurai donné sur un fait l'information que vous croyez en mon pouvoir de vous donner : c'est un acte de *torture.*

Le mal que vous m'infligez a-t-il pour objet de vous garantir vous-même dans le moment où je suis occupé à préparer où exécuter quelque attentat contre vous: c'est un acte de *défense personnelle.*

A-t-il pour objet de vous mettre à l'abri d'un danger qui vous menace, que ce danger vienne des choses ou des personnes, avec intention ou sans intention : c'est un acte de *conservation personnelle.*

S'agit-il d'une somme d'argent qu'on exige de vous, comme un équivalent pour une perte que vous avez causée à un tiers : c'est un acte de *satisfaction pécuniaire,* non de punition.

Ainsi, le même acte, le même mal, selon la différence d'intention et de motif, de la part de l'agent, reçoit différentes dénominations, et va se ranger dans la classe des actes nuisibles ou des actes utiles [1].

[1] Pour rendre la distinction entre tous ces objets aussi claire que possible, faisons-en l'application à un exemple familier.

En 1769, un jury condamna lord Halifax à 4000 l. st. de dommages pour l'emprisonnement illégal de John Wilkes, sur le soupçon d'être l'auteur d'un libelle politique. On me demande de quelle nature était l'acte du jury qui donnait ce verdict, si c'était un acte de pure malice, de vengeance, de contrainte, d'antipathie, de défense personnelle, etc., etc.

Évidemment, ce n'était pas un acte de *malice;* il était fait à raison d'un acte antérieur de lord Halifax, l'empri-

Après avoir donné la définition générale du
mot *punir*, passons à la définition particulière
de la *peine légale*, c'est-à-dire de la peine légale
dans le sens qu'on lui attachera constamment
dans cet ouvrage.

D'après le principe de l'utilité, les peines léga-
les sont des maux infligés, selon des formes juri-
diques, à des individus convaincus de quelque acte
nuisible, défendu par la loi, et dans le but de pré-
venir de semblables actes.

Il entre dans cette définition trois circonstances
qui n'entraient pas dans la définition abstraite:

sonnement de M. Wilkes : ni de *contrainte*, la somme une
fois payée, on n'exigeait rien de plus de sa part : ni de *dé-*
fense personnelle, elle implique une agression personnelle
qu'on repousse.

Était-ce un acte de vengeance, d'antipathie ou de prévention, ou de satisfaction pécuniaire, ou de conservation
de soi-même?

Je réponds que ce pouvait être tous ces actes ensemble ou
chacun d'eux séparément, selon l'intention des jurés.

Si l'un d'eux irrité contre le lord Halifax, par un motif
privé ou public, jouissait du plaisir de lui faire de la peine:
jusque là, c'était de sa part un acte de *vengeance*, et consé-
quemment de *punition*.

Si un juré se laissait entraîner à prononcer contre le lord
Halifax par quelque prévention générale, soit parcequ'il était
lord ou ministre d'état, ou qu'il était Irlandais ou Écos-
sais, etc.; c'était de sa part un acte d'*antipathie*.

Si un juré avait en vue d'empêcher lord Halifax lui-même,

le droit de punir, — le but de la peine, — la fixation de la peine sur le délinquant seul, autant que possible.

Par rapport à l'origine du droit de punir, il n'y a rien de particulier à en dire : elle est la même que celle de tous les autres droits du gouvernement. On ne saurait même concevoir un seul droit, ni du gouvernement, ni des individus, qui pût exister sans le droit de punir. Il est la sanction de tous les autres.

Des auteurs respectables ont soutenu que les peines ne pouvaient être légitimes qu'en vertu

ou tout autre occupant à l'avenir la même place, de commettre un semblable emprisonnement illégal, c'était dans l'intention de ce juré un acte de *prévention* ; et en tant que la peine ressentie par lord Halifax était nécessaire à ce but, c'était un acte de *punition*.

Si un juré avait en vue de fournir à John Wilkes un dédommagement pour l'injure qu'il avait soufferte, c'était un acte de *satisfaction pécuniaire*.

Si un juré se croyait personnellement en danger de souffrir une injure semblable de la part de lord Halifax, ou de toute autre personne revêtue de la même autorité , et qu'il donnât son *verdict* en vue de se garantir de ce danger , c'était un acte de *prévention* et de *conservation personnelle*.

Il est très probable que ces différentes intentions entraient plus ou moins distinctement dans l'esprit des jurés; et par conséquent leur verdict pouvait se ranger sous ces différentes dénominations.

d'un consentement antérieur de la part des individus : comme si dans quelque acte solennel ils avaient déclaré vouloir se soumettre à telle peine pour tel délit, à condition que tout autre y serait soumis comme eux.

On peut sans doute trouver quelque trace d'un tel pacte dans les formes de gouvernement où le peuple participe à la législation : mais même dans les démocraties cette idée du consentement ne serait le plus souvent qu'une fiction aussi dangereuse que peu fondée. Ce qui justifie la peine, c'est son utilité majeure, ou, pour mieux dire, sa *nécessité*. Les délinquants sont des ennemis publics : où est le besoin que des ennemis consentent à être désarmés et contenus ?

Dans l'état sauvage ou l'état de nature, le pouvoir de punir est exercé par chaque individu, selon son degré de ressentiment ou de force personnelle. Chaque pas de civilisation a été marqué par quelque restriction mise à l'exercice de ce pouvoir, comme chaque pas rétrograde vers l'anarchie est marqué par quelque effort de la multitude pour s'en ressaisir. Dans une société politique bien instituée, il ne reste plus aux individus que ce que la loi ne peut pas leur ôter, la faculté de refuser leurs services libres à ceux qui les ont offensés. L'autorité domestique, celle des pères, par exemple, autrefois si étendue, a

été bornée par degrés aux simples peines appe-
lées *correctionnelles*. Dans les contrées où l'esclavage n'est pas détruit, le plus grand mal de
cet état consiste dans ce droit de punir possédé
par les maîtres: droit qu'il est si difficile, pour
ne pas dire impossible, de resserrer dans des limites déterminées.

CHAPITRE II.

CLASSIFICATION.

Nous avons vu que les délits privés pouvaient se ranger sous quatre chefs : délits contre la *personne*, — contre la *propriété*, — contre la *réputation*, — contre la *condition* [1].

La même division s'applique aux peines. On ne peut punir un individu qu'en l'affectant dans sa personne ou dans sa propriété, dans sa reputation ou dans sa condition.

Ce qui rend ces deux classifications symétriques, c'est que les peines et les délits sont également ments des maux infligés par l'agence libre des hommes. Autant de points où nous sommes vulnérables par la main d'un délinquant, autant de points où le délinquant lui-même est vulnérable pas le glaive de la loi. La différence entre les peines et les délits n'est donc pas dans leur nature, qui est ou qui peut être la même : la différence est dans la légitimité des unes, et l'illé-

[1] *Traités de législation. Principes*, etc., tome I, chap. VIII.

gitimité des autres : les délits sont défendus par la loi, les peines sont l'œuvre de la loi. Quant à leurs effets, ils sont diamétralement opposés. Le délit produit un *mal du premier ordre*, et *un mal du second ordre* [1] : il inflige une souffrance à un individu qui n'a pu l'éviter, et il répand une alarme plus ou moins générale. La peine produit *un mal du premier ordre*, et *un bien du second ordre* : elle inflige une souffrance à un individu qui l'a encourue volontairement ; et dans ses effets secondaires, elle se change tout en bien, elle intimide les hommes dangereux, elle rassure les innocents, elle est l'unique sauvegarde de la société.

Les peines qui affectent immédiatement la personne, dans ses facultés actives ou passives, constituent la classe des peines *corporelles* ; elles se divisent en plusieurs genres :

1° Peines simplement afflictives ;

[1] *Traités*, etc., tom. I, chap. X. *Analyse du mal.* Le mal résultant d'un délit se divise en deux lots principaux : 1° celui qui tombe immédiatement sur l'individu lésé ; il constitue le *mal du premier ordre* ; 2° celui qui prend sa source dans le premier, et qui se répand sur la communauté entière ; c'est un sentiment d'alarme, résultant du danger de souffrir le même mal. Il constitue le *mal du second ordre.*

Voilà l'idée générale : pour les développements, je renvoie au chapitre indiqué.

2° Peines afflictives complexes;

3° Peines restrictives;

4° Peines actives ou laborieuses;

5° Peines capitales.

Les peines qui affectent la propriété, la réputation ou la condition, ont en commun de priver l'individu de quelque avantage dont il jouissait auparavant : ce sont des peines *privatives*, des *pertes*, des *déchéances*. Les peines de cette classe sont très variées, elles s'étendent à toutes les espèces de *possessions* possibles.

Voilà les peines réduites à deux classes :

1° Peines corporelles;

2° Peines privatives, ou peines de perte, ou déchéances [1].

___

[1] Je me borne à cette classification, qui n'est qu'une esquisse; je placerai peut-être dans un appendix *une vue analytique des peines*, d'après la méthode exhaustive de l'auteur. Au reste, il est très rare que deux classes contiguës d'objets puissent être bien exactement définies. Dans le meilleur arrangement possible des peines, on les voit se toucher, se confondre par quelques points. Une peine pécuniaire devient, par exemple, peine corporelle, si elle prive l'individu de ce qui était nécessaire à ses besoins immédiats.

CHAPITRE III.

DU BUT DES PEINES.

Après l'événement d'un acte nuisible, d'un délit, deux pensées doivent se présenter à l'esprit du législateur ou du magistrat: l'une de prévenir la répétition de délits semblables, l'autre de réparer autant que possible le mal du délit passé.

Le danger le plus immédiat vient du délinquant lui-même : c'est le premier objet auquel il faut pourvoir. Mais le danger existe de la part de tout individu qui peut avoir les mêmes motifs et les mêmes facilités à commettre un délit pareil.

Ainsi la prévention des délits se divise en deux branches : *prévention particulière*, qui s'applique au délinquant individuel ; et *prévention générale*, qui s'applique à tous les membres de la communauté sans exception.

Tout individu se gouverne, même à son insu, d'après un calcul bien ou mal fait de peines et de plaisirs. Préjuge-t-il que la peine sera la conséquence d'un acte qui lui plaît, cette idée agit avec une certaine force pour l'en détourner. La valeur totale de la peine lui paraît-elle plus grande que la valeur totale du plaisir, la force répulsive sera la force majeure; l'acte n'aura pas lieu [1].

Par rapport à un délinquant donné, on peut prévenir la récidive du délit de trois manières :

1° En lui ôtant le pouvoir physique de le commettre ;

2° En lui en faisant perdre le désir ;

3° En lui en ôtant l'audace.

Dans le premier cas, l'homme ne *peut* plus commettre le délit; dans le second, il ne le *veut* plus; dans le troisième, il peut le vouloir encore, mais il ne l'*ose* plus. Dans le premier cas, il y a incapacité physique; dans le second, réformation morale; dans le troisième, intimidation.

La prévention générale s'opère par la dénonciation de la peine, et par son application, qui, selon l'expression commune et juste, sert d'*exemple :* la peine soufferte par le délinquant offre à

---

[1] Je dis *valeur totale*, pour comprendre les quatre circonstances dont se compose la valeur d'une peine ou d'un plaisir: *intensité, proximité, certitude, durée.*

Ceci obvie aux objections que Locke a faites (liv. II, chap. xxi) contre la proposition que « l'homme est déter- » miné par son plus grand bien apparent. »

chacun un exemple de ce qu'il aurait à souffrir en se rendant coupable du même délit.

La prévention générale est le but principal des peines; c'est aussi leur raison justificative. A ne considérer le délit passé que comme un fait isolé qui ne peut plus revenir, la peine serait en pure perte; elle ne ferait qu'ajouter un mal à un autre; mais quand on considère qu'un délit impuni laisserait la carrière libre, non seulement au même délinquant, mais encore à tous ceux qui auraient les mêmes motifs et les mêmes occasions pour s'y livrer, on sent que la peine appliquée à un individu devient la sauvegarde universelle. La peine, moyen vil en lui-même, qui répugne à tous les sentiments généreux, s'élève au premier rang des services publics quand on l'envisage, non comme un acte de colère ou de vengeance contre un coupable ou infortuné qui cède à des penchants funestes, mais comme un sacrifice indispensable pour le salut commun.

Par rapport à un délinquant particulier, nous avons vu que la peine avait trois objets, incapacitation, réformation, intimidation. Son délit est-il de nature à inspirer une grande alarme, en manifestant une disposition très nuisible, il faut lui ôter le pouvoir de récidiver. Mais si le délit, moins dangereux, ne justifie qu'une peine passagère, et qu'on rende le coupable à la société, il

faut que la peine ait les qualités propres à le réformer ou à l'intimider.

Après avoir pourvu à la prévention des délits
futurs, il reste encore au magistrat à réparer
autant qu'il est possible le délit passé, en accor-
dant une satisfaction à la partie lésée, c'est-à-
dire un équivalent en bien pour le mal souffert.

Cette satisfaction, fondée sur des raisons qui
ont été développées ailleurs [1], ne semble pas
appartenir au sujet des peines, puisqu'elle concerne un autre que le délinquant, et paraît au
premier coup d'œil n'avoir rien de commun avec
lui. Mais ces deux buts ont une liaison réelle. Il est
des peines qui ont le double effet de fournir un dédommagement à la partie lésée, et d'infliger au
délinquant une souffrance proportionnelle. Ainsi
les deux buts se trouvent remplis par une seule
et même opération. C'est là, en certains cas, l'a-
vantage éminent des peines pécuniaires.

[1] *Traités*, etc., tom. II, quatrième partie, chap. XVI.

CHAPITRE IV.

DÉPENSE DES PEINES.

Dépense des peines. Cette expression, qui n'appartient pas encore au langage commun, sera d'abord accusée de singularité et de recherche; cependant elle a été choisie avec réflexion, comme la seule propre à rendre l'idée qu'on veut donner, sans renfermer un jugement anticipé d'approbation ou de désapprobation. Le mal produit par les peines est une dépense que fait l'état en vue d'un profit. Ce profit, c'est la prévention des crimes. Dans cette opération, tout doit être calcul de gain et de perte; et quand on évalue le gain, il faut soustraire la perte : d'où il résulte évidemment que diminuer la dépense ou augmenter le profit, c'est également tendre à obtenir une balance favorable.

L'expression de *dépense*, une fois admise, amène naturellement celle d'*économie*. On parle ordinairement de la *douceur* ou de la *rigueur* des peines. Ces deux termes portent avec eux un préjugé de faveur ou de défaveur, qui peut nuire à l'impartialité de l'examen. Dire une *peine douce*, c'est associer des idées contradictoires, dire une *peine économique*, c'est emprunter la langue du calcul et de la raison.

Nous dirons donc d'une peine qu'elle est *économique*, lorsqu'elle produit l'effet désiré avec le moindre emploi possible de souffrance ; nous dirons qu'elle est trop *dispendieuse*, quand elle produit un mal plus qu'équivalent au bien, ou quand on pourrait obtenir le même bien au prix d'une peine inférieure. C'est un acte de prodigalité.

Plaçons ici une autre distinction qui nous servira souvent dans la suite. Il y a dans les peines *valeur apparente et valeur réelle*.

J'entends par valeur *réelle*, le mal entier de la peine, tout celui qui serait éprouvé quand elle serait infligée.

J'entends par valeur *apparente*, le mal probable qui se présenterait à l'imagination du commun des hommes, d'après la simple description de la peine, ou la vue de son exécution.

Qu'est-ce qui constitue la dépense ? c'est la peine réelle. Qu'est-ce qui influe sur la conduite des sujets ? c'est la peine apparente. — La peine réelle est la *perte*, la peine apparente donne le *profit*.

Le profit des peines se rapporte aux intérêts de deux parties : le public et l'offensé. La dépense

de la peine ajoute à ce nombre un troisième intérêt, celui du délinquant.

Il ne faut pas oublier, quoique trop souvent
on l'oublie, que le délinquant est membre de la
communauté, comme tout autre individu, comme
la partie lésée elle-même ; et qu'il y a même raison pour consulter son intérêt que celui de tout
autre. Son bien-être est proportionnellement le
bien-être de la communauté ; son mal, le mal de
la communauté. Voilà la base, la solide base des
idées morales de justice. Il peut être nécessaire
que l'intérêt du délinquant soit en partie sacrifié
à l'intérêt commun, mais non qu'on y ait aucun
égard. On peut hasarder une grande peine pour
la chance de produire un grand bien : il y a telle
chance plus faible et tel bien inférieur pour lesquels il serait absurde de hasarder la même peine.
C'est là le principe qui dirige les hommes dans
leurs spéculations privées. Pourquoi ne serait-il
pas le guide du législateur ?

Faut-il infliger des peines réelles ? — Oui ;
mais pourquoi ? principalement pour l'exemple,
parceque la *réalité* de la peine est nécessaire
pour en produire l'*apparence*. L'apparence est
l'objet essentiel. Tout le mal qui ne paraît pas
est en pure perte. Il faut donc que le mal réel soit
aussi petit, et le mal apparent aussi grand que
possible. Si pendre un homme en *effigie* pouvait

produire la même impression de terreur, ce serait folie ou cruauté de le pendre en *personne*[1].

Si les délinquants étaient constamment punis pour leurs délits sans que personne en eût connaissance, il est évident que, excepté le faible avantage casuel qui pourrait résulter de l'amendement des coupables, ou de ce qu'on leur ôterait le pouvoir de nuire, l'application des peines serait en pure perte. La peine *réelle* aurait toute sa force; la peine *apparente* serait nulle. Le châtiment tomberait sur chaque individu comme un mal imprévu; il n'aurait point été présent à son

---

[1] Au cap de Bonne-Espérance, les Hollandais firent usage d'un stratagème qui ne pouvait guère réussir qu'avec des Hottentots. Un des officiers de la compagnie avait tué un individu de cette tribu inoffensive. Tous prirent parti, tous étaient furieux et implacables. Il fallut faire un exemple pour les pacifier. Le délinquant fut amené devant eux garrotté comme un malfaiteur; il subit un grand cérémonial de justice, il est condamné : et on le force d'avaler un gobelet d'eau-de-vie enflammée. L'homme joue son rôle, il fait le mort, il tombe sans mouvement. Ses amis le couvrent d'un manteau et l'emportent. Les Hottentots se déclarèrent parfaitement satisfaits. Le pis qu'ils auraient su faire, disaient-ils, aurait été de jeter l'homme dans le feu; mais les Hollandais s'y étaient mieux pris, ils avaient jeté le feu dans l'estomac de l'homme.

(*Lloyd's Evening-Post, for august or september* 1776.)

esprit pour le détourner de l'action criminelle;
il ne servirait d'exemple à personne.

Il peut arriver de deux manières que les délinquants n'ont aucune connaissance de la peine,
1° lorsqu'elle est infligée sans aucune loi préala-
ble; 2° lorsque la loi pénale n'a pas été connue
du délinquant.

La loi pénale peut être rendue présente à l'esprit de deux manières : 1° par l'énoncé de la loi,
c'est-à-dire par la description de la peine;
2° par l'exécution publique de la loi, c'est-à-dire
lorsque la peine est infligée avec une notoriété
convenable.

L'idée de la peine doit être exacte, ou, comme
disent les logiciens, *adéquate* : par où j'entends
qu'il est à désirer qu'elle représente à l'esprit,
non quelque partie seulement des souffrances
qu'elle renferme, mais leur totalité.

L'idée de la peine, pour être exacte, doit donc
représenter tous les *item* dont elle est composée : ce qui n'est pas connu ne saurait opérer
comme motif.

On peut déduire de là trois maximes importantes :

1° Toutes choses d'ailleurs égales, une peine
facile à concevoir est préférable à une autre qui
l'est moins.

2° Celle qui se grave le mieux dans la mémoire

est préférable à celle qui serait plus sujette à être oubliée.

3° Celle qui est aussi grande ou plus grande en apparence qu'en réalité vaut mieux que celle qui serait plus grande en réalité qu'en apparence.

CHAPITRE V.

DE LA MESURE DES PEINES.

Adsit

Regula, peccatis, quæ pœnas irroget æquas :
Ne scutica dignum horribili scelere flagello.

Hor., l. I, sat. III.

Établissez une proportion entre les délits et les peines. C'est un précepte de Montesquieu, de Beccaria, et de plusieurs autres. Maxime excellente sans doute; mais, renfermée dans ces termes généraux, il faut avouer qu'elle est plus édifiante qu'instructive. On n'a rien fait jusqu'à ce qu'on ait expliqué en quoi cette proportion consiste, d'après quelles règles il faut se déterminer pour appliquer telle mesure de peine à tel délit.

Les peines ont leur *minimum* et leur *maximum*. Il y a des raisons pour ne pas faire *moins*, comme pour ne pas faire *plus* : ce sont les deux côtés de la question auxquels il importe de donner une attention égale.

Première règle. — *Il faut que le mal de la peine surpasse le profit du délit.*

Par profit du délit il ne faut pas entendre seulement le profit pécuniaire, mais tout avantage réel ou apparent qui a servi de motif au délit.

Le profit est la force qui pousse l'homme au délit : la peine est la force employée pour l'en détourner. Si la première de ces forces est plus grande, le délit sera commis[1] ; si la seconde l'emporte, il ne le sera pas. Si donc un homme, ayant recueilli le profit d'un crime et subi sa peine, trouve le bien plus qu'équivalent au mal, il ira de récidive en récidive sans s'arrêter. La peine sera nulle pour l'intimidation. Si ceux qui en sont les témoins estiment que la balance du gain est en faveur du délinquant, la peine sera nulle pour l'exemple.

Les lois anglo-saxonnes, qui fixaient un prix pour la vie des hommes, deux cents schellings pour le meurtre d'un paysan, six fois autant pour celui d'un noble, et trente-six fois autant pour celui du roi, péchaient évidemment contre cette règle. Dans un grand nombre de cas, la peine

---

[1] C'est-à-dire commis par ceux qui n'ont de frein que la loi, qui ne sont retenus par aucun des motifs tutélaires ; tels que la bienveillance, la religion, et l'honneur.

pouvait paraître nulle, comparée au profit du délit.

On tombe dans la même erreur toutes les fois qu'on établit une peine qui ne peut aller que jusqu'à un certain point, tandis que l'avantage du délit peut aller beaucoup au-delà.

Des auteurs célèbres ont voulu établir une maxime contraire : ils disent que la grandeur de la tentation doit faire diminuer la peine, parce-qu'elle atténue la faute, et que plus la séduction est puissante, moins on peut conclure que le délinquant soit dépravé. Celui qui succombe, dans ce cas, inspire naturellement de la commisération [1].

Tout cela peut être moralement vrai, mais ce n'est pas une raison pour se départir de la règle. La peine doit se faire craindre plus que le crime ne se fait désirer. Une peine inefficace est doublement un mal : un mal pour le public, puis-

---

[1] On est étonné qu'un écrivain d'un discernement consommé tel qu'Adam Smith ait pu tomber dans l'erreur qu'on attaque ici. Il dit, en parlant de la contrebande : « La » loi contraire à tous les principes de justice crée d'abord la » tentation, et ensuite punit ceux qui y succombent : et » même elle augmente la peine en proportion de la circon- » stance qui devrait la faire diminuer, la tentation de com- » mettre le délit... »

Richesse des nations, liv. V, chap. II.

qu'elle laisse commettre le délit; un mal pour le délinquant, puisqu'on le punit en pure perte. Que dirait-on d'un chirurgien qui, pour épargner au malade un degré de douleur, laisserait la guérison imparfaite ? Serait-ce une humanité bien entendue que d'ajouter à la maladie le tourment d'une inutile opération ?

Il est donc nécessaire que la peine corresponde à tous les degrés de la tentation,—sauf à admettre des adoucissements dans les cas où la tentation même est un indice d'innocence ou de bienveillance de la part du délinquant: par exemple, un père qui aurait commis un vol pour donner du pain à sa famille [1].

Seconde règle. — *Quand l'acte est de nature à fournir une preuve concluante d'une habitude, il*

[1] Le profit du délit est facile à évaluer dans les cas de rapacité; mais, dans ceux de malice et d'inimitié, comment estimer le profit qui en revient?

Le profit doit s'estimer par la nature du mal que l'offenseur a fait à son adversaire : a-t-il employé un procédé plus outrageant que douloureux, le profit est le degré d'humiliation qu'il a cru lui faire subir ; l'a-t-il blessé ou mutilé, le profit est le degré de souffrance infligée.

Voilà dans sa propre opinion le profit du délit : si on lui fait un mal analogue, on le frappe dans l'endroit sensible qu'il a, pour ainsi dire, indiqué lui-même, car il n'est pas possible que le mal qu'il a choisi pour sa vengeance ne lui paraisse à lui-même un mal.

faut que la peine soit assez forte pour excéder non seulement le profit du délit individuel, mais encore de tous les délits semblables qu'on peut supposer avoir été commis impunément par le même délinquant.

Ce calcul conjectural, tout sévère qu'il est, est d'une nécessité absolue dans certains cas, comme les délits frauduleux, les faux poids, les fausses mesures, la fausse monnaie. Si un faux monnayeur n'était puni que selon la valeur du délit unique dont il est convaincu, cette pratique frauduleuse serait en totalité une pratique lucrative. La peine serait donc inefficace si elle n'était pas en proportion du gain total qu'on peut supposer résulter, non d'un acte particulier, mais d'une suite d'actes du même genre.

Troisième règle. — La peine doit excéder le profit du délit au point de compenser ce qui lui manque (à la peine) en fait de certitude et de proximité.

Le profit du délit est communément plus certain que la punition, ou, ce qui revient au même, il paraît tel au délinquant. Il est généralement plus immédiat : la tentation est présente, la peine est à distance. Voilà donc deux circonstances qui affaiblissent l'effet de la punition, son *incertitude*, son *éloignement*.

Supposez le profit du crime égal à 10 liv. sterl.,
supposez la chance de la peine comme 1 à 2. —
Il est clair que si la peine, dans la supposition
qu'elle aura lieu, n'est pas plus de 10 liv. sterl.,
son effet sur l'esprit d'un homme, pendant qu'elle
est incertaine, ne peut pas être égal à celui d'une
perte certaine de 10 liv. sterl. : il ne peut être
égal qu'à celui d'une perte certaine de 5 liv.
sterl. Pour la rendre équivalente au profit du
crime, il faut la porter à 20 liv. sterl.

Excepté les cas où l'homme est emporté par
une passion fougueuse, il ne s'engage dans la
carrière du crime que par l'espoir de l'impunité.
Quand la peine ne consisterait qu'à ôter au coupable le fruit de son crime, si cette peine était
immanquable, il n'y aurait plus de tel crime
commis : car quel homme assez insensé voudrait
courir le risque de le commettre avec la certitude de n'en pas jouir, et la honte de l'avoir
tenté ? mais comme il y a toujours quelques probabilités d'évasion, il faut donner une plus grande
valeur à la peine pour contre-balancer les chances d'impunité.

Il est donc vrai aussi que plus on peut augmenter la certitude de la peine, plus on peut en diminuer la grandeur. C'est un avantage qui résulterait d'une législation simplifiée et d'un bon
système de procédure.

Par la même raison, il faut que la peine soit aussi près du crime qu'il est possible : car son impression sur l'esprit des hommes s'affaiblit par l'éloignement ; et d'ailleurs la distance de la peine ajoute à l'incertitude, en donnant de nouvelles chances d'échapper.

Quatrième règle. — *Si deux ou plusieurs délits sont en concurrence, le plus nuisible doit être soumis à une peine plus forte, afin que le délinquant ait un motif pour s'arrêter au moindre.*

Deux délits sont en concurrence lorsqu'un homme a le pouvoir et la volonté de les commettre tous deux. Des voleurs qui entrent dans une maison peuvent exécuter leur vol de différentes manières : par un vol simple, par des injures personnelles, par des meurtres, par un incendie. Si la peine pour le vol simple est la même que pour le vol et l'assassinat, vous donnez aux voleurs un motif d'assassiner, parceque ce dernier crime ajoute à la facilité et à la sûreté du premier.

Cette règle serait dans sa perfection s'il se pouvait faire que, pour chaque portion de mal, il y eût une portion correspondante de peine. Si celui qui vole dix écus n'est pas plus puni que celui qui en vole cinq, le vol des cinq derniers écus est une portion de délit qui est impunie.

Voilà le grand inconvénient d'outrer les pei-

nes pour les délits mineurs : on perd la faculté
de les graduer pour les délits majeurs ¹.

Cinquième règle. — *Plus un délit est nuisible,
plus on peut hasarder une grande peine pour la
chance de le prévenir.*

Cette règle a un tel caractère d'évidence qu'on
n'a pas besoin de la prouver ; mais combien peu
elle a été suivie ! Il n'y a pas long-temps que la
loi anglaise condamnait au supplice du feu les
femmes qui avaient distribué de la fausse monnaie. La peine de mort est encore appliquée à
une multitude de délits mineurs. Le vol domestique en France est puni capitalement. Le supplice du feu était encore usité en plusieurs pays,
ou du moins ordonné par les lois, contre certains

---

¹ Montesquieu, après avoir recommandé cette règle de
proportion, ajoute : « Quand il n'y a point de différence dans la
» peine, il faut en mettre dans l'espérance de la grâce : en An-
» gleterre, on n'assassine point (il aurait dû dire *peu*), parce-
» que les voleurs peuvent espérer d'être transportés dans les
» colonies, non pas les assassins. »

Esprit des lois, liv. VI, chap. XVI.

Cet espoir de grâce peut, sans doute, contribuer à l'effet
dont il parle ; mais pourquoi faut-il laisser une imperfection
manifeste dans les lois, afin qu'elle puisse être corrigée par
un acte arbitraire du souverain ? Si une grâce incertaine opère
jusqu'à un certain point, une loi certaine opèrera bien plus
sûrement.

délits qu'on ne devrait réprimer que par la honte.
S'il était convenable d'employer une peine qui
porte la terreur au plus haut degré, il faudrait
au moins la réserver pour des incendiaires
homicides.

On dira peut-être que les législateurs ont toujours eu l'intention de suivre cette règle, mais
que leurs opinions, comme celles du peuple, ont
varié sur la gravité des délits. Le sortilége a paru
le plus grave de tous. Un sorcier qui vendait son
âme au diable était un objet d'abomination. Un
hérétique, ennemi de Dieu, attirait le courroux
céleste sur un état. Voler des effets consacrés au
service divin était un délit plus grave que le vol
ordinaire, comme offense faite à la divinité. Une
fausse estimation des crimes ne pouvait donner
qu'une fausse mesure dans les peines [1].

Sixième règle. — *La même peine ne doit pas être
infligée pour le même délit à tous les délinquants
sans exception. Il faut avoir égard aux circonstances qui influent sur la sensibilité.*

[1] La théorie de la gravité des délits est un préliminaire
indispensable de la théorie des peines. Je ne vois rien à ajouter à ce sujet aux principes développés dans les *Traité de
législation*, tom. I, *Analyse du mal des délits* ; tom. II,
*Du mal du second ordre, et des circonstances qui influent
sur la grandeur de l'alarme.*

Les mêmes peines nominales ne sont pas pour différents individus les mêmes peines réelles. S'agit-il de punir une injure corporelle, la même peine pécuniaire qui sera un jeu pour le riche, sera la ruine complète d'un pauvre. La même peine ignominieuse qui flétrirait un homme d'un certain rang ne sera pas même une tache dans une classe inférieure. Le même emprisonnement sera la ruine d'un homme d'affaires, la mort d'un vieillard infirme, un déshonneur éternel pour une femme ; et ce ne sera rien ou presque rien pour des individus placés dans d'autres circonstances.

La loi peut d'avance déterminer que telle ou telle peine serait modifiée à raison de l'âge, du sexe, ou du rang, etc. Mais il faut toujours laisser une certaine latitude aux juges.

Les limites des punitions sont plus clairement marquées du côté *moins* que du côté *plus*. Le *trop peu* est plus facile à voir que le *trop*. On voit bien ce qui ne suffit pas, on ne voit pas si nettement ce qui excède. Il faut, après tout, se contenter d'une approximation. Les irrégularités dans la force des tentations sont telles, qu'elles obligent le législateur à faire monter la peine au-dessus du niveau qui serait suffisant pour la classe commune des hommes. Il faut pourvoir à la violence des désirs plutôt qu'à leur état ordinaire.

Le plus grand danger serait du côté de l'erreur en *moins*, parceque la peine serait inefficace. Mais cette erreur est peu probable ; un léger degré d'attention suffit pour l'éviter ; et quand cette erreur existe dans la loi, elle est claire et manifeste en même temps que facile à remédier. L'erreur du côté *plus* est, au contraire, la pente naturelle de l'esprit humain et des législateurs, soit par l'antipathie qui porte à une sévérité outrée, soit par un défaut de compassion pour des hommes qu'on se représente comme dangereux et vils. C'est donc là qu'il faut porter les précautions : on doit placer les sauvegardes du côté où l'expérience a montré les plus grandes dispositions à l'erreur.

J'ajouterai ici, comme observation générale, qu'il ne faut pas s'attacher à l'esprit mathématique de la proportion au point de rendre les lois subtiles, minutieuses et compliquées. Il ne faudrait, pour jeter du ridicule sur ce principe, que l'exagérer. Il serait aussi barbare de le négliger qu'absurde de vouloir le suivre dans les plus petits détails. Il y a un bien supérieur à la proportion : — la clarté dans les lois, la brièveté, la simplicité, leur effet exemplaire.

J'ai entendu objecter que les règles de proportion dans un code pénal seraient un mérite inutile, parcequ'elles supposent qu'il entre dans

les passions un esprit de calcul qui n'y est pas.
Mais cette proposition, toute tranchante qu'elle
est, est absolument fausse. Dans les matières d'un
grand intérêt, qui est-ce qui ne calcule pas ? Les
hommes calculent avec plus de justesse les uns
que les autres, selon les différents degrés de leur
intelligence et la force des motifs qui agissent sur
eux, mais tous calculent; je ne voudrais pas dire
qu'un fou ne calcule pas. Heureusement, de toutes les passions, la plus adonnée au calcul est
celle même qui, à raison de sa force, de sa constance et de son étendue, sera toujours la plus
redoutable pour la société; je veux parler de l'a-
vidité pécuniaire. Elle sera donc d'autant mieux
combattue, que la loi aura mis plus de précautions à tourner contre elle la balance des profits[1].

[1] Depuis que la France a eu un code pénal facile à consulter, il n'y a pas d'homme de loi pratiquant dans les tribunaux qui n'ait observé que ce code était un objet d'étude
pour les malfaiteurs de profession, qu'ils connaissaient toutes
les circonstances aggravantes des délits, et savaient exactement où il fallait s'arrêter pour ne pas encourir, par exemple, les travaux forcés ou la mort. Combien de fois, par
suite de ce calcul, entre deux délits possibles, le moindre n'aura-t-il pas été commis par préférence au plus
grand !

CHAPITRE VI.

DES QUALITÉS DÉSIRABLES DANS LES PEINES.

Venons maintenant à considérer les qualités qu'un mode de punir devrait posséder pour répondre à ces buts.

I. — Divisibilité.

La première qualité désirable dans une peine, c'est d'être *divisible*, susceptible de *plus* et de *moins*, soit en intensité, soit en durée.

Une peine *indivisible* ne peut pas correspondre aux différents degrés de l'échelle des délits ; elle péchera par excès ou par défaut : dans le premier cas, elle sera trop dispendieuse ; dans le second, inefficace.

Les peines corporelles aiguës sont très divisibles en effet d'intensité ; elles le sont beaucoup moins en fait de durée : les travaux forcés le sont à peu près également sous les deux rapports.

Les peines chroniques, telles que le bannissement et l'emprisonnement, sont exactement divisibles en fait de durée ; elles peuvent aussi varier en intensité. Une prison peut être plus ou

moins sévère. Un exil en Sibérie est plus rigoureux que dans un climat plus doux.

II. — Certitude. — Égalité.

La peine doit être *certaine*, et, autant qu'il est
possible, *égale à elle-même*. La certitude dont je
parle n'est pas celle qui a rapport à l'événement
de l'exécution : les chances d'impunité résultant
de la difficulté de produire les preuves du délit,
ou de se saisir de la personne du délinquant, s'é-
tendent à toutes les peines sans distinction.

Une peine est *incertaine* de sa nature quand
le délinquant peut la subir sans en être affecté en
mal. Le bannissement est sujet à être défectueux
par cette raison. C'est une peine, ou ce n'en est
pas une, selon la disposition des esprits, et selon
les circonstances individuelles d'âge, de rang et
de fortune.

Dans la loi anglaise, plusieurs délits sont punis
par une confiscation totale des biens meubles,
sans toucher aux immeubles. Que s'ensuit-il ? Si
la fortune du délinquant consiste en biens de la
première espèce, il est ruiné ; si elle consiste en
biens de la seconde, il ne perd rien.

La peine est-elle incertaine par sa nature, elle
est comme nulle par rapport à ceux qui n'en seraient point affectés.

Il est des cas de nécessité où il faut admettre

une peine incertaine , à défaut de toute autre. La chance de punir quelques délinquants vaut mieux que l'impunité générale.

Un moyen d'obvier au mal de l'incertitude , c'est d'avoir deux lots de peines différentes, non pour les employer conjointement, mais pour remplacer celle qui serait en défaut : par exemple , la peine corporelle supplée aux peines pécuniaires quand l'indigence du délinquant le soustrairait à celles-ci.

Une peine incertaine est *inégale*. La parfaite certitude suppose la parfaite égalité , c'est-à-dire que tous ceux qui subissent la peine en souffrent dans le même degré. Mais la sensibilité des individus est si variable , si inégale, que la parfaite égalité des peines est une chimère en législation. Il suffit d'éviter toute inégalité manifeste et choquante. Il ne faut donc jamais perdre de vue, dans la confection du code pénal, que , selon les diverses circonstances de condition, de fortune, d'âge, de sexe, etc., la même peine nominale n'est pas la même peine réelle. Une amende à prix fixe est toujours une peine inégale. Et quelle différence dans les châtiments corporels , dans le fouet, par exemple , selon l'âge et le rang des personnes ? A la Chine , tout est soumis au bambou, depuis le porteur d'eau jusqu'au mandarin, jusqu'au prince. — Cela prouve bien que nos sentimens d'honneur y sont absolument inconnus.

III. — Commensurabilité.

Les peines doivent être *commensurables* entre elles. Supposez un homme placé dans une circonstance où il a le choix de plusieurs délits : il peut s'emparer d'une somme d'argent par un simple vol — par un assassinat — par un incendie : la loi doit lui donner un motif pour s'abstenir du plus grand crime : il aura ce motif, s'il peut voir que le plus grand délit lui attirera la plus grande peine. Il faut donc qu'il puisse comparer les peines entre elles, en mesurer les divers degrés.

Si la même peine de mort était prononcée pour ces trois délits, la peine ne serait point commensurable ; elle laisserait au délinquant le choix du crime qui lui paraîtrait le plus facile et le moins dangereux dans l'exécution.

Il y a deux manières de remplir cet objet : 1° en ajoutant à une certaine peine une autre quantité de la même espèce : par exemple, à cinq ans de prison pour tel délit, deux années de plus pour telle aggravation. 2° En ajoutant une peine d'un genre différent : par exemple, à cinq ans de prison pour tel délit, une ignominie publique pour telle aggravation.

IV. — Analogie.

La peine doit être *analogue au délit.* Elle se
gravera plus aisément dans la mémoire, elle se
présentera plus vivement à l'imagination, si elle
a une ressemblance caractéristique avec le délit.
Le talion est admirable sous ce rapport : *œil
pour œil, dent pour dent,* etc. L'intelligence la
plus imparfaite est capable de lier ces idées :
mais le talion, rarement praticable, est d'ailleurs
une peine trop dispendieuse : il faut avoir recours
à d'autres moyens d'analogie. Nous donnerons à
ce sujet important un chapitre à part.

V. — Exemplarité.

Un mode de punir est *exemplaire* lorsque la
peine *apparente* est dans une grande proportion
à la peine *réelle.* (*Voyez* chap. IV.) Une peine
réelle qui ne serait point apparente pourrait servir à intimider ou à réformer le délinquant, mais
elle serait perdue pour le public.

Les *auto-da-fé* seraient une des plus utiles inventions de la jurisprudence, si, au lieu d'être
des actes de foi, ils avaient été des actes de justice. Qu'est-ce qu'une exécution publique ? C'est
une tragédie solennelle que le législateur présente
au peuple assemblé; tragédie vraiment impor-

tante, vraiment pathétique, par la triste réalité
de sa catastrophe et par la grandeur de son objet.
L'appareil, la scène, la décoration, ne sauraient
être trop étudiés, puisque l'effet principal en
dépend. Tribunal, échafaud, vêtements des officiers de justice, vêtements des délinquants eux-
mêmes, service religieux, procession, accompagnement de tout genre, tout doit porter un caractère grave et lugubre. Pourquoi les exécuteurs
eux-mêmes ne seraient-ils pas couverts d'un crêpe
de deuil ? La terreur de la scène en serait augmentée, et l'on déroberait à la haine du peuple
ces serviteurs utiles de l'état.

Il y a des ménagements à garder dans ce rituel
pénal. Il ne faut pas que la peine devienne impopulaire et odieuse par un faux semblant de rigueur.

VI. — Économie.

La peine doit être *économique,* c'est-à-dire
n'avoir que le degré de sévérité nécessaire pour
atteindre à son but. Tout ce qui excède le besoin
n'est pas seulement autant de mal superflu, mais
produit une multitude d'inconvénients qui tendent tous à affaiblir le système pénal. C'est la seule
cause bien fondée de l'impopularité des peines.

Les peines pécuniaires possèdent cette qualité
dans un degré éminent : tout le mal senti par ce-

lui qui paie, se convertit en avantage pour celui qui reçoit.

Sous le rapport des frais publics, il y a des peines qui violent particulièrement le principe de l'économie : par exemple, les mutilations appliquées à des délits fréquents, tels que la contrebande. Quand on a rendu des hommes incapables de travail, il faut les nourrir aux frais de l'état, ou les livrer à la charité publique ; taxe qui porte exclusivement sur la classe la plus vertueuse.

A en croire Filangieri, il y avait habituellement dans les prisons des états de Naples plus de quarante mille prisonniers oisifs. Quelle perte immense de travail ! La ville la plus manufacturière d'Angleterre occupe à peine autant d'hommes.

Les déserteurs par les lois militaires de plusieurs pays sont encore condamnés à mort. Un homme tué ne coûte rien : mais on perd ce qu'il aurait pu gagner ; on perd le travail productif de celui qui le remplace.

VII. — Rémissibilité.

C'est une qualité dans une peine que d'être *rémissible* ou révocable. Il est vrai que les peines sont irrémissibles par rapport au passé. L'innocence de l'individu fût-elle démontrée, fût-elle avouée après coup, tout ce que le cas admet,

c'est une compensation; mais, quoique l'infortu-
née victime ne puisse pas être rendue à son premier état, il peut y avoir des moyens d'améliorer
sa condition actuelle. L'objection qu'on peut tirer
de ce chef ne s'applique complètement qu'à la
peine de mort. (*Voyez* liv. II, chap. xiv.)

VIII. — Suppression du pouvoir de nuire.

Une peine qui ôte *le pouvoir de nuire* est très
bonne quand elle n'est pas trop dispendieuse.
L'emprisonnement, pendant sa durée, suspend
le pouvoir de nuire ; les mutilations peuvent le
réduire presque à rien ; la mort l'anéantit.

S'il est des cas où l'on ne puisse ôter le pouvoir
de nuire qu'en ôtant la vie, c'est dans des circonstances extraordinaires : par exemple, dans
des guerres civiles, lorsque le nom d'un chef, tant
qu'il vit, suffirait pour enflammer les passions de
ses partisans : et même la mort, appliquée à des
actions d'une nature si problématique, doit être
plutôt considérée comme un acte d'hostilité que
comme une peine légale.

Il est des cas où l'on ôte le pouvoir de nuire
avec la plus grande économie de peine. Le délit
consiste-t-il dans un abus de pouvoir, dans l'infidélité d'une gestion : il suffit de déposer le délinquant, de lui ôter l'emploi, l'administration,

la tutelle, le fidéicommis dont il abuse. C'est un moyen également à l'usage du gouvernement domestique et du gouvernement politique.

IX. — Tendance à l'amendement moral.

Toute peine a un certain effet pour intimider ; mais si le délinquant, après l'avoir subie, n'est retenu que par la crainte, il n'est pas réformé : la réforme est un changement dans le caractère et les habitudes morales.

Une peine a une tendance à réformer le moral quand elle est calculée de manière à affaiblir les motifs séducteurs, et à renforcer les motifs tutélaires.

Il en est qui ont une tendance opposée : elles rendent l'homme vicieux plus vicieux encore. Les peines infamantes sont très dangereuses sous ce rapport, quand on les applique à des délits légers et à des fautes de jeunesse. *Diligentius enim vivit, cui aliquid integri superest. Nemo dignitati perditæ parcit. Impunitati genus est jam non habere pœnæ locum*[1].

Mais le plus grand danger est celui des prisons : lorsqu'on entasse pêle-mêle de petits filous et des voleurs de grand chemin, des jeunes gens novices dans le mal et des scélérats endurcis, des jeu-

---

[1] Senec., *De clem.*, cap. XXII.

nes filles coupables de quelque larcin et des femmes perdues. L'oisiveté seule serait une source de
corruption : les liaisons qui s'y forment ont toujours des conséquences funestes. De tels établissements sont des écoles publiques de perversité.

X. — Convertibilité en profit.

Qu'une peine soit convertible en profit, c'est
une qualité de plus, et qui, dans plusieurs cas,
est d'une grande valeur.

Quand un crime est commis et ensuite puni,
il en résulte deux lots de maux,—le mal du délit,
— et le mal de la peine. Dans tous les délits où il
y a une partie lésée, si la peine est de nature à
donner un profit, appliquez ce profit à la partie
lésée ; vous guérissez le mal du délit; et en soldant
le compte, il ne reste plus qu'un lot de mal au lieu
de deux qui existaient d'abord. Quand il n'y a point
eu de partie lésée, comme dans les délits dont
tout le mal consiste en alarme ou en danger, il
n'y a point de blessure à guérir : mais cependant si la peine est de nature à donner du profit,
c'est une somme nette de bien dans la balance.

Cette propriété se découvre dans cette espèce
de peine qui consiste en déchéances de pouvoir :
le poste honorable ou lucratif perdu par les uns
est obtenu par d'autres plus dignes. Mais les

peines pécuniaires sont les seules qui soient complètement douées de cette qualité.

XI. — Simplicité dans la description.

Un mode de punir doit être aussi simple que possible dans sa description. Il faut que tout y soit intelligible, et intelligible non seulement pour les personnes éclairées, mais pour le vulgaire le plus ignorant.

On ne peut pas toujours s'en tenir à un mode simple ; il y a bien des délits où la peine sera composée de plusieurs parties, d'une amende pécuniaire, d'une peine corporelle, d'un emprisonnement. La règle de la *simplicité* doit céder à des considérations supérieures. Je la place ici pour avertir d'y avoir égard, et de s'en tenir le plus près possible. Plus les peines sont complexes, plus il est à craindre qu'elles ne se présentent point en entier à l'individu au moment de la tentation. De leurs différentes parties, il n'aura jamais connu les unes, il aura oublié les autres. Elles entrent toutes dans la peine réelle, et n'entrent pas toutes dans la peine apparente.

La dénomination de la peine est un objet important. Un nom obscur répand un nuage sur une masse de peines que l'imagination ne peut plus saisir distinctement.

La loi anglaise est souvent défectueuse sous ce rapport. Une *félonie capitale* renferme différents lots de peines, la plupart inconnues et par conséquent inefficaces. La *félonie avec bénéfice de clergie* est également obscure; la menace de la loi ne porte à l'esprit aucune idée distincte : la première idée qui s'offre à une personne non instruite, c'est qu'il s'agit d'une récompense. Le *præmunire* n'est pas plus intelligible ; ceux qui entendent le mot latin sont bien loin de comprendre la peine qu'il dénonce.

De pareilles énigmes ressemblent à celles du Sphinx : on était puni pour ne les avoir pas devinées.

XII. — Popularité.

Les peines doivent être populaires, ou, pour mieux dire, ne doivent pas être impopulaires. *Le législateur doit éviter soigneusement, dans le choix des peines, celles qui choqueraient des préjugés établis.* S'est-il formé dans l'esprit du peuple une aversion décidée contre un genre de peine, quelque convenable qu'elle fût en elle-même, il ne faut point l'admettre dans le code pénal. D'abord, c'est un mal que de donner un sentiment pénible au public par l'établissement d'une peine impopulaire. Ce ne sont plus les coupables seuls qu'on punit : ce sont les personnes les plus

innocentes et les plus douces auxquelles on inflige
une peine très réelle, en blessant leur sensibilité,
en bravant leur opinion, en leur présentant
l'image de la violence et de la tyrannie. Qu'arrive-
t-il d'une conduite si peu judicieuse? Le législateur,
qui méprise les sentiments publics, les tourne
secrètement contre lui. Il perd l'assistance volontaire que les individus prêtent à l'exécution de la
loi quand ils l'approuvent : il n'a plus le peuple
pour allié, mais pour ennemi. Les uns cherchent
à faciliter l'évasion des coupables, les autres se
feraient un scrupule de les dénoncer : les témoins
se refusent autant qu'ils peuvent. Il se forme
insensiblement un préjugé funeste qui attache
une espèce de honte et de reproche au service de
la loi. Le mécontentement général peut aller plus
loin : il éclate quelquefois par une résistance
ouverte, soit aux officiers de la justice, soit à
l'exécution des sentences. Un succès contre l'autorité paraît au peuple une victoire ; et le délinquant impuni jouit de la faiblesse des lois, humi-
liées par son triomphe.

Mais qu'est-ce qui rend les peines impopulaires? C'est presque toujours leur mauvais choix.
Plus le code pénal sera conforme aux règles que
nous avons posées, plus il aura l'estime éclairée
des sages, et l'approbation sentimentale de la
multitude. On trouvera de telles peines justes et

modérées ; on sera frappé surtout de leur convenance, de leur analogie avec les délits, de cette
échelle de graduation dans laquelle on verra correspondre à un délit aggravé une peine aggravée,
à un délit atténué par quelque circonstance, une
peine atténuée. Ce genre de mérite, fondé sur
des notions domestiques et familières, est à la
portée des intelligences les plus communes. Rien
n'est plus propre à donner l'idée d'un gouvernement paternel, à inspirer la confiance, et à faire
marcher l'opinion publique de concert avec l'autorité. Quand le peuple est dans le parti des lois,
les chances du crime pour échapper sont réduites
à leur moindre terme.

Le catalogue des propriétés désirables dans
une peine n'est rien moins qu'un travail superflu.
En tout genre, il faut commencer par se faire
une idée abstraite des qualités que doit posséder
un objet pour en raisonner pertinemment. Jusque là toute approbation, ou désapprobation,
n'est qu'un sentiment confus de sympathie ou
d'antipathie. Nous aurons maintenant des raisons
claires et distinctes pour nous déterminer dans
le choix des peines. Il ne reste plus qu'à observer
dans quelle proportion telle ou telle peine possède ces qualités diverses.

Une conclusion qui serait tirée d'une seule de ces qualités serait sujette à erreur. Il faut avoir égard, non à une seule en particulier, mais à toutes ensemble.

Il n'est aucun mode de punir qui les réunisse toutes ; mais, selon la nature des délits, les unes sont plus importantes que les autres.

Pour les délits majeurs, il faut s'attacher principalement à l'exemplarité et à l'analogie. — Pour les petits délits, il faut avoir plus d'égard à l'économie de la peine et à l'objet moral de la réformation. — Pour les délits contre la propriété, il faut préférer les peines convertibles en profit, d'où l'on peut tirer un dédommagement pour la partie lésée.

———

—N. B. Je vais donner ici un exemple de la marche progressive des idées, et de l'utilité des énumérations pour enregistrer au fur et à mesure toutes les observations nouvelles et n'en perdre aucune. J'ai cherché dans Montesquieu toutes les qualités pénales qu'il paraît avoir prises en considération. J'en ai trouvé quatre : elles sont exprimées par des termes vagues ou des périphrases.

1° Il demande que *les peines soient tirées de la nature des crimes* : ce qu'il entend par là, c'est une espèce d'analogie ;

2° Qu'elles soient *modérées* : expression qui n'a rien de déterminé, et ne donne aucun point de comparaison ;

3° Qu'elles soient *proportionnelles au délit.* La proportion se rapporte à la quantité de la peine, plus qu'à sa qualité : Montesquieu n'explique point en quoi cette proportion consiste, il ne donne aucune règle à cet égard;

4° Qu'elles soient *pudiques*.

Beccaria a énoncé *quatre* qualités.

1° Il veut que les peines soient *analogues aux délits*, mais il n'entre dans aucun détail sur cette analogie;

2° Qu'elles soient *publiques*, et il entend par là *exemplaires*;

3° Qu'elles soient *douces*, terme impropre et insignifiant; mais ses observations sur le danger de *l'excès* dans les peines sont très judicieuses;

4° Qu'elles soient *proportionnelles*. Il ne donne aucune règle de cette proportion.

Il veut de plus que les peines soient *certaines*, *promptes* et *inévitables*; mais ceci regarde la procédure, l'application de la peine, et non ses qualités.

Dans son commentaire sur Beccaria, Voltaire revient souvent à l'idée de rendre les peines profitables. « Un pendu, «dit-il, n'est bon à rien. »

L'un des héros de l'humanité, le bon, le vertueux Howard, avait sans cesse en vue l'amendement des délinquants.

En nous arrêtant à ceux que l'on considère comme les oracles de la science, on voit que de ce point de départ, de ces idées éparses, de ces aperçus vagues qui n'ont pas même encore reçu un nom propre, il y avait loin jusqu'à un catalogue régulier où toutes ces qualités sont présentées distinctement, avec dénomination et définition. A les placer sous un point de vue qui les rapproche, il y a un avantage de plus, celui de déterminer leur importance comparative, leur véritable valeur. Montesquieu, par exemple, s'était

bien laissé éblouir par le mérite de l'analogie. Il fut attribue
des effets merveilleux que certainement elle n'a pas. (*Esprit
des Lois*, XII, 4.)

Ceci me paraît une réponse suffisante à une objection qu'on a
souvent faite contre les formes méthodiques de M. Bentham.
Je veux parler de ces divisions, de ces tables, de ces classifications, que j'avais désignées sous le nom *d'appareil logique.* Tout cela, me disait-on, c'est l'échafaudage qu'on doit
enlever quand l'édifice est construit. Mais pourquoi dérober
aux lecteurs les instruments dont l'auteur s'est servi ? Pourquoi leur cacher le travail analytique et le procédé de l'invention ? Ces tables sont une machine à penser, *organum
cogitativum.* L'auteur révèle son secret : il vous associe à
son œuvre ; il livre aux penseurs le fil qui l'a conduit dans
ses recherches ; il les met à portée de les conduire plus loin
et de les vérifier. Chose singulière ! c'est donc l'étendue du
service qui en diminue le prix.

Je n'ignore pas qu'en se servant de ces moyens logiques
comme d'une doctrine secrète, en ne montrant pas, si j'ose
parler ainsi, l'anatomie, les muscles, les nerfs, on peut gagner beaucoup sous le rapport de la facilité et du coloris. En
suivant l'analyse, tout s'annonce d'avance ; il n'y a rien d'in-
attendu : l'ensemble sera lumineux, mais point de surprises,
point d'éclairs, point de ces pensées saillantes qui vous
éblouissent un moment et vous laissent dans les ténèbres. Il
faut du courage pour s'attacher à une méthode aussi sévère ;
mais c'est la seule qui puisse satisfaire complètement la
raison.

Quant aux termes abstraits, tels qu'exemplarité, rémissibilité, convertibilité en profit, et quelques autres du même
genre, qui ne sont pas français, je les hasarde dans le titre, et je
les évite autant que je puis dans le corps du discours. Chacun

sent combien il est nécessaire de pouvoir désigner une
qualité par un seul mot. Que ferait le physicien s'il n'avait
les termes d'élasticité, compressibilité, condensabilité, et
semblables? Ce qui n'a point de nom propre échappe aisément à la mémoire; et ce n'est que par un nom qu'on donne
une existence grammaticale à une notion abstraite. La langue
française est extrêmement défectueuse sous ce rapport. Je
ne crois pas qu'elle possède la moitié des termes abstraits de
la langue anglaise; et celle-ci en reçoit tous les jours de
nouveaux sans difficulté. Cette différence tient sans doute
au génie de la langue, mais encore plus à celui des nations.
Les termes abstraits ont souvent une apparence scolastique
ou didactique: on les évite dans la conversation familière; et
les écrivains, qui se piquent d'écrire comme on parle, ai-
ment mieux se contenter d'un *à peu près* et d'une péri-
phrase que d'effaroucher les puristes et les gens du monde.

CHAPITRE VII.

DE L'ANALOGIE ENTRE LES PEINES ET LES DÉLITS.

Analogie, c'est rapport, connexion, liaison par laquelle, entre deux objets, l'un possède la propriété de rappeler l'autre dans l'esprit de la personne en question.

La ressemblance est un mode d'analogie : la dissemblance ou le contraste en est un autre [1].

Pour établir de l'analogie entre la peine et le délit, il faut qu'il y ait dans le délit quelque circonstance frappante qu'on puisse transférer dans la peine.

Cette circonstance frappante ou caractéristique sera l'instrument qui sert au crime, l'organe qui le consomme, la partie du corps qui a été le sujet du délit, le moyen employé par le délinquant pour n'être pas reconnu, etc.

Les exemples que je vais donner n'ont d'autre objet que d'expliquer clairement cette idée d'ana-

---

[1] Ainsi, de l'idée d'un géant, l'esprit passe à l'idée de tout ce qui est grand ; les Lilliputiens appelèrent Gulliver *l'homme montagne* : ou, de l'idée d'un géant, l'esprit passe à celle d'un nain.

logie. Je me borne à dire que telle peine serait analogue à tel délit, sans recommander l'emploi de cette peine d'une manière absolue et dans tous les cas. Il ne suffit pas qu'une peine soit analogue pour être convenable ; il faut avoir égard à beaucoup d'autres considérations : mais on ne peut pas tout dire à la fois.

I.

PREMIÈRE SOURCE D'ANALOGIE.

Même instrument dans le délit et dans la peine.

L'incendiat, l'inondation, l'empoisonnement, ces délits dans lesquels le moyen employé pour les commettre est la première circonstance qui frappe l'imagination, sont du nombre de ceux où l'on peut appliquer à la peine l'instrument qui a servi au crime.

Observons, sur l'incendiat, que ce délit doit se restreindre aux cas où quelque individu périt par le feu. N'y a-t-il point de vie perdue, point d'injure personnelle irréparable ? le délit doit être traité sur le pied d'un dégât ordinaire. Qu'un article de propriété soit détruit par le feu ou par quelque autre agent, cela ne fait point de différence. La valeur du dommage doit être la mesure

du délit. Un homme met-il le feu à une maison
isolée et inhabitée ? c'est un acte de destruction,
et son délit ne se range pas sous la définition de
l'incendiat [1].

Si le supplice du feu eût été réservé pour les
incendiaires, la loi aurait eu en sa faveur la raison
de l'analogie. Mais dans la législation des temps
barbares, on l'a employé assez généralement en
Europe pour trois espèces de délits : la magie,
délit purement imaginaire ; l'hérésie, simple différence d'opinion religieuse, parfaitement innocente, souvent salutaire, et où tout l'effet des
peines se réduit à produire des actes de fausseté ;
le troisième délit, résultat d'une dépravation
sans méchanceté, suffisamment réprimé par la
honte [2].

[1] On doit cependant considérer comme une aggravation
l'emploi de ce moyen, s'il y a danger de feu pour des objets
contigus.

[2] Le supplice du feu, autrefois appliqué en France à ce
délit, dut son origine à un faux raisonnement, tiré de l'histoire du peuple juif. On crut imiter la Providence, qui avait
détruit par le feu deux villes coupables.

Mais, 1° les théologiens de tous les partis conviennent
que les dispensations miraculeuses de la justice divine ne
peuvent point servir de règle pour les institutions ordinaires et permanentes des législateurs humains; autrement
les murmures contre l'autorité [1] et les moqueries contre

[1] Quinze mille personnes furent mises à mort pour avoir mur-

Le feu pourrait être employé comme instrument de supplice, sans aller jusqu'à la mort. La peine est variable dans sa nature entre tous les degrés de sévérité dont on peut avoir besoin. Il faudrait soigneusement déterminer, dans le texte de la loi, la partie du corps qui doit être exposée à l'action du feu, le mode de l'opération par une lampe, le nombre des minutes, et l'appareil nécessaire pour ajouter à la terreur. Pour rendre la description plus frappante, objet principal, il

la vieillesse [1] devraient être rangées parmi les crimes capitaux.

2° Si Dieu eût voulu que ce délit fût puni par le feu, il aurait commencé par son peuple; mais la loi judaïque ordonne la peine de mort en termes généraux; et même la peine du feu paraît exclue, puisque dans le verset suivant, pour une espèce d'inceste, elle est positivement prescrite. (*Lévit.* xx, 13, 14.)

3° Il n'est point dit que cette offense fût la seule pour laquelle ces villes furent détruites: le texte leur impute en général toutes sortes d'iniquités et de méchancetés.

4° Ce n'était pas même le simple délit d'impureté qui était le crime des Cananéens: ils étaient coupables d'une violation d'hospitalité et d'une violence personnelle; deux aggravations si fortes qu'elles changent tout-à-fait la nature du délit.

muré contre Moïse. *Voyez* l'histoire de Koral, Dathan et Abiran. *Nom.* 1, 16.

[1] Le délit pour lequel quarante-deux enfants furent déchirés par des ours à la prière d'Élisée. — *Rois,* liv. II, chap. 11.

faudrait y joindre une estampe où l'opération serait représentée.

L'*inondation* est un délit plus rare que l'incendiat ; il est inconnu dans plusieurs contrées, et ne
peut être commis que dans les pays où il y a des
canaux et des digues artificielles à percer. Il est
susceptible de tous les degrés de gravité. Causer
l'inondation de quelques terrains est simple dégât de propriété : c'est par la destruction des vies
que ce délit s'élève au degré d'atrocité qui néces-
site des peines sévères.

L'analogie la plus sensible indique le moyen
du supplice : c'est de noyer le criminel avec quelque appareil qui ajouterait à la terreur. Dans un
code pénal où l'on n'aurait pas admis la mort, il
pourrait être noyé et rendu à la vie. Ce serait une
partie de la peine.

Devrait-on employer le poison comme moyen
de supplice pour un empoisonneur ?

A certains égards, il n'est point de peine plus
convenable. Le poison est distingué des autres
meurtres par le secret avec lequel il peut être
administré, et par la froide détermination qu'il
suppose. De ces deux circonstances, la première
ajoute à la force de la tentation et à l'alarme causée par le délit ; la seconde fait voir que le criminel, attentif à son propre intérêt, est capable
d'une réflexion sérieuse sur la nature de la peine.

L'idée de périr par le même genre de mort qu'il prépare est la plus effrayante pour lui. Dans chaque préparatif du crime, l'imagination lui représente son propre sort. L'analogie sous ce rapport produit pleinement son effet.

Il y a aussi des difficultés. Les poisons sont incertains dans leur opération ; il faudrait toujours fixer un temps après lequel on abrégerait le supplice par l'étranglement. Si l'effet du poison était de produire le sommeil, la peine pourrait n'être pas assez exemplaire : s'il opérait par des convulsions et des déchirements, elle pourrait être odieuse.

Si le poison administré par le criminel n'avait pas été fatal, on pourrait lui faire prendre un antidote avant que l'opération du poison pénal fût mortelle. La dose et le temps seraient fixés par le juge, sur le rapport des experts.

L'horreur attachée à ce crime pourrait bien rendre cette peine populaire. S'il y a des pays où il soit plus commun qu'ailleurs, c'est là où la peine qui présente cette analogie avec le délit pourrait être plus convenable.

II.

Pour injure corporelle, même peine corporelle.

Dans les délits consistant en injures corporelles irréparables, la partie du corps lésée est la circonstance caractéristique. L'analogie consisterait à infliger au délinquant le même mal qu'il a fait. Je sous-entends toujours cette condition nécessaire, que le délit soit malicieux et pleinement intentionnel dans toute son étendue : c'est là une distinction de la plus grande importance.

Reste à pourvoir à deux cas : celui où le délinquant n'aurait pas l'organe dont il a privé son adversaire ; et celui où la perte du même membre lui serait plus ou moins préjudiciable qu'à la personne lésée.

L'injure a-t-elle été du genre ignominieux, sans mal permanent, la même ignominie peut être employée dans la peine, quand l'état de la personne et les autres circonstances l'admettent.

III.

Punition affectant la partie du corps qui sert au délit.

Dans les crimes de faux, la langue et la main

sont les instruments du délit. On peut tirer de cette circonstance une analogie exacte dans la peine.

Dans le cas de faux actes, de faux écrits, la main du coupable sera transpercée par un instrument de fer, en forme de plume; et c'est dans cet état qu'il sera montré en public, avant de subir son emprisonnement pénal.

N. B. — Cette peine peut être plus grave en apparence qu'en réalité. En divisant la plume de fer en deux parties, celle qui traverse la main peut n'avoir que l'épaisseur d'une épingle, tandis qu'aux yeux l'instrument paraît la traverser dans toute sa grosseur.

Dans la calomnie, dans les faux rapports, la langue est l'organe du délit: le calomniateur sera de même exposé en public, — la langue percée.

N. B. — Même observation : l'aiguille la plus mince, terminée par deux nœuds, suffit pour empêcher la langue de rentrer dans la bouche.

Cette peine présente quelque apparence de ridicule; mais dans ce cas-ci c'est un mérite de plus; ce ridicule tournerait contre l'imposture, il la rendrait plus méprisable, il ajouterait au respect de la véracité.

IV.

Déguisement.

Il est des délits où le déguisement est un des traits caractéristiques : le délinquant, pour n'être pas reconnu, ou pour inspirer plus de terreur, se couvre le visage d'un masque ou d'un crêpe. Cette circonstance est une aggravation : elle augmente l'alarme, et diminue la probabilité de la peine. Il faut donc pour ce cas une peine additionnelle, et celle qui est recommandée par un des modes d'analogie, c'est de donner au délinquant l'empreinte de ce déguisement dont il a fait le moyen du crime. Cette empreinte doit être délébile ou indélébile, selon que l'emprisonnement sera temporaire ou perpétuel. L'empreinte délébile se produira par l'application d'une liqueur noire; l'indélébile, par le tatouement. L'utilité de cette peine sera plus particulièrement sentie dans les meurtres de préméditation, les viols, les injures personnelles irréparables, et le vol accompagné de force et de terreur.

V.

Il y a d'autres circonstances caractéristiques

qui ne se rangent pas, comme les précédentes, sous des classes générales ; il faut les saisir, selon la nature des délits, pour en faire une base d'analogie.

Dans la fabrication de la fausse monnaie, l'art du délinquant est une circonstance caractéristique. On peut tourner son art contre ui, en lui appliquant sur le front ou les joues un stigmate qui représente la pièce de numéraire qu'il a contrefaite. Cette marque devrait être passagère ou indélébile, selon que l'emprisonnement, qui fait partie de la peine, serait temporaire ou perpétuel.

A Amsterdam, il y a une maison de correction, nommée *Rasp-House*, où l'on renferme des vagabonds et des fainéants. On dit qu'entre différents travaux, il en est un qui consiste à faire mouvoir une pompe, de manière que si le travailleur se relâche un moment, l'eau gagne sur lui et peut le noyer. Que ce genre de supplice soit pratiqué ou non, c'est un exemple de peine analogique portée au plus haut degré de rigueur. Si on adoptait un pareil moyen, il faudrait au moins l'accompagner d'un règlement précis pour limiter cette peine d'après les forces du délinquant.

Le lieu du délit peut fournir une sorte d'analogie. L'impératrice Catherine II fit condamner un homme qui avait commis quelque friponnerie sur la Bourse, à la balayer, pendant six mois, chaque jour d'assemblée.

———

N. B. — Je ne sache pas qu'on ait fait aucune objection contre l'utilité de l'analogie dans les peines. Tant qu'on s'en tient à énoncer le principe général, tout le monde est assez d'accord : vient-on à l'application, les variétés d'opinion sont infinies ; c'est que l'imagination est le premier juge d'une circonstance où c'est à l'imagination qu'on s'adresse. J'ai vu des personnes frappées d'une extrême répugnance contre quelques uns des procédés caractéristiques proposés par M. Bentham [1]. J'ai vu des hommes d'esprit tourner ces mêmes procédés en ridicule, et n'y voir que des sujets de caricature.

Tout le succès dépend du choix des moyens. Il faut sans doute éviter ceux qui n'auraient pas un caractère assez grave pour être pénal ; mais il faut observer que, par rapport à certains délits, par exemple, des délits d'insolence et d'insulte, telle peine caractéristique qui prête au ridicule est précisément la plus convenable pour humilier l'orgueil de l'offenseur et satisfaire l'offensé.

Il faut encore éviter tout ce qui aurait trop l'air de recherche et de subtilité. L'acte de punir est un acte de nécessité fait avec regret et avec répugnance. On admire la variété des instruments de chirurgie, parceque plus on les voit variés et multipliés, plus on suppose qu'ils ont pour but et pour effet de produire la guérison ou d'opérer avec moins de douleur. Une grande variété dans les modes de punir n'obtiendrait pas la même approbation. On croirait y voir un esprit minutieux qui dégraderait le législateur.

[1] *Traités de Législation*, tom. II, quatrième partie, chap. XXI.

Avec ces précautions, l'analogie ne produira que de bons effets : elle mettra sur la voie pour trouver les peines les plus économiques et les plus efficaces. Je ne résiste point au plaisir d'en citer un exemple que m'a fourni récemment un capitaine de la marine anglaise, qui n'avait point étudié les principes de M. Bentham, mais qui a su lire dans le cœur humain.

Les permissions accordées aux matelots pour aller à terre sont en général de vingt-quatre heures ; et s'ils excèdent ce terme, la punition ordinaire est le fouet. La crainte de ce châtiment est la cause la plus fréquente des désertions. Plusieurs capitaines, pour prévenir la faute et le délit, prennent le parti extrême de refuser aux matelots tout congé, même après qu'ils ont tenu la mer des années entières. Celui dont je parle a trouvé le moyen de concilier la douceur du congé avec la sûreté du service. Il l'a fait par un simple changement dans la peine. Tout homme qui passe le terme prescrit perd son droit à un congé futur, dans la proportion de sa faute. S'il reste à terre au-delà de vingt-quatre heures, il perd un tour ; si au-delà de quarante-huit, il en perd deux : ainsi de suite. L'expérience avait parfaitement réussi : la faute n'était pas devenue plus fréquente depuis l'adoucissement de la peine ; et quant aux désertions, il n'y en avait plus.

CHAPITRE VIII.

DU TALION.

Si la loi du talion était admissible, les travaux du législateur seraient bien abrégés : un mot tiendrait lieu d'un volume.

En quoi consiste le talion ? A faire souffrir au délinquant le même mal qu'il a fait à la partie lésée : pour injure corporelle, peine corporelle ; pour injure contre la propriété, peine pécuniaire ; pour injure contre la réputation, peine de nature à affecter la réputation du délinquant. Voilà l'idée générale ; mais ce n'est pas assez. Pour rendre la peine exactement conforme au principe du talion, l'identité doit être portée aussi loin qu'il est possible. Par exemple, le délit a-t-il consisté dans l'incendie d'une maison, la maison du délinquant devrait être incendiée ; l'injure faite à la réputation d'un individu lui a-t-elle fait perdre un certain rang, le délinquant devrait être puni par la perte du même rang ; a-t-il mutilé son adversaire, il doit subir la même mutilation ; lui a-t-il ôté la vie, il doit être puni de mort. En un mot, plus la ressemblance est spécifique entre

la peine et le délit, plus elle est conforme à la
loi du talion. *OEil pour œil, dent pour dent* : voilà
l'expression proverbiale. L'identité requiert qu'on
affecte non seulement la même partie, mais de
la même manière : le meurtre s'est-il opéré par
le feu, le fer ou le poison, il faut que le supplice
soit accompli par le même instrument.

Le grand mérite de la loi du talion, c'est sa
simplicité. Tout le code pénal est renfermé dans
une seule règle : « Le délinquant souffrira le mal
qu'il a fait souffrir. » Tout vaste qu'est ce plan,
il entre tout à la fois dans l'intelligence la plus
bornée ; il se fixe dans la mémoire la plus faible :
et de plus, l'analogie est si parfaite, que l'idée du
délit réveille immédiatement l'idée de la peine.
Plus le délit paraît séduisant, plus la peine doit
être un objet d'effroi : la sauvegarde est à côté
du péril.

J'allais poursuivre cet examen, mais à quoi
sert, puisque dans le plus grand nombre des délits le talion est impraticable ? D'abord, il ne peut
pas s'appliquer aux délits purement publics, dont
le caractère est de nuire à la communauté en général, sans nuire à aucun individu assignable.
Qu'un homme se soit rendu coupable de trahison, qu'il ait entretenu des correspondances criminelles avec l'ennemi de l'état, qu'il ait livré
par lâcheté une forteresse, comment peut-on

lui rendre en nature le mal qu'il a fait ou voulu faire ?

Il n'est pas plus applicable dans les délits demi-publics, ces délits qui affectent un certain district ou une certaine classe d'individus dans la communauté. D'ailleurs, le mal de ces délits est souvent tout en alarme, en danger, sans tomber sur aucun individu assignable; il ne donne point de prise au talion.

Dans les délits contre soi-même, ces actes qui offensent la morale, il serait absurde. Si un individu par choix se fait du mal à lui-même, lui faire le même mal, serait-ce le punir ?

Dans les délits contre la réputation, s'ils sont commis par un faux rapport, la loi ne peut pas ordonner de répandre un faux rapport contre le délinquant. Ce qu'on peut faire, c'est de le soumettre à quelque peine infamante; mais elle serait souvent inefficace, car elle dépend de la réputation qu'il possède : on n'ôte rien à qui n'a rien.

Dans les délits contre la propriété, la peine du talion serait trop faible, trop peu exemplaire : et d'ailleurs, quel contre-sens que des peines pécuniaires pour un délit dont l'indigence est le motif le plus commun ?

Même défaut de prise, même impossibilité du talion, dans les délits contre la condition natu-

relle ou civile; et il y a des cas où, s'il était praticable, il ne serait pas admissible; par exemple,
la séduction, l'adultère, etc.

Que reste-t-il donc pour l'opération de cette
loi? presque rien. Les seuls délits auxquels on
puisse l'appliquer, et pas même constamment,
sont ceux qui affectent la personne : encore faut-
il supposer une parité de circonstances qui n'existe
presque jamais. Dans les cas peu fréquents où le
talion serait applicable, il pècherait par un excès
de sévérité. Son vice radical est d'être inflexible.
La loi doit mesurer la peine sur les circonstances
d'aggravation ou d'atténuation : le talion détruit
toute mesure.

Cette peine doit plaire à des peuples d'un caractère vindicatif. Mahomet l'avait trouvée établie
chez les Arabes, et l'a consacrée dans le Koran,
avec un ton d'éloge qui donne la mesure de ses
connaissances en matière de législation. « O vous,
qui avez un cœur, vous trouverez dans le talion,
et dans la crainte qu'il inspire, la sûreté de vos
jours! » (Tom. I, chap. II, de la *Vache.*) Soit
faiblesse, soit ignorance, il flattait le vice dominant, qu'il aurait dû combattre.

CHAPITRE IX.

DE LA POPULARITÉ DU CODE PÉNAL.

Prouver qu'une institution est conforme au principe de l'utilité, c'est prouver, autant que la chose est susceptible de preuve, que le peuple *doit* l'aimer. — L'aimera-t-il en effet? c'est une question toute différente. Il l'aimerait, si son jugement était toujours dirigé par ce principe; mais c'est là un degré de civilisation auquel aucun peuple ne s'est encore élevé. Chez les nations les plus avancées, même dans les classes supérieures, combien ne trouve-t-on pas d'antipathies et de préjugés qui n'ont aucune base solide! Antipathies contre certains délits, sans rapport au mal qui en résulte; — préjugés contre certaines peines, sans égard à leur convenance.

Les objections capricieuses contre tel ou tel mode de punir sont susceptibles de varier autant que les fantaisies de l'imagination; mais on trouvera le plus souvent qu'elles se rangent sous l'un ou l'autre de ces quatre chefs: *liberté,—décence,—religion, — humanité*. Observez que j'appelle *capricieuses* les objections qui tirent toute leur force apparente de la faveur dont jouissent ces termes respectés: le caprice consiste à prendre ces noms en vain.

I. *Liberté.* — Il y a peu de chose à dire sous ce chef. Toutes les peines sont contraires à la liberté, nul ne les souffre que par contrainte. Mais on trouve des enthousiastes qui, sans faire attention à cela, condamnent certaines peines, par exemple, l'emprisonnement joint au travail forcé, comme un attentat aux droits naturels de l'homme. Dans un pays libre, disent-ils, on ne doit pas souffrir que même les malfaiteurs soient réduits à un état d'esclavage ; c'est un exemple odieux et dangereux. Il n'y a que des peuples soumis au despotisme qui puissent souffrir la vue des galériens enchaînés.

Cette objection fut répétée dans plusieurs pamphlets, quand on proposa en Angleterre les maisons de pénitence. Traduisez cette clameur d'une manière intelligible, elle signifie qu'il faut laisser la liberté à ceux qui en abusent, ou que la liberté des malfaiteurs est une partie essentielle de la liberté des honnêtes gens.

II. *Décence.* — Les objections tirées de la *décence* sont limitées à ces peines dans lesquelles on expose à la vue du public des objets que la pudeur fait voiler, ou dont elle ne permet pas de faire le sujet ordinaire de la conversation.

Qui doute que les peines ne doivent être pudiques? — Mais la pudeur, comme les autres vertus, n'a de valeur que par son utilité. Si donc il était des cas où la peine la plus appropriée au délit renfermât, dans sa description ou son exécution, des circonstances dont la pudeur fût blessée, elle devrait, ce semble, céder à une utilité majeure. La castration, par exemple, paraît la peine la plus convenable pour le viol, c'est-à-dire la plus propre à faire une forte impression sur l'esprit au moment de la tentation. Faudrait-il, par un scrupule de pudeur, avoir recours à la peine capitale, ou à telle autre moins efficace et moins exemplaire [1] ?

On rapporte que dans une ville de la Grèce les jeunes filles, égarées par je ne sais quelle épidémie d'imagination, se donnaient la mort. Les magistrats, alarmés de la fréquence de ces actes, ordonnèrent que, en punition du suicide, les cadavres nus seraient traînés dans les places publiques. Je n'examine ni la probabilité du fait ni la nature du délit, mais le même auteur rapporte que le mal cessa tout-à-fait. Voilà donc une loi

[1] Observez toutefois que si cette peine, toute convenable qu'elle est, choquait le sentiment public, ce serait une raison suffisante pour ne pas l'établir.

violant la pudeur, et sa convenance serait démontrée par son efficace : car quelle plus grande perfection dans la loi pénale que de prévenir entièrement le délit ?

III. *Religion.* — Il y a des sectes du christianisme qui prétendent que la peine de mort est
illégitime. La vie est un don de Dieu; les hommes
n'ont pas le droit de l'ôter.

Nous verrons, dans le second livre, qu'il y a
des raisons très fortes contre la peine de mort,
ou que tout au plus elle ne convient qu'à des
cas extraordinaires : mais sa prétendue illégiti-
mité est une raison empruntée d'un faux principe.

Illégitime signifie *contraire à la loi.* Ceux qui
appliquent ce mot dans l'argument en question
entendent qu'il y a une loi divine contre la peine
de mort : cette loi divine est une loi révélée ou
non. Si elle est révélée, elle doit se trouver dans
le texte des livres qui sont censés contenir l'expression des volontés de Dieu; mais comme il
n'existe point de pareil texte dans la révélation,
et que la loi judaïque renferme des peines capitales, les partisans de cette opinion doivent s'appuyer d'une loi divine non révélée, d'une loi
naturelle, c'est-à-dire d'une loi déduite de la volonté supposée de Dieu.

Mais présumer que Dieu *veut,* c'est supposer

qu'il a une raison pour vouloir, une raison digne de lui, qui ne peut être que le plus grand bien de ses créatures. Dans ce sens, la loi divine naturelle ne serait autre que l'utilité la plus générale.

Présume-t-on des volontés de Dieu sans rapport à *l'utilité*, c'est alors un principe fantastique, illusoire, prêt à sanctionner toutes les rêveries des enthousiastes et toutes les folies des superstitieux.

La religion mal entendue a souvent opposé différents obstacles à l'exécution des lois pénales : — par exemple, les asiles ouverts aux criminels dans les temples.

Théodose Ier défendit toute procédure criminelle pendant le carême. Il alléguait pour raison que les juges ne doivent pas punir les criminels dans un temps où ils demandent à Dieu le pardon de leurs propres crimes. Valentinien Ier ordonna qu'à la solennité de Pâques tous les prisonniers seraient élargis, excepté les accusés de crimes majeurs [1].

Constantin défendit par une loi d'imprimer des stygmates au visage, parceque'il est contre le droit de la nature de blesser la majesté du front

[1] *Pilati.* Histoire des révolutions depuis l'accession de Constantin jusqu'à la chute de l'empire d'Occident.

de l'homme. Voilà une singulière raison; la majesté du front d'un scélérat!

L'inquisition, dit Bayle, a condamné les hérétiques au supplice du feu pour ne pas violer la maxime, *Ecclesia non novit sanguinem*. La religion a eu ses calembours comme la loi.

IV. *Humanité*. — « N'écoutez pas la raison, qui nous trompe si souvent, mais le cœur, qui nous conduit toujours bien. Je rejette sans examen cette peine que vous proposez, parcequ'elle fait violence aux sentiments naturels, elle fait frémir les âmes sensibles, elle est tyrannique et cruelle. » Voilà le langage des orateurs sentimentaux.

Certes, si la répugnance d'un cœur sensible est une objection suffisante contre une loi pénale, il faut anéantir le code pénal. Est-il une seule de ses dispositions qui ne porte une atteinte plus ou moins douloureuse à la sensibilité?

Toute peine par elle-même est nécessairement odieuse. Si elle n'excitait point d'aversion, pourrait-elle remplir son objet? Une peine ne saurait être approuvée qu'autant qu'on l'associe à l'idée d'un délit.

Je récuse le sentiment comme arbitre;—je ne le récuse pas comme premier moniteur de la raison. Qu'une disposition pénale nous révolte, ce

n'est point assez pour la condamner, mais c'est
un motif pour la scruter attentivement. Si elle
mérite cette antipathie, nous en découvrirons
bientôt les causes légitimes ; nous verrons que
cette peine est déplacée, ou qu'elle est superflue,
ou qu'elle n'est pas en proportion avec le délit,
ou qu'elle tend à produire plus de mal qu'elle
n'en prévient. Nous parviendrons ainsi à découvrir le gîte de l'erreur. Le sentiment met la réflexion en œuvre, et la réflexion démêle le vice
de la loi.

Les peines les plus généralement approuvées
sont celles qui ont quelque analogie avec le délit : on croit y voir un caractère de justice et d'é-
quité. Qu'est-ce au fond que cette justice et cette
équité ? je n'en sais rien. On punit le délinquant
par le même mal qu'il a fait ; — mais la loi doit-
elle prendre exemple sur la conduite qu'elle condamne ? Des juges doivent-ils imiter le malfaiteur
dans sa méchanceté ? L'acte solennel et juridique
devrait-il être le même en nature que l'acte criminel ?

Ce qui plaît en cela à la multitude, c'est qu'on
ferme la bouche au coupable : il ne peut pas accuser la sévérité de la loi sans que sa conscience
l'accuse lui-même.

Heureusement, le même tour d'imagination
qui rend cette peine populaire, la rend conve-

nable. Cette analogie qui frappe le peuple frappe également les individus au moment de la tentation, et rend cette même peine un objet particulier de terreur.

Il importe d'écarter les fausses notions, même quand elles s'accordent avec le principe de l'utilité. Cet accord n'est qu'un hasard, et celui qui porte un jugement d'approbation indépendamment de ce principe se prépare à en porter d'autres qui lui seront contraires. Il n'y a point de sûreté pour la marche de l'entendement jusqu'à ce qu'on ait appris à se servir constamment de ce principe, à l'exclusion de tout autre. Les termes purement approbatifs ou désapprobatifs en matière de raisonnement, sont le bégaiement de l'enfance. Il faut s'en abstenir dans toute recherche philosophique où il s'agit d'éclairer, de convaincre, et non d'émouvoir [1].

---

[1] Les termes passionnés renferment tous une pétition de principe, un jugement anticipé d'approbation ou de désapprobation impliqué dans le terme même. Celui qui s'en sert dans un argument veut faire une espèce de supercherie ou de violence à son lecteur. Mais quand on a fait sa preuve, quand on a pesé le pour et le contre dans la balance de l'utilité, il ne me paraît ni possible ni convenable de s'abstenir de caractériser le bien et le mal par les épithètes qui leur sont appliquées dans le langage ordinaire. Cette note est peut-être une apologie que le rédacteur de ces manu-

sorits se prépare ; il a fait tous ses efforts pour n'en avoir pas besoin dans la partie didactique ; mais écrire sans se permettre ces termes approbatifs ou désapprobatifs, c'est marcher sur la corde tendue.

CHAPITRE X.

DES PEINES INDUES [1].

On peut réduire à quatre chefs les cas où il ne faut pas infliger de peine : 1° lorsque la peine serait mal fondée, 2° inefficace, 3° superflue, 4° trop dispendieuse.

Reprenons ces quatre points.

I. Peines mal fondées.

La peine serait mal fondée lorsqu'il n'y aurait point de vrai délit, point de mal du premier ordre ou du second ordre, ou lorsque le mal serait plus que compensé par le bien, comme dans l'exercice de l'autorité politique ou domestique, dans la répulsion d'un mal plus grave, dans la défense de soi-même, etc.

Si on a saisi l'idée du vrai délit, on le distinguera aisément d'avec les délits de mal imaginaire, ces actes innocents en eux-mêmes, qui se

[1] Pour éviter les renvois, on donne ici ce chapitre tel qu'il est dans les *Traités de législation*, tom. II.

trouvent rangés parmi les délits par des préjugés, des antipathies, des erreurs d'administration, des principes ascétiques, à peu près comme des aliments sains sont considérés, chez certains peuples, comme des poisons ou des nourritures immondes. L'hérésie et le sortilége sont des délits de cette classe.

II. Peines inefficaces.

J'appelle *inefficaces* les peines qui, ne pouvant produire aucun effet sur la volonté, ne serviraient point à prévenir des actes semblables.

Les peines sont inefficaces lorsqu'elles s'appliquent à des individus qui n'ont pas pu connaître la loi, qui ont agi sans intention, qui ont fait le mal innocemment, dans une supposition erronée, ou par une contrainte irrésistible. Des enfants, des imbéciles, des fous, quoiqu'on puisse les mener jusqu'à un certain point par des récompenses et des menaces, n'ont pas assez d'idée de l'avenir pour être retenus par des peines futures. La loi serait sans efficace à leur égard.

Si un homme était déterminé par une crainte supérieure à la plus grande peine légale, ou par l'espoir d'un bien prépondérant, il est clair que la loi aurait peu d'efficace. On a vu les lois con-

tre le duel méprisées, parceque l'homme d'honneur craignait la honte plus que le supplice. Les
peines décernées contre tel ou tel culte manquent
généralement leur effet, parceque l'idée d'une
récompense éternelle l'emporte sur la crainte
des échafauds. Mais comme ces opinions ont plus
où moins d'influence, la peine est aussi plus ou
moins efficace.

III. Peines superflues.

Les peines seraient superflues dans les cas où
l'on pourrait atteindre le même but par des
moyens plus doux, l'instruction, l'exemple, les
invitations, les délais, les récompenses. Un
homme a répandu des opinions pernicieuses : le
magistrat s'arme-t-il du glaive pour le punir?
Non : s'il est de l'intérêt d'un individu de répandre de mauvaises maximes, il sera de l'intérêt de
mille autres de les réfuter.

IV. Peines trop dispendieuses.

Si le mal de la peine excédait le mal du délit,
le législateur aurait produit plus de souffrances
qu'il n'en aurait prévenu. Il aurait acheté l'exemption d'un mal au prix d'un mal plus grand.

Ayez deux tableaux devant les yeux, l'un représentant le mal du délit; l'autre représentant le mal de la peine.

Voyez le mal que produit une loi pénale : 1° *Mal de coercition.* Elle impose une privation plus ou moins pénible, selon le degré de plaisir que peut donner la chose défendue. 2° *Souffrance causée par la peine* : lorsque les infracteurs sont punis. 3° *Mal d'appréhension*, souffert par celui qui a violé la loi, ou qui craint qu'on ne lui impute de l'avoir violée. 4° *Mal des fausses poursuites* : cet inconvénient, attaché à toutes les lois pénales, l'est particulièrement aux lois obscures, aux délits de mal imaginaire : une antipathie générale produit une disposition effrayante à poursuivre et à condamner sur des soupçons ou des apparences. 5° *Mal dérivatif*, souffert par les parents ou les amis de celui qui est exposé à la rigueur de la loi.

Voilà le tableau du mal ou de la *dépense* que le législateur doit considérer toutes les fois qu'il établit une peine.

C'est dans cette source qu'on puise la principale raison pour les amnisties générales, après ces délits compliqués qui naissent d'un esprit de parti. Il peut arriver que la loi enveloppe une grande multitude, quelquefois la moitié du nombre total des citoyens, et même au-delà. Voulez-vous punir tous les coupables; voulez-vous seulement les décimer : le mal de la peine serait plus grand que le mal du délit.

Si un délinquant était aimé du peuple, et qu'on eût à craindre un mécontentement national, s'il était protégé par une puissance étrangère dont on eût à ménager la bienveillance, s'il pouvait rendre à la nation quelque service extraordinaire, dans ces cas particuliers, le pardon du coupable résulte d'un calcul de prudence. On craint que la peine de son délit ne coûte trop cher à la société.

CHAPITRE XI.

CHOIX DE LA PEINE. — LATITUDE A LAISSER AUX JUGES.

Le législateur doit déterminer tout ce qui concerne la peine autant que cela est possible : 1° pour la certitude ; 2° pour l'impartialité.

1° Plus la mesure de la peine approche de la certitude, plus aussi tous les membres de la communauté peuvent savoir ce qu'ils ont à attendre : en d'autres termes, c'est la peine, en tant qu'elle est connue, qui détourne de commettre un délit. Une peine problématique ne peut pas agir avec la même efficacité. Tout ce qui est douteux à cet égard favorise l'espérance.

2° Le législateur, ignorant sur quels individus la peine qu'il institue doit tomber, n'est pas en danger d'être gouverné par des motifs de faveur ou de haine personnelle. Il est impartial, ou il paraît l'être. Le juge, au contraire, ne prononçant que sur des cas particuliers, peut être exposé à des préventions pour ou contre, ou du moins à des soupçons qui altèrent la sécurité publique.

Laissez-vous aux juges une latitude illimitée

pour diminuer la peine, vous rendez leurs fonctions trop difficiles et trop dures; vous les placez
entre la crainte d'être trop indulgents ou trop
sévères.

Les juges, pouvant diminuer la peine à leur
gré, se rendront moins rigoureux sur les preuves
que s'ils avaient à prononcer une peine fixe. Une
légère probabilité paraîtra suffisante pour justifier une peine qu'on mitige *ad libitum.*

Il peut y avoir toutefois, soit dans les délits,
soit dans la personne des délinquants, des circonstances imprévues ou particulières qui feraient sentir de grands inconvénients dans une
loi inflexible. Il faut donc laisser une certaine
latitude au juge, non pour aggraver la peine,
mais pour la diminuer, dans les cas qui font présumer qu'un individu est moins dangereux ou
plus responsable qu'un autre : la même peine
nominale, comme on l'a déjà observé, ne serait
pas toujours la même peine réelle. Il est des individus qui, à raison de leur éducation, de leurs
liaisons de famille, de leur état dans le monde,
présentent, si je puis parler ainsi, une plus grande
surface à l'action de la peine.

Il y aura d'autres circonstances où il faudra
changer la nature même de la peine, soit parceque celle qui est désignée par la loi ne serait pas
applicable, soit parcequ'elle serait moins con-

venable à d'autres égards. Mais quand la peine à infliger serait autre que celle de la loi, le juge doit en laisser l'option à l'individu.

Toutes les fois que le juge exercera ce pouvoir discrétionnel , c'est-à-dire lorsqu'il réduira la peine au-dessous du *minimum* fixé par la loi, il doit être tenu d'énoncer le motif d'après lequel il se détermine.

Voilà pour les principes. Les détails propres à ce sujet appartiennent au code pénal et aux instructions du législateur aux tribunaux.

LIVRE II.

DES PEINES CORPORELLES.

CHAPITRE PREMIER.

DES PEINES AFFLICTIVES SIMPLES.

J'appelle ainsi les peines corporelles qui consistent principalement dans la douleur physique *immédiate*, pour les distinguer d'avec d'autres peines corporelles, dont l'objet est de produire des conséquences *permanentes* [1].

Ces peines seraient susceptibles d'une variété infinie, parcequ'il n'est aucune partie du corps qu'on ne puisse affecter douloureusement, et qu'il n'existe presque rien dans la nature dont on ne puisse faire un instrument de souffrance. Mais quand il serait possible d'en épuiser le catalogue, c'est un travail qui heureusement ne serait pas nécessaire.

---

[1] *Afflictif* dans ce sens est conforme au mot latin dont il dérive : *Afflictatio*, dit Cicéron dans ses Tusculanes, *est ægritudo cum vexatione corporis*.

Le mode qui s'est présenté le plus naturellement, et qui a été le plus commun, a été de livrer
le corps à des coups. La flagellation, qui consiste
à frapper avec un instrument flexible, a été le
mode le plus usité. Le plus ou moins de flexibilité dans l'instrument produit différents modes
de peines, qui conservent le même nom générique, malgré la diversité des effets.

Il y a un supplice assez commun en Italie, et
surtout à Naples, pour les filous : *l'estrapade*.
Elle consiste à enlever un homme à une certaine
hauteur par le moyen d'un cabestan, et à le laisser retomber tout-à-coup, de manière toutefois
qu'il ne touche pas terre. Toute la force acquise
par le corps dans la chute porte sur les bras, et
la conséquence ordinaire est leur dislocation. Un
chirurgien est présent pour les remettre.

Il y a eu deux peines pratiquées autrefois en
Angleterre, mais qui sont tombées en désuétude,
même dans le département militaire : l'une était
le *piquettement*, qui s'opérait par suspension ;
le poids du corps portait entièrement sur la pointe
d'une pique : l'autre était le *cheval de bois* ou de
fer; c'était une pièce de bois ou de fer étroite,
sur laquelle le patient était placé à califourchon.
On augmentait l'effet par des poids attachés aux
jambes.

Une autre peine, qui existe encore dans les

anciens statuts de la loi anglaise, et qui n'est plus pratiquée, consistait à plonger le corps du patient dans l'eau froide à plusieurs reprises : c'est ce qu'on appelle en anglais *ducking*. Il n'y avait point là de douleur aiguë. Le malaise physique venait en partie du froid, et en partie de la suspension temporaire de respiration. Cette peine, qui avait quelque chose de burlesque, était surtout mise en usage pour des femmes grondeuses, dont les cris importunaient le voisinage : *communis rixatrix*. On voit que cela est du vieux temps. Le peuple, fort attaché aux anciennes coutumes, exerce encore quelquefois cette espèce de justice sur de petits filous pris en flagrant délit dans quelque rassemblement populaire, comme les foires.

Le génie d'invention pour la variété des instruments de douleur s'est surtout manifesté dans une branche de logique, dans cette logique des tribunaux qu'on appelait la *question*. Il y en avait pour toutes les parties du corps, selon qu'on voulait les alonger, les tordre ou les disloquer. La torture des pouces consistait à les serrer avec des cordelettes ; celle des bottes étroites, à faire entrer des coins dans les bottes à coups de marteau. Dans la torture proprement dite, le patient était couché sur une planche, et garrotté avec des cordes qu'on serrait graduellement avec une vis,

de manière à produire tous les degrés possibles
de douleur.

La suffocation par l'eau (*drenching*) se pratiquait au moyen d'un linge, mouillé par une in-
jection continuelle, appliqué sur la bouche et
les narines du patient, de manière qu'à chaque
mouvement d'inspiration il faisait entrer une certaine quantité d'eau dans l'estomac, qui se dis-
tendait au point de produire un gonflement sensible. Dans la fameuse transaction d'Amboine, les
Hollandais se servirent de ce genre de tourment
contre leurs prisonniers anglais.

Ne poursuivons pas plus loin une énumération
si désagréable; ce qu'il y a de commun entre
toutes les peines afflictives du genre aigu, c'est
la douleur organique. Mais elles diffèrent beaucoup par deux points essentiels : — les degrés de
leur intensité, — les conséquences plus ou moins
graves qui en sont le résultat.

Ces conséquences se rangent sous trois chefs :
1° la continuation de la peine organique au-delà
du temps de son exécution; 2° les différents maux
physiques d'un autre genre qui peuvent en pro-
venir; 3° l'ignominie plus ou moins grande qui
y est attachée. Dans le choix de ces peines, toutes
ces considérations sont de la plus grande importance.

Il serait bien inutile d'en admettre une grande

variété dans le code pénal. La plus commune, la flagellation, variable dans tous les degrés d'intensité dont on a besoin, pourrait suffire à elle seule, si l'analogie en certains cas ne recommandait l'emploi de quelques autres : à cela près, multiplier les instruments de douleur, c'est risquer, sans aucun fruit, de rendre les lois pénales odieuses.

L'impératrice Marie-Thérèse, entre autres ouvrages qu'elle entreprit pour l'amélioration des lois, fit compiler une description de toutes les tortures et de tous les supplices. C'était un gros volume in-folio, dans lequel non seulement toutes les machines étaient décrites et représentées par des gravures, mais on allait jusqu'à spécifier toutes les manipulations de l'exécuteur. Ce livre ne fut en vente que très peu de jours. Le prince Kaunitz, alors premier ministre, le fit supprimer. Il pensa, et avec raison, que la vue d'un pareil ouvrage ne pouvait qu'inspirer une sorte d'horreur pour les lois. Cette objection tombait avec une force particulière sur les machines employées à la torture. Depuis, elle a été abolie dans tous les états du domaine autrichien ; il est assez probable que la publication de cet ouvrage eut quelque part à cet heureux effet.

Il serait à désirer qu'un homme de l'art voulût examiner les effets plus ou moins dangereux qui

peuvent résulter des divers modes de cette punition, les contusions produites par les coups de
corde, les lacérations des fouets, etc. En Turquie,
la partie qu'on frappe, c'est la plante des pieds.
Les conséquences en sont-elles plus ou moins
graves? je l'ignore. C'est apparemment par un
sentiment de pudeur que les Turcs n'ont pas voulu
exposer à la vue les parties supérieures du corps
humain.

Si cette peine était modérée au point de ne
produire que la douleur du moment, ou à peu
près, elle ne serait ni assez exemplaire pour les
spectateurs, ni assez efficace pour intimider les
délinquants : il n'y aurait presque plus dans le
châtiment que l'ignominie. Or, il faut considérer
que sur la classe commune des malfaiteurs, à qui
ces peines sont destinées, l'ignominie pourrait
bien n'avoir aucune prise.

En Angleterre, la flagellation est exécutée avec
une extrême inégalité. Le plus ou le moins est
laissé au caprice intéressé de l'exécuteur. Il dépend de lui de rendre la peine beaucoup plus
légère qu'elle ne devrait l'être dans l'intention
du juge ; et il fait de cette vente d'indulgence
une branche de son revenu. Ainsi le délinquant
est puni, non en proportion de son délit, mais
de sa pauvreté. Le plus coupable, celui qui a su
mettre en sûreté une partie de ses larcins, jette

un gâteau dans la bouche du Cerbère, et celui qui a tout restitué subit toute la rigueur de la loi.

Il serait possible d'obvier à cet inconvénient. Il n'y aurait point de difficulté à construire une machine cylindrique qui mettrait en mouvement des corps élastiques, comme des joncs ou des côtes de baleine. Le nombre des tours serait déterminé par l'ordre positif du juge. Il n'y aurait plus rien d'arbitraire. Un officier public, d'un caractère plus responsable que l'exécuteur, présiderait à l'exécution; et dans les cas où il y aurait plusieurs délinquants à punir, en multipliant les machines, leur opération simultanée ajouterait considérablement à la terreur de la scène, sans rien ajouter à la peine réelle.

II° SECTION.

Examen des peines afflictives.

L'examen d'une peine consiste à la comparer successivement avec toutes les qualités que nous avons indiquées comme désirables dans un mode pénal, pour voir jusqu'à quel point elle possède les unes et manque des autres, et si celles qu'elle possède sont plus importantes que celles qui lui manquent, c'est-à-dire plus propres à atteindre le but désiré.

Rappelons ici, sans craindre de nous répéter, que le mérite d'une peine doit s'estimer par les qualités suivantes : qu'elle soit certaine dans sa nature et égale à elle-même, — divisible ou susceptible de plus et de moins, — commensurable avec d'autres peines, — analogue au délit, — exemplaire, — économique, — rémissible ou du moins réparable, — tendante à réformer le moral, — convertible en profit pour la partie lésée, — simple et claire dans sa dénomination, — non impopulaire.

Montrer qu'une peine manque d'une ou de plusieurs de ces qualités, ce n'est pas une objection suffisante pour la rejeter : elles ne sont pas toutes d'une importance égale, et de plus on ne les trouve jamais réunies.

1º Les peines afflictives simples ne sont sujettes à aucune objection sous le rapport de la *certitude* : la sensibilité organique, sur laquelle elles agissent, est l'attribut universel de la nature humaine; mais à ne les envisager que par la capacité de souffrir, elles seraient très inégales, très dissemblables, si elles étaient les mêmes pour les deux sexes, les mêmes pour tous les âges de la vie, pour le jeune homme robuste, pour le vieillard infirme : de là la nécessité de donner au juge un pouvoir de latitude pour se prêter à des circonstances manifestes.

2° Ces peines sont très *divisibles*, très variables dans leurs degrés; on les modère, on les
aggrave comme on veut. Cette qualité leur appartient dans la plus grande perfection. Mais observons qu'à ces peines il s'en joint constamment une
autre, d'une nature toute différente, en vertu
des sentiments d'honneur qui prévalent plus ou
moins chez les nations civilisées. Chaque peine
afflictive simple est accompagnée d'une portion
d'ignominie '; — et cette ignominie ne va pas
croissant ou décroissant, selon l'intensité de la
peine organique, car il est des cas où la plus légère serait la plus infamante. Cette différence
dépend principalement de la condition du coupable : et par cette raison, chez les nations européennes, il n'est aucune peine de cette classe
qu'on puisse regarder comme légère pour un
gentilhomme : par où je n'entends pas un noble,
une personne titrée, mais un individu au-dessus
de la condition la plus obscure.

Un défaut d'attention à cette circonstance fut
la cause d'un grand mécontentement contre
un acte du parlement d'Angleterre, appelé le
Dog act, passé sous le règne de Georges III.
Il était fait pour prévenir un genre de vol,
celui des chiens. Entre les peines assignées

' Elles ne sont pas *simples* dans un sens absolu, mais
comparativement à d'autres peines.

était celle du fouet. Or, il y a dans la nature de cette propriété une circonstance qui fait de cette espèce de vol un délit moins incompatible avec le caractère d'un gentilhomme que tout autre larcin. Il est regardé avec une sorte d'indulgence par la même raison que l'embauchement d'un domestique, acte qui serait envisagé comme un vol, si la qualité morale de cette espèce de propriété était hors de question. Mais on ne gagne pas un domestique sans son consentement, et c'est là une différence essentielle. On peut être innocent malgré les apparences. Le chien, par exemple, qui est susceptible de volonté et d'affections sociales très fortes, a pu se donner de lui-même, sans qu'on ait fait aucun effort pour l'attirer.

La même inattention est en Russie le vice dominant de toute la loi pénale. Dans les règnes qui ont précédé celui de Catherine II, il n'y avait ni sexe ni rang qui pût exempter du fouet et du knout. On sait que Pierre I⁰ʳ faisait infliger le châtiment de l'enfance même à des femmes de la première condition. Les mœurs se sont adoucies par degrés. Les souverains ont commencé à respecter les classes supérieures de la société. Les lois sont encore les mêmes, mais leur administration est plus mitigée.

La Pologne avait conservé la même rudesse.

Il n'était pas rare que les filles d'honneur d'une princesse fussent châtiées sous les yeux de toute la famille par le majordome. Dans la maison des grands, les pauvres gentilshommes qui composaient leur domestique étaient punis par des coups de canne et de bâton. On peut juger par là de la brutalité avec laquelle on traitait les classes inférieures.

Rien ne prouve mieux l'avilissement du peuple chinois que les fouets qui sont habituellement dans les mains de la police. Les mandarins de la première classe, les princes du sang, sont soumis au bambou comme le paysan.

3° Le mérite principal des peines afflictives simples est dans leur exemplarité. Tout ce qui est souffert par le patient durant l'exécution peut être vu par le public, et la classe de spectateurs attirés par cette scène renferme la plupart de ceux à qui cette impression est particulièrement salutaire.

Voilà ce qui s'offre de plus remarquable sur ces peines : il n'y a rien de particulier à observer sous les autres chefs. Elles ont plus de tendance à intimider qu'à réformer. J'en excepte toutefois une espèce particulière de peines afflictives, la *diète pénitentielle*, qui, bien ménagée, peut avoir une grande efficacité sur le moral. Mais comme elle a une liaison naturelle avec l'emprisonnement, il en sera parlé sous ce chef.

CHAPITRE II.

DES PEINES AFFLICTIVES COMPLEXES.

J'entends par là les peines corporelles dont l'effet consiste principalement dans les *conséquences* plus éloignées, plus durables ou *permanentes* de l'acte pénal. On ne peut pas les considérer sous un seul chef ; elles renferment des espèces très différentes les unes des autres, dans leur nature et dans leur gravité.

Les conséquences permanentes d'une peine afflictive peuvent être l'altération, la destruction, la suspension des propriétés d'une partie du corps.

Les propriétés du corps sont ses *qualités visibles* ou ses *facultés* : les qualités visibles sont la couleur et la figure. Les facultés sont les organes eux-mêmes, ou les fonctions spécifiques des organes.

De là trois espèces distinctes de peines.

Les premières affectant l'extérieur de la personne, ses qualités visibles ; — les secondes, affectant l'usage des facultés organiques sans détruire

l'organe même ; — les troisièmes détruisant l'organe par mutilation [1].

Des peines qui altèrent l'extérieur de la personne.

Il y eut une idée ingénieuse dans le premier législateur qui inventa des peines pour ainsi dire externes et long-temps visibles,—des peines qui sans détruire aucun organe, sans mutilation, souvent sans douleur physique, ou du moins sans autre douleur que celle qui était absolument nécessaire pour l'opération, affectant seulement l'apparence de la personne, et rendant son aspect moins agréable, tiraient leur principale valeur de ce qu'elles étaient des signes de délit.

Les qualités visibles d'un objet sont la couleur et la figure : il y a donc deux manières de les altérer, 1° par *décoloration*, 2° par *défiguration*.

I. La décoloration peut être temporaire ou permanente. Celle qui est temporaire peut être produite par des sucs végétaux ou par divers liquides

[1] Les premières pourraient être comprises sous le nom général de *déformation :* les secondes sous le nom de *déshabilitation ;* elles rendent un organe perclus, impotent, inhabile. Les troisièmes ont déjà un nom propre, *mutilation.*

de la classe minérale. Je ne sache pas qu'on ait jamais fait usage de ce moyen comme punition : il me semble toutefois qu'on pourrait l'employer très utilement comme précaution, pour empêcher l'évasion de certains délinquants pendant la durée de quelque autre peine.

La décoloration permanente pourrait s'opérer par le tatouage : la seule méthode en pratique est la brûlure [1].

Le tatouage s'opère par un faisceau de petits instruments terminés en pointe comme des aiguilles, et par l'imprégnation d'une poudre colorante dans les piqûres. De tous les moyens de colorer, celui-ci produit l'effet le plus saillant et le moins douloureux. Le tatouage était pratiqué comme ornement par les anciens Pictes, et l'est encore dans le même but par plusieurs nations sauvages.

La brûlure juridique se fait par l'application d'un fer chaud dont l'extrémité a la forme qu'on veut laisser empreinte sur l'épiderme. Cette peine

---

[1] On pourrait employer au même but la scarification et la corrosion. Le premier moyen serait très mauvais, attendu qu'on ne saurait déterminer d'avance quelle forme prendrait la cicatrice. Une incision qui se formerait d'elle-même pourrait n'en laisser aucune. La corrosion par des caustiques chimiques serait peut-être moins défectueuse : elle n'a pas été essayée.

est appliquée en Angleterre à plusieurs délits :
elle l'est de même chez les autres nations de l'Europe. Je ne sais à quel point cette marque est
permanente ou distincte. Mais chacun peut observer que les brûlures accidentelles ne laissent souvent qu'une cicatrice légère, une altération peu
sensible dans la couleur et le tissu de la peau.

Si c'est une difformité que l'on veuille produire, il faut choisir pour la marque une partie
exposée à la vue, telle que les mains ou le visage ; mais si l'objet de cette peine est seulement
de constater le premier délit et de rendre le délinquant reconnaissable en cas de récidive, il
vaut mieux que la marque soit imprimée sur quelque partie du corps moins ordinairement en
vue. On lui épargne le tourment de l'infamie, sans
rien ôter à la force du motif qui en résulte pour
éviter de retomber entre les mains de la justice.

II. La défiguration peut de même être permanente ou passagère. Elle peut s'opérer sur la
personne, ou seulement sur son costume.

Celle qui ne tient qu'au costume n'est pas une
défiguration proprement dite, mais, par une association naturelle d'idées, elle a le même effet.
On peu rapporter à ce chef les robes lugubres,
les vêtements effrayants dont l'inquisition faisait
usage pour donner à ceux qui souffraient en pu-

blic un aspect hideux ou terrible. Les uns étaient revêtus de manteaux couleur de flammes, les autres portaient des figures de démons et divers emblèmes des tourments futurs.

Raser les cheveux a été une peine pratiquée autrefois. C'était une partie de la pénitence infligée aux femmes adultères par les anciennes lois françaises.

Les nobles chinois attachent la plus grande importance à la longueur de leurs ongles : les couper pourrait être une défiguration pénale. Il en est de même de la barbe pour les paysans russes et pour une partie des Juifs.

Les moyens permanents sont plus limités. Les seuls qui aient été en usage, et qui le soient encore en certains pays, s'appliquent à des parties de la tête qu'on peut altérer sans détruire les fonctions qui en dépendent. La loi commune d'Angleterre ordonnait, pour plusieurs délits, de fendre le nez dans les parties latérales, et de couper l'orbe extérieur des oreilles. La première de ces peines est tombée en désuétude, la seconde a été pratiquée, mais bien rarement, dans le siècle dernier. On peut voir, dans Pope et les écrivains contemporains, à quel point leur malignité satirique se complaît dans les allusions à ce traitement qu'avait essuyé, de leur temps, l'auteur d'un libelle.

Les extirpations, les incisions du nez, des lè-
vres, des oreilles, ont été très usitées en Russie,
sans distinction de sexe et de rang. On en faisait
l'accompagnement ordinaire du knout et de
l'exil; mais il faut observer que la peine de mort
était très rare.

SECONDE SECTION.

Des peines consistant à déshabiliter un organe.

Déshabiliter[1] un organe, c'est en suspendre
ou en détruire l'usage, sans détruire l'organe
même.

Il n'est pas nécessaire d'énumérer ici tous les
organes, ni tous les moyens par lesquels on peut
suspendre ou détruire leurs fonctions. Nous avons
déjà vu qu'il serait inutile d'avoir recours à une
grande variété de peines afflictives, et qu'il y
aurait même des inconvénients à le faire. Dans la
loi du talion, le catalogue des peines serait le
même que celui des délits.

I. *L'organe visuel.* — On en suspend l'usage,
soit par des applications chimiques, soit par un
moyen mécanique, comme un masque ou un

---

[1] En anglais, *to disable* et *disablement*. Ce mot manque à
la langue française. *Déshabiliter*, c'est rendre inhabile.

bandeau. On peut détruire la faculté visuelle par des moyens chimiques ou mécaniques.

Aucune jurisprudence en Europe ne fait usage de cette peine. Elle a été employée autrefois, et surtout à Constantinople, sous les empereurs grecs, moins comme une peine, il est vrai, que comme un moyen politique pour rendre un prince incapable de régner. L'opération consistait à passer une lame ardente de métal devant les yeux.

II. *L'organe auditif.* — On peut détruire la faculté de l'ouïe en détruisant le tympan : on peut produire une surdité passagère, en remplissant de cire le conduit de l'oreille. Comme peine légale, je n'en connais point d'exemple.

III. *L'organe de la parole.* — Le bâillonnement a été plus souvent employé comme moyen de précaution par des délinquants que comme moyen de peine par la justice. Le général de Lally fut envoyé au supplice avec un bâillon dans la bouche, et cette précaution odieuse ne servit peut-être pas peu à tourner l'opinion générale contre les juges, quand sa mémoire fut réhabilitée. On s'est servi quelquefois de cette peine dans les prisons et dans le militaire. Elle a le mérite de l'analogie, quand le délit consiste dans l'abus de la faculté de parler.

On se sert quelquefois, pour bâillonner, d'une pointe fixée dans les deux mâchoires, qui les tient immobiles : quelquefois d'une balle forcée, etc.

IV. *Les pieds et les mains.* — Je ne parle pas des moyens variés par lesquels on pourrait les mettre hors de service sans retour. Si on était réduit à le faire, l'exécution ne présente aucune difficulté.

Les *menottes* sont des anneaux de fer qui serrent les poignets, et qui sont liés entre eux par une barre ou par une chaîne. Cet appareil empêche complètement un certain nombre de mouvements, et peut être employé de manière à les empêcher tous.

Les *fers aux pieds* sont des anneaux passés dans les deux jambes, unis de même par une chaîne ou par une barre, selon l'état de gêne qu'on veut produire. Les menottes et les fers sont souvent employés conjointement. On fait universellement usage de ces deux moyens, quelquefois comme peine proprement dite, mais plus souvent pour prévenir l'évasion du prisonnier.

Le *pilori* est une planche fixée perpendiculairement sur un pivot qui tourne, et cette planche a des ouvertures dans lesquelles on fait passer la tête et les mains du patient qu'on expose aux regards de la multitude. Je dis aux regards : telle est l'intention de la loi; mais le plus souvent c'est aux outrages de la populace qu'on le livre sans défense. Et alors la peine change de nature; sa sévérité dépend du caprice de cette foule de bourreaux. La victime, car alors c'en est une, couverte de fange, le visage meurtri et sanglant, les dents brisées, les yeux enflés et fermés, n'a pas un trait reconnaissable. La police, du moins en Angleterre, voit ce désordre sans chercher à l'arrêter; et peut-être ne le pourrait-elle pas. Un simple treillis de fer, en forme de cage, autour du pilori, suffirait pour arrêter du moins tout ce qui peut porter des coups dangereux.

Le *carcan*, instrument de peine qui a été en usage en plusieurs pays, et très commun à la Chine, est une espèce de pilori portatif; une planche, en guise de collier, couchée horizontalement sur les épaules, et que le délinquant est assujetti à porter, sans relâche, pour un temps plus ou moins long [1].

[1] De infibulatione non tacendum. In masculis usitatum est apud antiquos, non quidem in pœnam sed in custodiam. Servis a quibus ministerium exigebatur cui nocere existimabatur usus veneris, solebant domini in penem trans præputium instrumentum cudere quod vocabant *fibulam*. Id dum manebat coitum penitus impediebat. Hunc ad morem innuit Martialis cum in aliis locis, tum in hoc.

Delapsa est misero fibula, verbus erat.

TROISIÈME SECTION.

Des mutilations.

J'entends par *mutilation* l'extirpation de quelque partie externe du corps humain, douée d'un mouvement distinct ou d'une fonction spécifique, dont la perte n'entraîne pas celle de la vie : les yeux, la langue, les mains, etc.

Quant à l'extirpation du nez et des oreilles, ce n'est pas mutilation proprement dite. Pourquoi ? parceque ce n'est ni la partie externe du nez, ni la partie externe des oreilles, qui exercent les fonctions de ces deux sens : elles les protègent, les aident, mais elles ne les constituent pas. Il y a donc une différence entre la mutilation qui entraîne la privation totale d'un organe, et celle qui ne détruit que son enveloppe. Ce n'est qu'une espèce de défiguration : l'art peut réparer en partie cette perte.

> Atque iterum
> *Menophili penem tam grandis fibula ves**
> Ut sit Comœdis omnibus una satis.*

Fœminarum fibulationem sollicitudo maritalis cum apud barbaros nonnullos invenisse dicitur, um etiam apud Hispanos recentiores. Apud Turrem Londinensem, ni fallor, instrumentum cernere est ut inter Armadœ Hispanicæ spolia, huic usui, ut prædicant, destinatum. Est annullus quem clavis aperit a marito custodienda.

Chacun sait combien la mutilation a été fréquente autrefois dans la plupart des systèmes pénaux. Il n'en est aucune espèce qui n'ait été pratiquée en Angleterre, jusque dans un temps assez moderne. La peine de mort pouvait être commuée en mutilation, d'après la loi commune. Par un statut passé sous Henri VIII, on devait avoir la main droite coupée pour avoir tiré du sang malicieusement dans toute maison où le roi réside. Par un statut du temps d'Élisabeth, l'exportation d'une brebis était punie par l'amputation de la main gauche. Depuis, toutes ces peines sont tombées en désuétude, et l'on peut considérer la mutilation comme étrangère dans le fait au code pénal de la Grande-Bretagne.

Examen des peines afflictives complexes.

Les peines afflictives simples sont assez faciles à évaluer, parceque leurs conséquences pénales sont toutes du même genre, et qu'elles ont un effet immédiat; toutes les autres offrent de plus grandes difficultés dans leur estimation, parceque leurs conséquences pénales sont très diverses, plus ou moins certaines, plus ou moins rapprochées. Les peines afflictives simples ne sont nulles pour personne; toutes les autres peines pèchent sous le rapport de la certitude. Plus les conséquences en sont éloignées, plus elles échappent à ceux qui manquent de prévoyance et de réflexion.

Autour d'une peine afflictive simple, on peut tracer un cercle où est renfermé le mal de la punition : autour des autres peines, on voit s'étendre une circonférence de mal qui n'est ni limitée ni susceptible de l'être; c'est du mal en général, un mal vague et universel qu'on ne saurait déterminer avec précision. Quand les effets des peines sont vagues, il y a beaucoup moins de choix à faire : car ceux de l'une peuvent être ceux de l'autre, et les mêmes conséquences pénales peuvent résulter de modes de punir très différents. Tout ce qu'on en dit se réduit à de simples probabilités, et le choix tourne uniquement sur la présomption que telle peine a une chance plus grande que telle autre de produire telle conséquence pénale.

Indépendamment de la souffrance organique, les peines qui affectent l'extérieur de la personne produisent deux effets désavantageux : au physique, l'individu peut devenir un objet de *dégoût*; au moral, il peut devenir un objet de *mépris* : en deux mots, il en peut résulter *perte de beauté* ou *perte de réputation*.

Une de ces peines qui a plus d'effet au moral qu'au physique, c'est une marque qui ne pro-

duit qu'un changement de couleur et l'impression d'un caractère sur la peau : mais cette marque est une attestation que l'individu s'est rendu
coupable de quelque acte auquel on attache du
mépris, et l'effet du mépris est de diminuer la
bienveillance, principe de tous les services libres
et gratuits que les hommes se rendent entre eux :
or, dans cette dépendance continuelle où nous
sommes de ceux qui nous entourent, ce qui tend
à diminuer la bienveillance renferme en soi la
chance d'une multitude indéfinie de privations[1].

Quand cette marque est infligée à raison d'un
délit, il est essentiel de lui donner un caractère
qui annonce clairement l'intention du fait, et qui

[1] Stedman raconte un trait qui prouve bien ce qui a été
dit sur les conséquences indéfinies de ces peines. Il parle
d'un Français, nommé *Destrades*, qui avait introduit à Surinam la culture de l'indigo, et qui, pendant plusieurs années, avait joui dans cette colonie de l'estime générale.
Étant chez un de ses amis à Démérary, il devint malade d'un
abcès qui se forma à l'épaule. Il ne voulut pas souffrir qu'on
le visitât : le mal empira au point de devenir dangereux,
mais sa résistance fut toujours la même. Enfin n'espérant
plus guérir, il termina lui-même ses jours d'un coup de pis-
tolet. Alors le secret fut révélé. On trouva sur l'épaule la
marque d'un V, ou *voleur*.

*Narrative of an expedition against the revolted Negroes of
Surinam*, by major *Stedman*, chap. XXVII.

ne puisse pas se confondre avec des cicatrices et
des marques accidentelles. Il faut donc que la
marque pénale ait une figure déterminée; et la
plus convenable, comme la plus commune, est
la lettre initiale du délit. Chez les Romains on
imprimait au front des calomniateurs la lettre K.
— En Angleterre, pour homicide commis d'a-
près une provocation, les délinquants sont marqués dans la main de la lettre M (abrégé de
manslaughter), et les voleurs, de la lettre T
(abrégé de *theft*). En France la marque des galériens était composée des trois lettres initiales
G. A. L.

En Pologne l'usage était d'ajouter une expression symbolique : la lettre initiale du crime était
renfermée dans la figure d'une potence. Dans
l'Indostan, parmi les Gentous, on emploie dans
les stigmates un grand nombre de figures symboliques bizarres.

Un moyen beaucoup plus doux, qui se rapporte
au même chef, est la pratique trop peu usitée de
donner aux délinquants un costume particulier
qui serve de livrée au crime. A Hanau, en Alle-
magne, les gens condamnés aux travaux publics
étaient distingués par une manche noire sur un
habit blanc. C'est un expédient qui a pour objet
de prévenir l'évasion; comme note d'infamie,
c'est une addition à la peine.

Une marque qui ne défigure pas n'inspire le mépris que par son rapport avec la conduite morale de l'individu : mais la marque qui défigure au point de produire un dégoût physique peut par elle-même, et sans rapport au moral, altérer la bienveillance à son égard. C'est une disposition qu'on peut blâmer, mais elle n'en existe pas moins ; et si cela n'était pas, pourquoi regarderait-on comme un malheur (mal de blessure à part) d'avoir le visage couvert de cicatrices ?

Si ces préventions défavorables agissent sur nous contre des personnes de notre sexe, à plus forte raison leurs effets sont beaucoup plus sensibles d'un sexe à l'autre.

Il y a des exceptions sans doute : les blessures de la guerre peuvent produire en honneur plus qu'un équivalent pour la beauté perdue : mais, même dans ce cas, le triomphe du respect moral sur le dégoût physique dépend de la force de ce sentiment ; et dans ce combat entre une répugnance naturelle et une bienveillance raisonnée, l'avantage n'est pas toujours du côté de la raison.

Les mutilations sont sujettes à une grande objection sous le rapport de l'*économie*. Si leur effet est de priver l'individu des moyens de gagner sa vie, et qu'il n'ait pas de quoi subsister, la conséquence est qu'il faut le laisser périr, ou fournir

à son entretien. Le laisse-t-on périr, la peine
n'est plus celle qu'ordonne le législateur, c'est
une peine capitale. Fournit-on à son entretien,
ce sera aux dépens de ses amis ou des institutions de charité, ou aux frais du public : et dans
tous les cas, perte pour l'état. Cette considération suffirait seule pour réprouver l'application
de ces peines à des délits fréquents, tels que le
larcin et la contrebande.

Elles ne sont pas *rémissibles* : autre raison pour
en user avec beaucoup de réserve.

Il n'y a aucun doute qu'elles ne soient très
inégales : la perte de la vue ou de la main est-
elle la même pour un peintre ou pour un auteur
que pour celui qui ne sait ni lire ni écrire ? Cependant, dans la masse des maux incertains et inégaux résultant d'une telle peine, et se peignant
différemment à l'imagination au point d'affecter
les uns plus que les autres, il est certain que tous
en seront affectés. Les inégalités sont difficiles à
calculer ; elles tiennent à des circonstances qu'il
est impossible de prévoir. La perte d'une main
pourrait n'être pas une grande peine pour un
homme très ennemi du travail. On a vu des individus s'estropier pour se rendre inhabiles à
porter les armes.

Ces peines sont assez *variables*, quand vous
les considérez toutes ensemble : il y a un choix

et une gradation du plus au moins : la perte d'un doigt est moins pénale que la perte de deux ou que celle de la main ; la perte de la main, moins que celle du bras. Mais quand vous venez à considérer chacune de ces peines séparément, la gradation disparaît. La mutilation particulière ordonnée par la loi n'est pas susceptible de plus et de moins, pour se prêter aux diverses circonstances du délit ou du délinquant. Cette objection rentre dans celle de l'inégalité : la même peine nominale ne sera pas la même peine réelle.

Sous le rapport de l'*exemple*, ces peines ont l'avantage sur les simples punitions afflictives : tout l'effet de celles-ci est comme rassemblé dans un point et se montre tout à la fois aux yeux du spectateur, tandis que les autres ont des conséquences permanentes, qui renouvellent sans cesse aux yeux de ceux qui en sont les témoins l'idée de la loi et de la sanction dont elle est munie. Mais il faut pour cela que les défigurations et les mutilations légales aient un caractère particulier qui ne permette pas de les confondre avec les accidents naturels du même genre ; il faut une marque légale, qui signale le criminel et serve de sauvegarde au malheur.

Il nous reste à examiner ces peines sous un autre point de vue essentiel, *leur tendance à la réformation des coupables.*

L'infamie, quand elle est portée à un haut degré, loin de servir à la correction de l'individu, le force, pour ainsi dire, à persévérer dans la carrière du crime. C'est un effet presque naturel de la manière dont il est envisagé par la société. Sa réputation est perdue ; il ne trouve plus de confiance ni de bienveillance ; il n'a rien à espérer des hommes, et par la même raison rien à en craindre : son état ne saurait empirer. S'il ne peut subsister que de son travail, et que la défiance ou le mépris général lui ôtent cette ressource, il n'en a pas d'autre que de se faire mendiant ou voleur.

Il résulte de là que les mutilations sont des peines qu'on ne doit jamais employer que dans les crimes les plus graves, dans les cas d'un emprisonnement perpétuel.

CHAPITRE III.

DES PEINES RESTRICTIVES. — CONFINEMENT TERRITORIAL.

Les peines restrictives sont celles qui gênent l'exercice des facultés de l'individu, en l'empêchant, soit de recevoir les impressions qui lui seraient agréables, soit de faire ce dont il a envie. — Elles lui ôtent sa liberté par rapport à certaines jouissances et à certains actes.

Les peines restrictives sont de deux sortes, selon le moyen dont on se sert pour les infliger : les unes s'opèrent par *empêchement moral*, les autres par *empêchement physique*. L'empêchement moral a lieu lorsque le motif présenté à l'individu pour s'abstenir d'une chose qui lui plaît n'est autre que la crainte d'une peine ; mais il faut que la peine dont il est menacé l'emporte sur le simple mal de se soumettre à la gêne qu'on lui impose.

La peine de *restreinte* est applicable à toutes sortes d'actes en général, mais particulièrement à ceux de la faculté *locomotive*. Tout ce qui restreint la faculté locomotive *confine* l'individu, c'est-à-dire le renferme dans certaines limites, et peut s'appeler *confinement territorial*.

8.

Dans ce genre de peine, la terre, relativement au délinquant, est comme divisée en deux districts très inégaux, l'un qui lui est *permis*, l'autre qui lui est *interdit*[1].

Si le lieu dans lequel il est confiné est un espace étroit, enceint de murs, et dont les portes soient fermées à clef, c'est *emprisonnement*.

Si le district où il lui est enjoint de rester est dans le domaine de l'état, la peine peut s'appeler *relégation*; s'il est hors du domaine, la peine s'appelle *bannissement*.

Le terme *relégation* semble emporter que le délinquant est envoyé hors du district où il fait sa résidence ordinaire. La peine peut consister à le confiner dans le district où il réside ordinairement, et même dans sa maison. On pourrait l'appeler *quasi-emprisonnement*.

S'agit-il d'un district particulier dans lequel il lui soit défendu d'entrer? c'est une sorte d'exclusion qui n'a point de nom propre, et qu'on peut appeler *interdiction locale*.

Le confinement territorial est le *genre*, qui renferme cinq espèces: l'*emprisonnement*, — le *quasi-emprisonnement*, — la *relégation*, — l'*interdiction locale*, — le *bannissement*.

---

[1] Ces deux rapports s'expriment très clairement en latin: *locus in quo*, — *locus a quo*.

CHAPITRE IV.

DE L'EMPRISONNEMENT.

Il faut distinguer le *simple* emprisonnement de l'emprisonnement *afflictif* ou *penal*. Le premier n'est pas une peine proprement dite, c'est une précaution nécessaire; on veut s'assurer de la personne d'un individu soupçonné d'un délit assez grave pour qu'il cherchât, s'il est coupable, à se dérober par la fuite aux peines de la loi.

En fait de sévérité, le simple emprisonnement ne doit pas aller au-delà de son but. Toute rigueur excédant l'objet de la sûre garde est un abus.

L'emprisonnement afflictif ou pénal doit être plus ou moins sévère, selon la nature du délit et la condition du délinquant. Le travail peut être imposé à tous, mais non sans exception, et toujours avec beaucoup de ménagements pour l'âge, le rang, le sexe et les forces des individus. Les peines particulières qu'on peut y ajouter, et sur lesquelles nous reviendrons dans le chapitre suivant, sont la *diète*, la *solitude* et la *privation de la lumière*.

L'emprisonnement est-il infligé comme moyen de *contrainte*, plus il est sévère, mieux il va au but. Si la peine est prolongée, mais légère, il est à craindre que celui qui la souffre ne s'y accommode par degrés, au point qu'elle cesse en quelque façon d'opérer sur lui. Voilà ce qu'on observe fréquemment parmi les prisonniers débiteurs. Dans la plupart des geôles (en Angleterre) les moyens de jouissance sont si abondants pour quiconque peut se les procurer, qu'un grand nombre de prisonniers se réconcilient passablement avec leur situation. Quand les choses en sont là, l'emprisonnement ne sert presque plus à rien.

Rendez la peine plus sévère pour la rendre plus courte; la somme totale en sera moindre. Au lieu d'affaiblir les sensations pénibles en les dispersant sur la longue durée d'un emprisonnement mitigé, vous augmentez considérablement leur effet en les réunissant sur le court espace d'un emprisonnement rigoureux. La même quantité de peine ira donc beaucoup plus loin de cette manière que de l'autre. De plus, les inconvénients pour l'avenir seront moins fâcheux. Dans le long cours d'une ennuyeuse détention, les facultés de l'individu s'énervent, son industrie suspendue s'affaiblit, son commerce souffre, ses affaires passent en d'autres mains, toutes les occasions favorables d'avancer sa fortune, qui auraient pu se présenter à lui s'il eût été libre, sont perdues sans retour. Tous ces maux contingents et éloignés, qui ne produisent aucun bon effet ni pour lui ni pour l'exemple, seront épargnés en rendant la peine sévère et courte.

Telle est la nature de l'homme, que s'il était laissé à lui-même, dans un état où il ne pût pas exercer sa faculté locomotive, il serait bientôt en proie à une variété de maux organiques qui, après de longues souffrances, aboutiraient nécessairement à la mort. L'emprisonnement, en y ajoutant la durée et l'abandon, serait donc nécessairement une peine capitale; mais puisqu'il entraîne une variété infinie de maux dont l'individu n'a plus le moyen de se garantir, et qui dépendent des précautions prises pour l'en préserver, il suit de là que, pour se faire une idée juste de l'emprisonnement, il ne faut pas le considérer simplement en lui-même, mais l'examiner dans ses modes et ses conséquences : et nous verrons que, sous le même nom, on inflige des peines très différentes. Sous un nom qui ne rappelle à l'esprit qu'une simple circonstance de confinement dans un lieu particulier, l'emprisonnement peut renfermer tous les maux possibles,

depuis ceux qui en sont une suite nécessaire jusqu'à d'autres qui s'élèvent de rigueur en rigueur,
ou plutôt d'atrocité en atrocité, jusqu'à la mort
la plus cruelle, sans aucune intention de la part
du législateur, mais toutefois par une négligence
absolue; négligence aussi facile à expliquer que
difficile à pallier ',

« Il y a un demi-siècle que l'immortel Howard commença
cette illustre carrière qui l'a placé parmi les grands bienfai-
teurs de sa patrie et du genre humain. Ceux qui ne connaissent pas les ouvrages de cet homme extraordinaire ne peuvent se former qu'une notion très imparfaite de l'état des
prisons en Angleterre à ce période. Des donjons ténébreux,
humides, fétides, sans ventilation, des chaînes et des fers
d'un poids accablant, une nourriture malsaine et insuffisante,
tel était le traitement général des prisons. On peut concevoir
de quelle sensation on était saisi en entrant dans ces cachots
infects, lorsqu'on lit dans Howard que peu de geôliers
voulaient courir le risque de l'y accompagner; — que dans
sa première visite, les feuilles de son journal étaient si
tachées par l'infection de l'air, qu'il ne pouvait plus s'en
servir; — que le vinaigre, qu'il portait avec lui comme
préservatif, avait bientôt perdu ses propriétés, et que ses
habits avaient contracté une odeur si offensive qu'il ne pouvait pas la supporter dans une voiture fermée.

» Quoiqu'un traitement si cruel n'eût aucune sanction
légale, quoique la torture, sous aucune forme, ne fît partie
de la sentence du condamné, toutefois un tel emprisonnement
entraînait des souffrances équivalentes à la torture, et dont
la seule pensée fait frémir l'humanité. Une fatale maladie,

Nous allons classer sous trois chefs les circonstances pénales de la détention : 1° inconvé-

connue sous le nom de *fièvre des prisons* (*Gaoldistemper*),
avait fait à différentes époques de terribles ravages. Vers le
milieu du seizième siècle fut tenue à Oxford cette fameuse
assise, caractérisée d'après ses suites par la dénomination
d'assise noire, où tous ceux qui étaient présents dans le
tribunal, le juge, le shérif et trois cents personnes, atteints
de cette contagion, périrent misérablement en moins de
quarante heures : et le lord Bacon, faisant allusion à cet événement, observe que les « miasmes les plus pernicieux,
»après la peste, sont ceux d'une prison où des prisonniers
»ont été long-temps et étroitement enfermés. Aussi, dit-il,
»avons-nous vu deux ou trois fois de notre temps les
»juges qui siégeaient dans la cour, et les témoins ou autres
»personnes qui assistaient au procès, être attaqués de cette
»infection et en mourir. » On pourrait rapporter beaucoup de cas du même genre, et même aussi récemment que
vers le milieu du siècle dernier; la fièvre des prisons s'intro-
duisit dans le tribunal de l'Old Bailey, et les juges qui pré-
sidaient l'assise en furent les premières victimes. Ce qu'il
y a de singulier, c'est qu'avant Howard, au lieu de songer
à réformer les prisons, à y introduire la ventilation et la
propreté, après ces accidents si déplorables, on se bornait
à recommander aux shérifs de pourvoir au transport des
prisonniers malades dans quelque lieu de sûreté.

On peut bien croire que les prisons dans le reste de l'Europe n'étaient pas dans un meilleur état qu'en Angleterre.

(*The fifth Report for the improvement of prison discipline*, pag. 13-14.)

nients *nécessaires,* ceux qui naissent de l'état de prisonnier, et sont de l'essence de l'emprisonnement ; 2° inconvénients *accessoires,* qui ne sont pas de nécessité, mais qui en sont des suites très communes ; 3° inconvénients *abusifs.*

I. Maux négatifs inséparables de l'emprisonnement.

1° Privation des plaisirs qui tiennent à la vue, à cette diversité d'objets dans les villes, ou de scènes rurales qui amusent l'imagination dans la campagne.

2° Privation des exercices agréables qui requièrent un espace étendu pour s'y livrer : l'équitation, la chasse, les courses champêtres.

3° Privation des voyages, qui peuvent même être nécessaires pour la santé, comme les bains de mer ou les eaux minérales.

4° Absence de tous les amusements publics, assemblées, spectacles, bals, concerts, etc.

5° Absence des sociétés particulières avec lesquelles on est dans l'habitude de vivre ; perte des plaisirs domestiques, dans les cas où un prisonnier a une femme, des enfants, des parents proches.

6° Interruption nécessaire de toutes les occupations et professions qui exigent la faculté locomotive ou le concours de plusieurs personnes :

dans plusieurs cas, privation totale des moyens de gagner sa subsistance.

7° Privation de l'exercice de toutes les fonctions publiques, magistratures, places de confiance ou d'honneur, corporations, élections, etc.

8° Perte des occasions accidentelles d'avancer sa fortune et de servir les siens, de se recommander à des protecteurs, de se faire des amis, de mettre ses fonds en valeur, d'obtenir une place, de se marier, ou de marier ses enfants.

Quoique ces maux soient purement négatifs en première instance, c'est-à-dire des privations de plaisirs, il est évident qu'ils entraînent, dans leurs conséquences, des peines positives, telles que l'affaiblissement de la santé, et différentes causes d'appauvrissement.

II. Peines accessoires communément attachées à l'état de prisonnier.

1° Assujettissement à un régime de nourriture désagréable : je ne parle pas ici de la souffrance occasionée par une diète insuffisante; c'est un chef à part.

2° Le manque des moyens convenables pour le repos de la nuit : un lit dur, ou de la paille, ou la terre nue. De là un malaise universel, souvent des maladies aiguës, et même la mort.

3° Le manque de lumière, soit, durant le jour,

par l'exclusion du soleil, soit, durant les soirées, par la prohibition de la lumière artificielle.

4° L'exclusion totale de la société : ce genre de sévérité est au comble lorsqu'on ne permet pas même au prisonnier de voir, à certains jours, ses amis, ses parents, sa femme, ses enfants.

5° L'obligation de vivre en commun avec un assemblage de prisonniers de toutes les espèces.

6° Le manque des moyens de correspondance au dehors par lettres. Sévérité inutile en général, puisque tout ce qu'un prisonnier écrit est soumis à l'inspection : justifiable tout au plus dans les cas de trahison ou de rébellion.

7° L'oisiveté forcée par le refus des moyens nécessaires d'occupation, comme des pinceaux à un peintre, des outils à un horloger, des livres, etc. On a poussé quelquefois la rigueur au point de priver les prisonniers de tout amusement.

Ces différentes peines, qui sont autant de maux positifs ajoutés aux peines nécessaires du simple emprisonnement, peuvent avoir leur utilité dans un emprisonnement pénal et pénitentiel : nous verrons ailleurs comme on doit en user. Mais par rapport au cinquième inconvénient, l'obligation de vivre en commun avec un assemblage confus de prisonniers, c'est toujours un mal ; mal auquel on ne peut obvier, il est vrai, que par un changement dans le système et la construction des prisons.

Nous allons passer aux maux purement abusifs, à ceux qui n'existent que par la négligence du magistrat, mais qui existeront toujours, à moins qu'on n'ait créé un système de précautions ou de moyens préventifs pour chacun de ces maux. Pour cet effet, il faut présenter deux catalogues, celui des abus et celui des moyens préventifs.

Maux.	*Moyens préventifs.*
1.	**1.**
Peines de soif et de faim.— *Débilitation générale. Mort.*	Nourriture suffisante.
	N. B. — Une règle générale de cette espèce est oiseuse et futile. Il faut une suite de règlements pour déterminer le nombre des onces de pain ou d'autres aliments à fournir aux prisonniers.
2.	**2.**
Sensation du froid à divers degrés d'intensité.—Circulation arrêtée.—*Membres perclus. Mort.*	Vêtements suffisants pour le climat et la saison.—Règlements précis à cet égard.— —Construction de l'édifice, ménagée de manière à y maintenir, sans danger d'incendie, une température convenable.

Maux.	Moyens préventifs.
3.	**3.**
Sensation de chaleur. — *Faiblesse habituelle. Mort.*	Moyen, dans la construction, pour abriter du soleil et maintenir des courants d'air.
4.	**4.**
Sensation de moiteur et d'humidité. — *Fièvres et autres maladies. Mort.*	Point de terre nue : des planchers secs ou des carreaux maçonnés, des courants d'air frais, et, dans l'hiver, des tubes de chaleur.
5.	**5.**
Des odeurs infectes, des amas de matières putréfiables; un air méphitique. — *Débilité habituelle. Membres gangrenés. Fièvre des prisons. Maladies contagieuses. Mort.*	Construction d'un édifice où l'air soit facile à renouveler, où les immondices ne séjournent point; — changement d'habits pour les prisonniers; règles de propreté précises et strictement exécutées. — Usage fréquent du vinaigre et des antiputrides, dès qu'on aperçoit quelque symptôme de contagion. — Blanchiment des murs. —Séparation des malades. —Service d'un médecin.
6.	**6.**
Malaise résultant de la ver-	Applications chimiques pour

Maux.	*Moyens préventifs.*
mine. — *Maladies cutanées. Manque de sommeil. Débilité. Mort.*	la détruire : système de propreté général. Un employé attaché à ce service, et responsable.

7.	7.
Maladies diverses.	**Infirmerie adaptée aux malades ; secours médicinaux.**

8.	8.
Sensations pénibles de pudeur et de modestie violées.	Partitions pour séparer les prisonniers durant les heures du sommeil, au moins ceux de différents sexes. Cabinets séparés pour d'autres usages.

9.	9.
Bruits tumultueux. — Pratiques indécentes. — Discours déshonnêtes.	Injonction aux gardiens de punir ceux qui se rendent coupables à cet égard. Règlement affiché dans les prisons.

10.	10.
Peines résultant de la sanction religieuse, par la non-exécution des devoirs particuliers qu'elle prescrit.	Dans les pays protestants, un chapelain assigné pour célébrer le service divin; dans pays les catholiques, un prêtre pour dire la messe et pour confesser, etc. [1]

---

[1] On dit que les prisonniers d'état, qui furent si nombreux en Portugal durant l'administration du marquis de Pombal, furent privés,

Il y a un point auquel on doit espérer que les Anglais donnent une attention particulière dans les Indes. Il faut que les prisons y soient calculées de manière à prévenir le mal sérieux qui résulterait, pour un Indou, du mélange des castes. Une association, quelque involontaire qu'elle eût été, avec des personnes d'un rang inférieur ou d'un caractère impur, entraînerait la perte de la caste à laquelle on appartient. Or, parmi les Indous, l'exclusion de la caste a les mêmes effets que l'excommunication avait parmi nous dans sa rigueur primitive : ce n'est rien moins que l'extrême infamie et l'exclusion totale de la société. J'ai ouï dire que, par une malheureuse négligence, quand le rajah Nuncomar, homme du premier rang dans le Bengale, fut mis en prison pour un acte de faux sur lequel il fut ensuite jugé d'après les lois d'Angleterre, et exécuté, on avait oublié de prendre les précautions convenables pour le garantir de cette contamination idéale. Si cela est vrai, avant qu'on eût prouvé aucun crime contre lui, on lui avait fait déjà subir une peine plus grande peut-être que celle à laquelle il fut éventuellement condamné, et une peine irrémissible dans le cas même où son innocence aurait été reconnue.

pendant plusieurs années, des consolations de la confession. Quand cette circonstance fut connue, elle excita l'indignation publique.

CHAPITRE V.

EXAMEN DE L'EMPRISONNEMENT.

1° L'emprisonnement est très efficace par rapport au *pouvoir de nuire*. L'homme le plus dangereux pour la société cesse de l'être tant que sa détention continue. Il peut conserver toutes ses inclinations malfaisantes, mais il ne peut plus s'y livrer.

2° Sous le rapport du *profit*, tous les inconvénients de l'emprisonnement sont improductifs. C'est même une objection contre ce genre de peine que la dépense qu'il entraîne pour le maintien des prisonniers. Et dans ce calcul de perte, il ne faut pas oublier celle qui résulte de la suspension des travaux pour ceux qui ont une industrie lucrative : perte qui s'étend souvent au-delà même du terme de la détention, par les habitudes d'oisiveté qu'ils ont dû naturellement contracter.

Cette objection tombe d'elle-même dans le plan de prison panoptique, proposé dans le chap. XII.

3° Sous le rapport de l'*égalité*, cette peine est évidemment très défectueuse; il suffit pour s'en convaincre, de parcourir le catalogue des privations dont elle est composée. Prenez un valétudinaire âgé et un jeune homme robuste, un père de famille et un être isolé dans le monde, un riche accoutumé à toutes les jouissances et un pauvre habitué à un état de misère, et voyez si la peine, nominalement la même, n'est pas inégale en effet au plus haut degré.

Les uns seront privés de leurs moyens de subsistance; d'autres, sous ce rapport, seront peu ou point affectés. La perte n'est-elle que temporaire, on peut la considérer comme une amende qui fait partie de la peine. L'individu exerce-t-il une de ces professions qu'on ne peut interrompre sans le plus grand risque de la perdre, la conséquence peut être sa ruine absolue. Voilà un de ces cas où il faut laisser une latitude au juge, un pouvoir de commuer la peine. — La peine pécuniaire serait la meilleure à substituer: mais la plupart des délinquans ne sont point en état de fournir cet équivalent. Il faut donc avoir recours aux peines afflictives simples. Le degré d'infamie attaché à ces peines ne serait pas une objection dans le cas où le délinquant aurait consenti à cet échange; et ce consentement devrait être une condition nécessaire.

Entre les inconvénients de l'emprisonnement, il en est qui sont particulièrement inégaux. Otez

l'encre et le papier à un auteur de profession ;
vous lui ôtez ses moyens d'amusement et d'entretien : vous punirez les autres plus ou moins,
selon qu'une correspondance par écrit est plus
ou moins nécessaire à leurs affaires ou à leurs
plaisirs. Une privation si dure pour ceux qu'elle
affecte, tandis qu'elle est nulle pour la classe
la plus nombreuse, ne doit point être admise,
en qualité de peine. Pourquoi punir un individu
plus qu'un autre, parcequ'il a acquis de l'instruction? Ce devrait être, au contraire, un titre à l'indulgence : car la sensibilité étant augmentée en général par l'éducation, l'homme in-
struit et cultivé souffre plus de l'emprisonnement
que l'homme ignorant et grossier.

Au reste, quoique la peine de l'emprisonnement soit inégale, il faut observer qu'elle est de
nature à produire un effet sur tous. Personne
n'est insensible à la privation de la liberté, à l'interruption de toutes ses habitudes, et surtout de
ses habitudes sociales.

4° *Divisible.* — Cette peine l'est éminemment
sous le rapport de la durée. Elle est aussi très susceptible de différents degrés de sévérité.

5° *Exemplaire.* — Dans le système actuel des
prisons, l'avantage de l'exemple est réduit à peu

de chose. Dans le panoptique, la facilité donnée à l'admission du public ajouterait beaucoup à cette branche d'utilité.

Cependant, si on ne voit pas les prisonniers, on voit la prison. Le seul aspect de ce séjour de pénitence frappe l'imagination et réveille une terreur salutaire. Les édifices adaptés à cet usage doivent avoir un caractère particulier qui donne d'abord l'idée de la clôture, de la contrainte, qui ôte tout espoir d'évasion, qui dise : « Voilà la demeure du crime. »

6° *Simplicité de description*. — Sous ce rapport, rien à désirer. La peine est à la portée de tous les degrés d'intelligence et de tous les âges. Le confinement est un mal dont tout le monde a l'idée, et plus ou moins l'expérience. Le seul mot *prison* rappelle donc toutes les idées pénales qui lui sont propres.

Arrêtons-nous ici à développer le mérite particulier de trois peines pénitentielles qui doivent entrer dans l'emprisonnement afflictif, mais seulement dans certaines circonstances, et toujours pour un temps très limité. Ces peines sont la *solitude*, l'*obscurité* et la *diète*. Le mérite est dans leur tendance à réformer les dispositions vicieuses du délinquant.

Ce fait ne semble pas avoir besoin d'être prouvé, puisqu'il est admis : mais, quoique admis, il ne me paraît pas qu'on l'ait jamais expliqué, ni que les causes en soient manifestes. Un raisonneur, qui voudrait le nier, pourrait alléguer des arguments plausibles. « Qu'est-ce qui produit dans le délinquant, dirait-il, cette aversion pour son délit à laquelle on donne le nom de repentance ? C'est la peine qu'il vient d'éprouver, et qui s'associe dans son esprit avec l'idée de la faute ou du crime. Mais cet effet est produit par la sévérité de la peine, et non par sa nature particulière. La solitude, l'obscurité, la diète, en qualité de maux, lui rendront ses fautes passées odieuses : mais le fouet ou tout autre châtiment corporel, pouvant produire une peine plus aiguë, produiront une aversion plus vive pour ces mêmes fautes : comment les peines moindres seraient-elles plus propres à le corriger que les peines plus sévères ? »

Je réponds que l'amendement dépend moins de la grandeur de la peine que de l'association qui se forme entre l'idée de la peine et celle du délit. Or, à cet égard, tout l'avantage est du côté de l'emprisonnement solitaire.

Les peines aiguës, comme le fouet, pendant qu'on les inflige, ne laissent point de place à la réflexion. La douleur actuelle absorbe l'attention entière. S'il se mêlait quelque émotion mentale

aux sensations physiques, ce serait, plus que toute
autre, celle du ressentiment contre le dénoncia-
teur, l'exécuteur ou le juge. Aussitôt que les tourments cessent, et que le patient est libre, il cherche avec avidité tout ce qui peut lui faire oublier
ce qu'il a souffert; et tout ce qui l'entoure contribue à écarter ces réflexions salutaires dont dépend sa réformation. Enfin, la peine est passée,
et cette idée est accompagnée d'un sentiment de
vive joie peu favorable à la pénitence.

Mais dans un état de solitude, l'homme laissé
à lui-même n'éprouve point ces émotions d'ami-
tié ou d'inimitié que la société fait naître; il n'a
plus cette variété d'idées qui résultent de la conversation de ses semblables, de la vue des objets
extérieurs, de la poursuite des affaires ou des plaisirs.

Par la privation de la lumière, le nombre des
impressions est encore considérablement diminué;
l'âme du prisonnier est comme réduite à un état
de vide, à une obscurité interne, qui lui ôte tous
les appuis de ses passions, et lui fait sentir vivement sa foiblesse. L'abstinence, qui ne doit jamais être poussée jusqu'à l'inanition, l'abstinence
modérée achève d'amortir cette activité fougueuse des tempéraments violents, et produit une
langueur favorable au moral. En effet, cette peine
n'est pas assez aiguë pour occuper son esprit tout

entier, et lui ôter le pouvoir de réfléchir: au
contraire, il sent plus que jamais le besoin d'appeler à son secours toutes les idées que sa situation
lui présente; et la plus naturelle de toutes est de
se retracer les événements, les mauvais conseils,
les premières fautes par lesquels il a été conduit
à ce crime dont il subit le châtiment: ce crime
dont tous les plaisirs sont passés, pour ne laisser
après eux que des suites funestes. Il se rappelle
encore ces jours d'innocence et de sécurité dont
il a joui autrefois, et qui prennent à ses yeux un
nouvel éclat par le contraste de sa misère actuelle. Ses regrets se portent d'eux-mêmes sur les
erreurs de sa conduite; et s'il a une femme, des
enfants, des parents proches, les sentiments d'affection à leur égard peuvent renaître dans son
cœur, avec les remords de tous les maux qu'il leur
a causés.

Un autre avantage de cette situation, c'est d'ê-
tre singulièrement favorable à l'influence de la
sanction religieuse. Dans cette absence totale de
plaisirs et d'impressions externes, les pensées de
la religion viennent prendre sur lui un nouvel
empire. Encore tout frappé de son malheur, et
des événements singuliers ou peu connus qui ont
conduit à la découverte de son délit, plus il les
combine, plus il croit sentir une Providence qui
l'a mené par des routes secrètes, et qui a fait

échouer toutes ses précautions. Si c'est Dieu qui le punit, Dieu veut le sauver, et dès lors il commence à s'occuper avec plus d'intérêt de ses promesses et de ses menaces, promesses qui ouvrent une perspective de bonheur éternel au repentir, menaces qui semblent déjà se réaliser pour lui dans cette région ténébreuse où il est plongé. Il faudrait avoir été jeté dans un autre moule que le commun des mortels pour refuser tout accès, dans une position si triste, aux sollicitations de la religion. Les ténèbres seules ont déjà une force particulière pour disposer les hommes à concevoir, et, pour ainsi dire, à sentir la présence des êtres invisibles. Quelle qu'en soit la raison, le fait est notoire, et n'est pas contesté. Quand la faculté sensitive est sans action, l'imagination travaille, et va jusqu'à produire des fantômes. Les premières superstitions de l'enfance, les esprits, les spectres renaissent dans la solitude. C'est là même une raison très forte pour ne pas prolonger un état qui peut bouleverser le cerveau et produire une mélancolie incurable. Mais les premières impressions seront toutes bonnes.

Si un ministre de la religion, habile à se prévaloir de cette situation propice, vient porter le baume des instructions religieuses au coupable humilié et abattu, le succès est d'autant plus sûr, que, dans cet état d'abandon, il se présente comme le seul ami du malheureux, et ne se montre jamais que comme son bienfaiteur.

Ce cours de discipline ainsi composé de solitude, de ténèbres et d'abstinence, est un état trop violent, comme je viens de le dire, pour devoir être d'une longue durée : s'il était prolongé, il ne saurait manquer de produire la démence, le désespoir, ou, plus communément, une stupide apathie. Ce n'est pas ici le moment d'en fixer le terme ; il doit varier selon la nature des délits — le degré de perversité qu'a montré le délinquant — et les marques de son repentir. Ce que j'ai dit suffit pour montrer que ce groupe de peines cumulées est un moyen de réformation dont on ne doit pas séparer les rigueurs : elles s'entr'aident toutes : et même il faut ajouter que la nourriture, réduite au simple nécessaire, doit être rendue amère au goût pour opérer son effet pénal ; autrement, dans un sujet jeune et robuste, le plaisir d'un appétit matériel deviendrait comme le supplément de tous les autres.

Cette discipline, ainsi réduite quant à la durée, ne risquerait pas même d'être impopulaire : elle serait même approuvée généralement par sa ressemblance avec la discipline domestique, et par son but correctionnel, le même que se propose l'indulgence d'un père quand il châtie ses enfants.

Or, on ne saurait représenter le souverain sous un caractère plus respectable et plus propre à concilier l'affection que sous celui d'un père qui consulte le bonheur d'un enfant coupable, jusque dans les peines qu'il lui inflige.

L'effet produit par l'emprisonnement solitaire n'est pas une simple théorie : il y a des preuves de fait, appuyées sur de bonnes autorités.

M. Howard (p. 132), parlant des cellules de Newgate, ajoute ceci : « J'ai été informé, par ceux qui en avaient été les témoins pendant long-temps, que des criminels qui avaient affecté l'air le plus intrépide pendant l'instruction du procès et n'avaient montré aucune sensibilité à l'ouïe de la sentence de mort, avaient été frappés d'horreur, et avaient répandu des larmes, en entrant dans ces sombres et solitaires donjons. »

M. Hanway (p. 74) rapporte, d'après un magistrat qui avait présidé aux prisons de Clerken-well, « que tous les prisonniers renfermés dans les appartements solitaires avaient donné *en peu de jours* des signes extraordinaires de repentance. »

Passons maintenant à examiner une circonstance de l'emprisonnement afflictif d'une nature bien différente : je veux parler du *mélange de tous les prisonniers*, ou de l'entassement d'un grand nombre dans une même chambre.

La peine qui en résulte n'est pas l'objet d'une

intention directe de la part du gouvernement :
c'est un mal qu'on a reconnu, et qu'on a laissé
subsister presque partout, en le déplorant. Il n'y
a eu d'autre raison que l'économie. Il en coûtait
moins d'entasser ces prisonniers dans une salle
que d'avoir des appartements séparés pour les
isoler ou les distribuer par classes [1].

Ce rassemblement, considéré comme partie
de la peine, n'a point d'effet pénal sur les prisonniers les plus audacieux et les plus pervers. Au
contraire, par rapport à eux, c'est un adoucissement, parceque le tumulte de cette société les
étourdit sur leur situation, et les distrait d'eux-
mêmes. Ce sera donc un mal d'autant plus sévère
pour un prisonnier qu'il aura plus de sensibilité
et de délicatesse. C'est une peine évidemment incertaine, inégale, inexemplaire, improfitable,
produisant une variété de souffrances dont on ne
saurait, à moins de les avoir éprouvées, se faire
aucune idée passablement juste.

Mais l'objection décisive contre cet entassement, c'est qu'il est en opposition directe avec
un des objets principaux de l'emprisonnement,
la réformation des coupables. Ce mélange de prisonniers, loin de les rendre meilleurs, a une ten-

---

[1] Il faut convenir que cette difficulté était fort grande
avant le plan d'inspection centrale.

dance évidente à les dépraver. L'effet qui en résulte nécessairement, c'est d'oblitérer en eux le sens de la honte, ou, en d'autres termes, de les rendre insensibles à la force de la sanction morale.

Ce malheureux résultat d'une association confuse est trop manifeste pour n'avoir pas frappé les observateurs les plus superficiels. Les criminels renfermés dans un espace étroit se *corrompent* les uns les autres. Telle est l'expression commune. On la représente sous une grande variété de formes, et ordinairement on y ajoute une abondance de métaphores. Le mot de *corruption* est malheureusement, comme la plupart des mots qui composent le vocabulaire moral, moins propre à donner des idées précises qu'à exprimer un sentiment de désapprobation : il faut donc, pour sortir du genre déclamatoire, examiner les maux particuliers, les habitudes nuisibles, qui naissent de ce mélange de société, et nous faire ainsi une idée nette de ce que l'on peut appeler *corruption*.

Les conséquences nuisibles de cette association peuvent se ranger sous trois chefs :

1º Renforcement des motifs qui poussent à commettre des délits;

2º Affaiblissement des considérations qui tendent à réprimer les délits;

3° Instruction acquise dans l'art de les accomplir.

On voit qu'ici tout se rapporte à des délits : or, les noms des délits présentent des idées précises, définies ou susceptibles de l'être; ce sont des maux d'un certain genre. Les motifs séducteurs et les motifs tutélaires sont également des peines et des plaisirs. Ainsi tous les termes sur lesquels roule cet examen sont clairs, et il n'y a point là de métaphore pour obscurcir les idées.

I. — Par rapport aux *motifs* qui incitent au crime, il suffit de parler ici du plus commun, la *rapacité* : les délits qu'elle fait naître sont de beaucoup les plus nombreux. Dans la classe pauvre, le produit d'un petit larcin va plus loin pour se procurer des plaisirs que le gain légitime du travail d'un jour, et ces plaisirs sont de ceux qui s'achètent à un prix modique, — des aliments plus délicats, des liqueurs fortes, des habillements, des billets de loterie, des spectacles, et, pour couronner le tout, des femmes. Voilà le fond de la conversation parmi les prisonniers, et la source intarissable de forfanteries, de la part de ceux qui, par leur talent ou leurs succès, ont acquis de la célébrité. Autour d'eux se forme un cercle avide d'humbles auditeurs qui écoutent avec envie, avec admiration, les prouesses du héros. L'imagination s'enflamme à ces récits qui, pour une telle audience, ont tout le mérite et tout le charme des romans; l'intrigue, les dangers, le courage, la gloire, et les récompenses; plus la réunion est nombreuse, plus les aventures seront variées : et qu'y a-t-il de plus naturel, de plus intéressant pour eux que de s'occuper des exploits qui les ont conduits à vivre ensemble?

II. — Tandis que d'une part toutes les passions vicieuses sont nourries et fortifiées, de l'autre toutes les considérations tendantes à réprimer le crime sont combattues et affaiblies. Ces considérations appartiennent à l'une ou à l'autre des trois sanctions, — politique, — morale, — religieuse.

La *Sanction politique* tire sa force des peines de la loi, et en particulier de la peine imposée à tous ces délinquants réunis, celle qu'ils souffrent, ou celle qu'ils sont appelés à souffrir. Or, le premier objet de tous les associés est de traiter les lois avec mépris, et de braver leurs menaces. Chacun d'eux, par orgueil, affecte de l'indifférence sur la peine qu'il éprouve ou qu'il craint, dissimule le mal, exagère le bien, et se pique, selon l'expression proverbiale, de faire bonne mine à mauvais jeu. Ainsi, le plus intrépide, le plus fier devient le modèle de tous les autres : il monte leur sensibilité au ton de la sienne; ils auraient honte de se montrer plus faibles que lui. Ne fût-ce que par sympathie, plusieurs d'entre eux s'efforceraient d'adoucir les souffrances de leurs associés de malheurs, de les consoler par les témoignages de leur affection. On dira peut-être que supposer entre eux des affections et de la bienveillance, c'est leur prêter des vertus qu'ils ne sauraient avoir ; mais croire que les hommes soient absolument bons ou absolument méchants est une erreur : le crime qui a soumis des coupables à la loi peut laisser dans leur cœur des qualités estimables, et surtout de la commisération. Voilà ce que prouve l'expérience. Il faut craindre de calomnier le vice même.

La *Sanctmion orale* est fondée sur les jugements du tribunal public : elle tire sa force des peines et des plaisirs résultant de l'estime ou du mépris de ceux avec lesquels nous vivons le plus habituellement. Tant qu'un homme reste dans la société générale, n'eût-il que la probité la plus douteuse, il sera obligé de se gêner dans ses actions, il sera en garde contre lui-même pour ne pas se rendre trop suspect ou trop méprisable. Mais ici cette société générale n'existe plus. Celle qui compose une prison a des intérêts et des principes tout différents de la première. Les habitudes, les actions qui seraient nuisibles dans le monde, et par conséquent odieuses, cessent d'avoir ce caractère dans une prison

où elles ne nuisent plus. Le larcin n'est pas odieux
à des hommes qui n'ont rien à perdre, et qui le
considèrent comme un moyen ordinaire de profit. La probité, vertu à laquelle il serait ridicule
entre eux de prétendre, sera dépréciée par un
commun et tacite accord. Des qualités mixtes,
comme la patience, le courage, l'adresse, l'activité, la fidélité, généralement utiles, mais capables de servir au vice comme à la vertu, seront
exaltées parmi eux, au préjudice de la probité.
Ainsi, un homme sera applaudi — pour sa patience, employée à épier le moment propice du
crime — pour son courage, manifesté dans l'a-
gression d'un domicile paisible, ou dans la résistance aux officiers de la justice — pour son activité, déployée dans la poursuite d'un voyageur
— pour son adresse, appliquée à duper un bienfaiteur compatissant — pour sa fidélité, mise à l'é-
preuve envers ses complices dans les interrogatoi-
res de son juge. Voilà les vertus célébrées dans un
tel séjour : c'est ainsi qu'ils satisfont ce besoin
d'estime et d'applaudissement auquel les hommes
réunis ne cessent jamais d'être sensibles.

La probité qui pourrait être en honneur au
milieu d'eux ne serait pas la probité utile au genre
humain : car il est possible d'en observer stricte-
ment les règles par rapport à une société dont
on dépend immédiatement, et de les enfreindre

sans scrupule au préjudice d'une autre avec laquelle on n'a pas les mêmes liaisons d'intérêt. Les Arabes, qui vivent de pillage, sont d'une intégrité remarquable envers leur tribu. Et c'est ainsi que la *foi des voleurs* entre eux est devenue, pour ainsi dire, proverbiale [1].

La *sanction religieuse* consiste dans l'appréhension des peines dénoncées de la part de Dieu, soit dans cette vie, soit dans une existence future. Or, comme dans le christianisme les délits condamnés par les lois humaines le sont aussi par les lois divines, la sanction religieuse, d'autant plus qu'elle s'étend jusqu'aux actions secrètes, est un frein particulièrement nécessaire à cette classe

[1] *Probité de voleurs :* combien il y en aurait d'exemples à citer dans le monde, je veux dire, dans le monde brillant, dans le monde honnête, dans le monde qui se croit moral et respectable. Il faut partir de l'intérêt le plus général pour avoir une idée juste du vice et de la vertu. La même action est louée ou blâmée, suivant qu'elle est utile ou nuisible à une société particulière. Tel politique sera exalté dans son bourg comme un grand patriote, pour avoir obtenu en faveur de ce bourg quelque privilège nuisible à la nation en général. On a vu autrefois deux savantes corporations soumettre leurs gradués au serment de ne jamais professer hors de ces universités (Oxford, Cambridge.) : quel était l'objet de cette mesure ? — de s'assurer le monopole exclusif de l'enseignement des sciences ; — et l'inventeur de ce serment fut honoré par ses collègues comme l'auteur du service le plus méritoire.

d'hommes. Dans la plupart des malfaiteurs, et
surtout des malfaiteurs novices, la religion est
plutôt oubliée que détruite ; mais les impressions
qu'ils en ont reçues sont faibles et faciles à effacer : que deviendront-elles dans une prison? toute
la force de l'opinion y sera dirigée contre les notions religieuses. Ce n'est pas à dire que, dans un
tel lycée, il s'établisse des controverses et des
disputes philosophiques sur l'idée d'un Dieu, sur
la vérité de la révélation, sur l'authenticité des
témoignages qui lui servent de base; il n'y aura
pas là des manichéens, des hobbistes, des spino-
sistes, des professeurs dogmatiques d'incrédulité;
il n'y aura pas de disciples subtils de Boulanger,
de Bayle et de Fréret: mais les arguments n'en
feront que plus d'effet pour être assortis à la capacité de l'audience ; les bouffonneries d'un plaisant seront une logique suffisante pour ses camarades; la satire des ministres de la religion sera
une réfutation complète de la religion même ; et
le brave qui soutiendra hautement qu'il n'y a que
des lâches qui se laissent intimider par les menaces d'une autre vie, est sûr de toucher la fibre la
plus sensible d'un tel auditoire.

III. — Enfin, cette association de criminels
leur fournit le moyen le plus sûr de se perfectionner dans la science, dans la pratique, dans
tout le mystère du crime.

Leur conversation, comme nous l'avons déjà
dit, dirigée par la vanité des parleurs et par l'intérêt des écouteurs, tourne naturellement sur
leurs exploits criminels. Chacun se plaît à entrer dans le détail des moyens ingénieux, des
fraudes, des impostures auxquelles il a dû son
succès. C'est là qu'on communique tous les secrets
du métier, les préparatifs, les moyens de déguisement et d'évasion, enfin les stratagèmes de cette
guerre antisociale. Si les anecdotes du crime ont
un attrait de curiosité pour tout le monde, combien ne sont-elles pas plus intéressantes pour ceux
dont elles flattent les penchants, et qu'elles in-
struisent des moyens de les satisfaire ! Ainsi se
forme un dépôt d'expérience auquel chacun contribue : celui qui ne connaissait qu'une branche
de cette industrie malfaisante devient bientôt un
adepte dans toutes les autres. Elle n'est donc que
trop bien fondée, cette expression commune,
qu'*une prison est une école de perversité* : avec
cette différence, que cette école de vice l'emporte de beaucoup sur les écoles proprement dites, par la force des motifs qui opèrent sur les
disciples, et par l'efficacité des moyens d'instruction. Dans les écoles proprement dites, le stimulant le plus ordinaire est la crainte, qui lutte
contre l'inclination à l'oisiveté; dans ces écoles de
vice, le stimulant est l'espérance, qui concourt

avec les penchants habituels : dans les premières, la science n'est enseignée que par un maître plus ou moins habile; dans les autres, chacun contribue à l'instruction de tous : dans l'école légitime, l'élève a des amusements plus séduisants que ses occupations de commande; dans l'école du crime, cet enseignement vicieux devient la principale récréation d'un état de tristesse et de contrainte.

On dira peut-être que les malhonnêtes gens cherchent toujours ceux qui leur ressemblent, et qu'en prison, ou hors de prison, ils vivront toujours en mauvaise compagnie.

Observons, d'abord, que cela n'est pas exactement vrai. Qu'un malhonnête homme vive de préférence avec de malhonnêtes gens, cela n'empêche pas que mille incidents ne le rapprochent des personnes probes, qui lui rappellent tout au moins les notions de justice et de vertu. Dans les conversations les plus communes, il entend les jugements qu'on porte sur les actions deshonnêtes, il est témoin du mépris qu'on a pour les fripons. S'il ne va pas recueillir des leçons de morale à l'église, il en recevra dans la taverne du village.

Dans le monde, il y a un mélange de bien et de mal; mais dans une prison, toute la société est composée d'individus plus ou moins tarés. C'est donc encore pour l'homme le plus corrompu le séjour le plus dangereux. Que sera-ce pour cette classe de prisonniers qui ont été conduits là par un premier délit ? Ils ont cédé à la tentation de l'indigence, ils ont été entraînés par un mauvais exemple ; ils sont encore dans cet âge flexible où le cœur n'est point endurci au mal : un châtiment bien administré leur eût été salutaire. Si, au lieu de se réformer, ils deviennent plus vicieux, s'ils passent des friponneries aux grands vols, s'ils arrivent jusqu'au brigandage et à l'assassinat,— c'est l'éducation d'une prison qu'il faut en accuser.

CHAPITRE VI.

DES FRAIS DE PRISON.

Un autre abus qui existe en plusieurs pays, mais surtout en Angleterre, ce sont les frais qu'un prisonnier est obligé d'acquitter avant sa libération (*Fees*). Ces frais, n'ayant aucune liaison avec l'emprisonnement, sont purement abusifs.

Ce mal est aussi ancien que les rudiments barbares de notre jurisprudence, lorsque le magistrat n'avait guère plus de notion de l'intérêt public que ceux qui vivaient de pillage : dans ces temps de désordre universel, un des principaux revenus du gouvernement consistait dans les confiscations; et le plus léger prétexte suffisait pour couvrir la rapacité du masque de la justice.

L'abus se voile sous une équivoque, — et cette équivoque est un sarcasme. « Puisque je vous ai fourni un logement, dit le geôlier au prisonnier, j'ai droit d'exiger que vous me le payiez. » — Oui, sans doute, si cette prise de logement eût été de ma part un acte volontaire. — La circonstance qui manque en ce cas fait toute la différence entre une demande légitime et une dérision amère.

Mais le geôlier, dira-t-on, doit être payé comme
tout autre serviteur public; et qui doit le payer plutôt que l'homme par qui ce service est rendu? Qui
doit le payer? Vous, — moi, — ou tout autre, plutôt que le prisonnier, si, contre toute justice, on
veut qu'une seule personne supporte tous les frais
d'une institution dont l'avantage est pour tous.
Oui, — vous, — moi, — ou tout autre, nous devons
payer plutôt que le prisonnier; car chacun de nous
retire un plus grand bénéfice de la punition des
délits que le délinquant même. Cela serait vrai
quand on ne tiendrait aucun compte des circonstances pécuniaires de celui qui a subi une prison.
Mais cette considération, jointe aux autres, est
du plus grand poids. Prenez dix-neuf délinquants
sur vingt, l'impossibilité de satisfaire à leurs
dettes légitimes a été la cause et le motif de leur
délit; il y a donc certitude positive que, dans dix-
neuf cas sur vingt, le délinquant sera hors d'état
de payer par lui-même les frais d'une prison subie [1].

Telle est la force de l'habitude et des préjugés,

[1] Par l'ancienne loi, quand un district (*hundred*) devait
une somme d'argent, le shérif se saisissait du premier habitant de ce district qui lui tombait sous la main, et le faisait payer pour tous les autres. Cela même était un moins
mauvais expédient pour acquitter une charge publique que
celui dont nous parlons.

que les juges du premier rang et les magistrats des districts particuliers n'ont cessé de donner à cet abus leur approbation ou leur appui. Cependant qu'un seul eût refusé son consentement à cette vexation, et libéré le prisonnier sans frais, le geôlier eût été un moment privé de son salaire; mais le système oppressif était renversé; la dépense eût été répartie sur le public, qui aurait dû la soutenir depuis le premier établissement des prisons [1].

Les apologistes de cet usage diront-ils qu'il fait partie de la peine du délinquant? Je réponds que cela est faux, puisque, dans la plupart de nos prisons, sinon même dans toutes, chacun paie sans distinction, l'innocent comme le coupable. Le geôlier exige ses droits dans un moment où on ne sait pas encore si le détenu est innocent ou coupable, à son entrée dans la prison, lors même qu'il n'est envoyé là que pour sûre garde. Ce n'est pas tout: ces droits sont exigés de ceux dont l'innocence a été reconnue. Ils sont même exigés d'un prisonnier *parce*qu'il est reconnu innocent. La réparation qui lui est faite après qu'il est absous, c'est une amende imposée au titre même de

---

[1] Ces droits, ces émoluments des geôliers, n'ont rien de commun avec les frais de justice auxquels le juge peut condamner le délinquant.

son absolution. Un détenu est-il accusé d'un meurtre et absous, la somme exigée de lui sous le nom d'*acquittement* est égale à la dépense commune d'un journalier pour un quart de l'année : somme que très peu d'hommes, dans cette classe, possèdent tout entière à la fois pendant tout le cours de leur vie.

Mais ce n'est là qu'un exemple entre plusieurs des cas où, dans la loi anglaise, les charges publiques, au lieu d'être levées sur l'abondance, le sont sur la détresse. Les taxes sur les procédés judiciaires, levées sur les deux parties avant qu'on sache quel est l'opprimé, quel est l'oppresseur, sont sujettes au même reproche.

CHAPITRE VII.

PLAN GÉNÉRAL D'EMPRISONNEMENT.

Il doit y avoir trois sortes de prisons, qui diffèrent dans leurs degrés respectifs de sévérité. La première, pour les débiteurs insolvables, dans le cas où il y aura preuve de témérité et de prodigalité; la seconde, pour des malfaiteurs condamnés à un emprisonnement temporaire; la troisième, pour ceux dont l'emprisonnement est perpétuel.

I.

Quant aux débiteurs, ils doivent être considérés comme banqueroutiers, soumis sous des peines sévères à l'obligation de donner pleine connaissance de leurs propriétés. L'emprisonnement ordonné comme une mesure de routine est une rigueur bien superflue : il faudrait le réserver pour les cas où il y a témérité et prodigalité prouvées : mais on pourrait, en première instance, présumer la témérité et la prodigalité, en laissant au débiteur à se disculper par l'examen de sa conduite.

Le même lieu de détention peut servir pour tous ceux qui, pendant le cours des procédures, doivent être tenus sous la main de la justice avant qu'elle ait prononcé sur leur sort. Cet emprisonnement n'est que de précaution : il n'a pour objet que la sûre garde, il ne doit pas aller au-delà : point de rigueur, ni apparente ni réelle[1].

II.

La seconde espèce de prison, celle des malfaiteurs condamnés pour un temps limité, est destinée à la correction et à l'exemple. Il faut donc que la peine réelle et la peine apparente soient sur un pied d'égalité. Le travail doit être joint à la détention.

La fin de leur séjour, la dernière semaine ou le dernier mois, sera marqué par une diète de pénitence, — la solitude, les ténèbres, le pain d'amertume. Il importe que la dernière impression soit de tristesse et de douleur. Une marque infamante est convenable dans cette prison, mais seulement une marque temporaire, consistant dans un costume particulier. Elle sera bonne à deux fins : — l'*exemple*, comme ajoutant beaucoup à

[1] Le même lieu peut servir pour des délits qui ne touchent point à l'honneur : des contraventions de police, etc.

la peine apparente ; — la *sûreté*, comme tendant à prévenir l'évasion.

III.

La troisième espèce de prison, celle des malfaiteurs condamnés à vie, est destinée à l'exemple seulement, puisque les délinquants de cette classe ne doivent jamais être rendus à la société. Il faut de même leur imprimer une marque infamante, mais une marque indélébile. La condition apparente du délinquant doit être aussi misérable que possible, sans trop exciter la pitié ; sa condition réelle doit être adoucie autant que la nature de la chose le permet. Là, l'homme d'un état plus élevé doit avoir le choix de ses occupations. Celui qui a un métier sera tenu de travailler pour son entretien, mais il faut lui donner une part dans le profit de son industrie.

Il existe plusieurs prisons en Europe où l'entretien des prisonniers est fondé sur des bénéficences privées. Ces bénéficences sont une preuve authentique de la négligence la plus coupable de la part du gouvernement. Abandonner des prisonniers aux charités publiques, c'est les livrer à la mort, si ces charités sont insuffisantes. Le nécessaire doit leur être donné par l'état ; au-delà de ce *nécessaire*, il ne faut rien. Le déficit est affreux, le superflu est nuisible.

Par la même raison, toute donation casuelle à des délinquants particuliers doit être interdite : non qu'on doive défendre de leur faire des dons en argent, mais il faut empêcher que ces libéralités ne soient consommées en bonne chère et en liqueurs fortes. Les donations ainsi restreintes favoriseraient la restitution.

Il règne un grand désordre à cet égard dans toutes les prisons. Les délits les plus nombreux sont ceux de rapacité ; mais plus le délinquant a été coupable, c'est-à-dire plus il s'est approprié du bien d'autrui, plus il a d'aisance et de jouissance dans sa prison. Ses vols deviennent sa récompense. Il est rare que tout le produit de son crime soit trouvé entre ses mains, il sera en dépôt chez son complice, chez sa femme ou sa maîtresse, qui en disposeront à sa volonté, pour le prodiguer en débauches, ou payer les procureurs qui l'aident à entraver le cours de la justice.

Quand ce bien mal acquis ne pourra plus servir au vice, le détenu sera plus porté à le restituer. La gêne imposée aux inclinations déréglées sera favorable aux inspirations de la conscience.

Tout ce qui s'est trouvé sur la personne d'un détenu, ou dans sa possession, doit être aussitôt consigné entre les mains du gouverneur de la prison, et inventorié. Mais pour prévenir des abus trop communs, tous les effets de quelque valeur doivent être placés dans un dépôt, sous le sceau du magistrat; et une copie de l'inventaire doit être remise à la personne détenue.

Un traitement égal en fait de nourriture sera, j'en conviens, une peine disproportionnée pour des hommes dont les uns sont accoutumés au bien-être, et les autres à un état constant de privation. D'un autre côté, permettre à des détenus pour délits de rapacité de consommer en bonne chère le produit de leur délit, c'est donner une récompense au crime; c'est leur accorder des jouissances aux dépens de ceux qu'ils ont lésés. De là doit naître une distinction dans le traitement. Les détenus pour crimes de rapacité ne doivent avoir aucune indulgence de cette nature avant la pleine restitution; les détenus pour autres délits seront libres de proportionner leurs dépenses à leurs moyens.

La restitution exige une précaution de plus. Une personne arrêtée pour un délit est souvent coupable de plusieurs autres. Avant d'accorder au malfaiteur le droit de jouir de sa fortune, il faut non seulement qu'il ait restitué à celui qui l'a fait arrêter, mais encore qu'on se soit assuré qu'il n'y a pas d'autres réclamations à satisfaire.

Revenons aux différentes prisons. Il faut que la diversité de leur caractère soit prononcée très fortement, — dans leur apparence externe, — dans le costume, — dans la dénomination.

Les murs de la première seront de couleur blanche ; ceux de la seconde, de couleur grise ; la troisième sera peinte en noir.

A celle-ci on ajoutera divers emblèmes du crime : un tigre, un serpent, une fouine, représentant les instincts malfaisants, seraient certainement une décoration plus convenable à l'entrée de la prison noire, que les deux statues de la folie et de la mélancolie à celle de l'hôpital de Bedlam. Je voudrais au vestibule une apparence lugubre : on pourrait y placer deux grands tableaux : dans l'un, on verrait un juge assis sur un tribunal, tenant le livre de la loi, prononçant la sentence d'un criminel ; dans l'autre, l'ange qui sonne la trompette du jugement dernier ; dans l'intérieur, deux squelettes suspendus à côté de la porte de fer frapperaient vivement l'imagination. On croirait voir le séjour effrayant de la mort. Celui qui aurait une fois, dans sa jeunesse, visité cette prison, ne l'oublierait jamais. Je sais que les beaux esprits rient de toutes ces idées emblématiques : ils les admirent dans la poésie, ils les méprisent dans la réalité. Mais il est plus aisé de les attaquer par des railleries que par des raisons [1].

[1] Sur l'importance des *signes* pour frapper l'imagination, et sur l'usage qu'en a fait le clergé romain, à l'exemple de l'ancienne Rome, voyez *Émile*, tom. IV.

La diversité des dénominations n'est rien moins qu'une précaution vaine. C'est un égard de justice et d'humanité pour des débiteurs et des détenus innocents, auxquels il faut épargner jusqu'à l'appréhension d'être confondus avec des criminels par la circonstance du nom commun de prison. Si ce sentiment d'honneur n'existait pas, il faudrait chercher à le faire naître; mais il existe, et les hommes les plus estimables sont ceux qui souffrent le plus de cette dénomination injurieuse.

La diversité de lieu et de nom est encore un moyen d'aggraver la partie de la peine qui se rapporte à l'objet le plus important, l'exemple.

La première prison s'appellera *maison de sûreté*.

La seconde, *maison de pénitence*.

La troisième, *prison noire*.

La première de ces dénominations n'implique pas même l'idée d'une faute. — La seconde l'implique, mais elle tourne l'esprit vers l'idée favorable d'amendement. — La troisième inspire l'effroi.

Dans la maison de pénitence on aura deux objets, celui d'attacher l'infamie au crime, et de l'épargner au criminel. Puisqu'il est destiné à rentrer dans la société, il ne faut pas le livrer à une ignominie qui le signale, et le rende incapable de s'y représenter. Ces deux objets s'accompliront par le même moyen. Le délinquant peut être soumis à porter un masque ou une portion de masque, qui, en dérobant ses traits à ceux qui viennent visiter les prisons, augmente en même temps l'impression qu'il est important de produire. Ce masque mystérieux est un soulagement pour celui qui le porte, et une aggravation de la peine aux yeux des spectateurs.

CHAPITRE VIII.

AUTRES ESPÈCES DU CONFINEMENT TERRITORIAL. — QUASI-EMPRI-
SONNEMENT. — RELÉGATION. — BANNISSEMENT.

Il y a *quasi-emprisonnement* quand l'individu
est confiné dans le district de sa résidence ordinaire.

Il y a *relégation* lorsqu'il est envoyé hors de
sa résidence ordinaire, et confiné dans un certain
district du domaine de l'état.

Il y a *bannissement* lorsqu'il lui est enjoint de
sortir du domaine de l'état, et défendu d'y rentrer : ces trois peines sont temporaires ou per-
pétuelles [1].

La relégation et le bannissement sont des peines
inconnues dans la loi anglaise. La déportation,
comme nous le verrons bientôt, est d'une nature
toute différente.

La condition des individus qui jouissent des

[1] *L'interdiction locale* se rapporte naturellement à ce chef,
— mais comme elle se ... ne ordinairement à la privation de
quelques jouissances, il en sera parlé sous celui des *Peines
simplement restrictives.*

libertés d'une prison répond, il est vrai, à l'idée du confinement territorial. Mais ce n'est pas une peine ordonnée par la loi. La peine légale est l'emprisonnement. Le prisonnier, moyennant une somme d'argent, obtient du geôlier, qui répond de lui, la permission de vivre librement dans un certain district autour de la prison, sans en sortir.[*]

Il y a encore plusieurs districts privilégiés, dans lesquels on ne peut pas être arrêté pour dettes : c'est une scène de confinement territorial demi-volontaire par rapport aux débiteurs qui viennent s'y réfugier.

Les exemples de relégation n'étaient pas rares en France. Il était enjoint à un individu de se confiner dans ses terres ou dans tel autre lieu qui lui était désigné. Cette peine ne tombait guère que sur des personnes d'un rang supérieur, et c'était plutôt l'expression d'un mécontentement personnel de la part du souverain, qu'une peine régulière infligée dans le cours ordinaire de la justice. C'était assez communément le lot d'un ministre disgracié. Plus d'une fois même un parlement entier a été *relégué* pour quelque résis-

---

[*] Il existe en Angleterre six prisons qui ont des *libertés* (*Rules*) : deux à Londres, la *Fleet* et le *Banc du Roi*; deux dans le comté de Carmarthen, une dans le Cornouailles, une à Newcastle sur le Tyne.

tance à l'enregistrement d'un édit. Il est vrai que
l'objet qu'on avait en vue n'était pas précisément
d'infliger une peine, mais d'éloigner les individus pour prévenir des intrigues. Ainsi un coup
d'autorité était, à proprement parler, un signe
de crainte et de faiblesse.

Le bannissement hors du domaine de l'état
peut être *défini* ou *indéfini* : — indéfini, quand
l'individu peut aller où bon lui semble ; — défini,
quand il lui est prescrit d'habiter quelque district
particulier.

Au premier coup d'œil, on jugerait qu'un bannissement défini est impraticable. Car quelle prise
vous reste-t-il sur un individu que vous faites
sortir de votre juridiction? Mais, dans le fait, il
est plusieurs cas où l'état conserve sur lui un
pouvoir suffisant, et des moyens de le punir, s'il
se met en contravention : 1° dans le cas où le
bannissement n'est que temporaire; 2° lorsqu'il
laisse, dans le pays dont il est banni, des propriétés actuelles ou futures; 3° lorsque l'état
étranger dont il est exclu par la sentence est disposé à coopérer pour en maintenir l'exécution.

Au reste, le bannissement défini ne peut avoir
lieu que dans des circonstances très particulières;
en général, quand on bannit un malfaiteur, c'est
pour se débarrasser de lui, et on ne se soucie
guère de ce qu'il devient.

Les inconvénients du confinement territorial, soit relégation, soit bannissement, sont de la même nature que ceux du *simple emprisonnement*, la plupart dans un degré inférieur.

Cependant le confinement territorial est tellement susceptible de diversité, soit par la nature des lieux, soit par l'étendue du district assigné, soit par les circonstances du délinquant, qu'il est comme impossible d'en rien dire d'applicable à tous les cas.

Dans un état de *relégation*, la faculté de jouir des beautés de la nature ou des arts, de voir ses amis, de les servir et d'avancer sa fortune, est plus ou moins sujette à diminution.

La liberté d'exercer des emplois publics, de faire des voyages de santé ou de plaisir, est sujette à être entièrement perdue.

La faculté de continuer ses affaires, c'est-à-dire les affaires dont dépendent les moyens de subsistance, sera plus ou moins diminuée, selon leur nature ; et même il est tel genre de commerce ou d'occupation qui peut être incompatible avec cet état.

Les inconvénients du *bannissement* sont tous si différents, en quantité comme en qualité, pour divers individus, qu'on ne peut faire aucune proposition généralement vraie sur la nature de cette peine.

Les maux les plus communs qu'elle entraîne se rangent sous les chefs suivants :

Séparation d'avec ses amis, ses parents, et ses concitoyens ;

Privation des objets de goût, d'amusement et d'affection auxquels on était accoutumé, — les beautés naturelles du pays, — les spectacles, — les jouissances des arts ;

Perte des espérances d'avancement dans la carrière où l'on était entré, — les magistratures, — les promotions militaires, — les emplois publics ;

Pertes sous le rapport de la fortune ; dérangement des affaires, soit dans le commerce, soit dans les professions lucratives. Un ouvrier n'est-il exercé que dans un seul procédé d'une manufacture complexe, il perd tous ses moyens de subsistance s'il ne trouve ailleurs la même espèce de manufacture. Un homme de loi, transplanté hors de son pays, peut trouver toute sa science réduite à une parfaite inutilité. Un ecclésiastique sera sans emploi partout où sa religion n'est pas établie.

Une des rigueurs du bannissement est d'avoir à vivre parmi des peuples dont on ignore la langue. Cet inconvénient diffère beaucoup pour divers individus, et même pour diverses nations. Pour un Français, ce mal est à son moindre terme, la langue française étant répandue chez toutes les nations de l'Europe. Un Allemand banni de son pays peut vivre chez d'autres peuples allemands. Un Anglais retrouve sa langue en Amérique. Un Suédois, un Danois, un Russe, sont plus mal partagés. Nous ne parlons pas des classes supérieures, chez qui l'étude des langues étrangères est une partie de l'éducation ; mais partout le peuple est réduit à sa propre langue.

Tout est difficulté quand ce premier moyen de communication est en défaut. Si on acquiert les rudiments du langage pour les premiers besoins de la vie, on ne parvient que rarement à le posséder assez bien pour les jouissances de la conversation. On se sent condamné à une infériorité continuelle, et ce désavantage s'étend à toutes les entreprises lucratives.

Une autre circonstance qui constitue les peines du bannissement, c'est la différence des *mœurs et des coutumes*. Ces deux termes embrassent tous les détails de la vie : les objets physiques, la nourriture, la manière de se loger et de se vêtir, les goûts habituels, les amusements et la tournure des idées, et tout ce qui tient à la différence des gouvernements et des religions. Ce dernier objet a une grande influence sur les sympathies et les antipathies des individus.

Les peuples d'Europe ont assez de conformité dans les mœurs, surtout parmi les classes supérieures. Mais un Gentou banni de son pays serait extrêmement malheureux, surtout par la circonstance de la religion.

La diversité des climats ne doit pas être oubliée dans la liste des maux. Le changement peut être en mieux; mais la plupart des hommes, par l'effet d'une longue habitude, se prêtent difficilement à un climat différent de leur climat natal; et les plaintes des personnes expatriées portent le plus souvent sur les altérations de santé qu'ils attribuent à cette cause.

De toutes ces peines attachées au bannissement, il n'en est pas une qui soit absolue et certaine : elles peuvent être ou n'être pas; elles peuvent varier dans des degrés infinis, et il se peut encore que la balance des effets, au lieu d'être en mal, soit en bien [1].

---

[1] «Gallio ayant été envoyé en exil dans l'île de Lesbos, »on fut averti à Rome qu'il s'y donnait du bon temps, et »que ce qu'on lui avait enjoint pour peine lui tournait à com- »modité; par quoi ils se ravisèrent de le rappeler près de sa »femme et en sa maison, et lui ordonnèrent de s'y tenir, pour »accommoder leur punition à son ressentiment » (à sa ma- nière de sentir).

Essais de Montaigne, liv. I, chap. II.

Voilà l'auteur français : voici Tacite :

« Italiâ exactus : et quia incusabatur, facile toleraturus » exilium, delectâ Lesbo, insulâ nobili et amœnâ, retrahi-

Examen du confinement territorial.

1° Sous le rapport de l'*économie*, ces peines valent mieux que l'emprisonnement (j'entends toujours l'emprisonnement oisif du système actuel).

Un prisonnier doit être nourri et entretenu. Dans une estimation moyenne, sa valeur pour l'état est négative. Un homme libre est un profit : il produit plus qu'il ne consomme : sans cela, il n'y aurait pas ce surplus qui constitue la richesse. Un homme banni n'est ni gain ni perte : sa valeur pour l'état est zéro.

2° En fait d'*égalité* ces trois peines sont presque également défectueuses, — et le bannissement plus que les deux autres.

Être confiné dans un circuit étroit, est une peine à peu près certaine pour tous, quoiqu'elle varie selon les individus. Être confiné dans une province ou un district hors de sa résidence ordinaire, est une peine très sévère pour un manufacturier, — très petite pour un journalier d'agriculture, — nulle pour d'autres.

Le bannissement est le plus pénal ; mais cependant toutes ces peines sont très incertaines, très

tur in urbem, custoditurque dominus magistratuum. — Ann. lib. VI, cap. III.

inégales; dans certains cas, absolument nulles;
dans d'autres cas, excessives. Elles portent toutes
sur des suppositions dont aucune peut n'exister [1].

3° Ces peines sont très *divisibles* quant à leur
durée; mais, par rapport aux divers inconvénients qu'elles entraînent, ils sont tels qu'il n'est
pas au pouvoir du juge de les mitiger, et d'en
fixer la quantité, d'après les circonstances du délit. Qu'un délinquant soit banni, et que ce bannissement le prive de tous ses moyens de subsistance, il n'est pas au pouvoir du juge de le
préserver de ce mal, et la sentence ajoute à l'exil
une peine accidentelle d'indigence ou de mort.

4° Sous les rapports de l'*exemple*, le bannissement est très défectueux. Ce qu'il a d'exemplaire
appartient entièrement à sa description : les orateurs et les poëtes l'ont peint des couleurs les plus
lugubres, et y ont attaché une sorte de terreur no-

---

[1] Voyez la tragique histoire d'un jeune noble vénitien
relégué dans l'île de Candie —*A View of the Society and
Manners in Italy, by Moore.*— Tom. I, lett. XIV.

Dans l'espoir de revoir les murs de sa patrie, d'embrasser une dernière fois ses amis et son vieux père, il commit
un nouveau crime, irrémissible par les lois de l'état; il entra
en correspondance avec un prince étranger, sachant bien
que pour ce délit il devait être ramené à Venise pour y
subir sa condamnation et sa mort. Que de douleurs dans un
tel exil!

minale. Mais son caractère essentiel étant de
soustraire celui qui le souffre à l'observation de
ses compatriotes, ses peines ignorées sont perdues pour l'exemple. La relégation laisse l'individu sous les yeux d'une partie de ses co-sujets ;
mais le mal attaché à cet état n'est pas apparent :
l'empreinte du châtiment n'y est pas marquée :
on n'y voit que des infortunes accidentelles.

5° Pour *leur tendance à l'amendement moral*,
ces trois espèces diffèrent beaucoup.

Le quasi-emprisonnement peut être nuisible.
Laissez le délinquant dans le lieu de son domicile ordinaire, s'il est habitué à de mauvaises com-
pagnies, il continuera à les fréquenter : le danger
n'est pas à beaucoup près le même que dans une
prison, où il serait forcé de vivre dans une société corrompue ; mais ce danger existe encore
par son propre choix.

La relégation, dans le même cas, serait probablement utile. Elle suspendrait le cours de ses
liaisons dangereuses ; elle donnerait une autre
direction à ses habitudes ; il y a un intervalle pendant lequel il ne peut s'y livrer ; il est surveillé,
il lui faut du temps pour trouver des complices,
et il y a du péril à en chercher. Jeté dans une
société nouvelle, il a un intérêt sensible à s'y
recommander par une bonne conduite. Les bons
effets de ce moyen sont si bien connus, qu'il

entre souvent dans le gouvernement domestique.

Le bannissement à cet égard sera plus efficace que la relégation. Si le délinquant est encore dans cet âge favorable à de nouvelles habitudes, s'il n'est pas insensible à l'avantage d'une bonne réputation, son dépaysement lui est d'autant plus utile qu'il le jette dans une société où il n'y a pas de préjugés établis contre lui. Le même découragement n'existe plus à un grand éloignement de ceux qui ont été les témoins de son déshonneur. Mais eût-il porté dans son bannissement ses dispositions vicieuses, il n'aurait pas la même facilité à les mettre en œuvre, surtout si le langage de ce pays étranger n'est pas le sien : de là résulte une grande difficulté à se lier avec des complices. D'ailleurs, des lois qu'il ne connaît pas, un mode de justice avec lequel il n'est pas familiarisé, peuvent lui inspirer plus de respect et de crainte que les lois et les tribunaux de son pays. Son caractère même d'étranger, qui l'expose plus facilement aux soupçons, l'oblige à se tenir sur ses gardes, et de plus lui rend le vol et les acquisitions frauduleuses plus difficiles. Toutes ces considérations peuvent le déterminer à embrasser la ressource du travail honnête, comme la seule qui lui reste encore.

Il suit de cet examen qu'on trouvera peu de cas où le bannissement soit convenable. Dans

certains délits politiques d'une nature assez douteuse, on pourrait l'employer comme un moyen
de rompre les liaisons d'un délinquant, et de l'é-
loigner de la scène des intrigues et des factions.
Il faudrait même, en ce cas, lui laisser l'espoir du
retour, comme un gage de sa bonne conduite durant son éloignement.

Toutes ces réflexions ont échappé à Beccaria.
Il semble qu'il ait voulu que le bannissement fût
une peine universelle pour tous les délits[1].

[1] *Traité des délits et des peines*, chap. XVII.

CHAPITRE XI.

DES PEINES SIMPLEMENT RESTRICTIVES.

Après avoir parlé des peines qui restreignent la faculté locomotive, disons un mot de celles qui restreignent les occupations diverses auxquelles un homme peut se livrer par choix. J'appelle *simplement restrictives* les peines qui consistent dans une *simple* défense de faire.

Rappelons ici une distinction qui a été expliquée dans le premier chapitre, entre restreindre et punir. Le code civil, le code de police, sont pleins de lois restrictives qui ne sont nullement des peines. On défend de vendre des poisons ; on défend aux cabaretiers de tenir leur cabaret ouvert au-delà de telle heure ; on défend d'exercer la médecine ou la loi sans avoir passé par certains grades. Toutes ces interdictions sont des moyens indirects contre des délits ou des calamités.

Les peines simplement restrictives consistent dans la défense faite à un individu de jouir d'un droit commun, ou d'un droit qu'il avait auparavant. Si l'interdiction porte sur des occupations

lucratives, si, par exemple, on ôte sa licence ou
patente à un cabaretier ou à un cocher de louage,
ce sont des peines pécuniaires, des peines très
inégales, très peu économiques. Si un homme
perd son gagne-pain, que deviendra-t-il? Est-il
établi dans une paroisse et chargé d'enfants, c'est
la paroisse qui est mise à l'amende.

Les occupations autres que lucratives sont celles
du genre agréable ; leur variété est infinie ; mais
il y a un point dans lequel elles s'accordent toutes,
et qui peut nous dispenser de les soumettre à une
discussion détaillée. Il n'en est aucune ou peut-
re aucune qui fournisse par sa privation une
somme de peine assez forte pour qu'on puisse s'y
fier.

En fait de plaisirs, l'esprit de l'homme possède
une heureuse flexibilité. Une source d'amusements
est-elle fermée pour lui, il essaie bientôt d'en
ouvrir une autre, et réussit presque toujours. Une
nouvelle habitude se forme facilement : le goût se
prête à de nouveaux objets, et s'assortit à une
grande variété de situations. Cette ductilité de
l'esprit, cette aptitude à s'accommoder aux circonstances, peut varier beaucoup, d'individu à individu ; mais, d'avance, il n'est pas possible d'en
juger, ni d'estimer combien de temps la vieille
habitude gardera son empire, au point que la
privation soit une véritable peine.

Ce n'est pas tout. Ces lois restrictives seraient très difficiles à faire exécuter. Il faudrait toujours une peine subsidiaire dont l'effet serait incertain. Défendrez-vous à un individu le jeu, le dessin, le vin, la musique, vous voilà dans la nécessité d'attacher un inspecteur à toutes ses démarches pour vous assurer que la défense est observée. — En un mot, les peines de cette sorte sont sujettes à ce dilemme : l'attachement à la chose défendue sera fort ou foible; fort, la défense sera éludée; faible, le but est manqué.

Voilà ce qui rend raison du peu d'emploi qu'on a fait de ces peines. Elles sont trop incertaines, trop faciles à éluder pour servir de sanction à une loi générale. Il est vrai qu'un juge qui est à portée de connaître le caractère et les circonstances des individus pourrait se servir de ces peines avec plus de justesse, et même quelquefois avec avantage. Mais il reste une autre objection : elles sont peu exemplaires; la privation qui en résulte n'est pas de nature à frapper; elle mortifie en secret; elle est nulle aux yeux du public.

Ce genre de peines convient au gouvernement domestique : il n'est aucun plaisir dont un père ou un instituteur ne puisse se servir par manière de récompense, en le permettant, ou par manière de peine, en le défendant.

Mais quoiqu'une gêne de cette nature, c'est-à-dire l'interdiction de quelque occupation agréable, ne puisse pas constituer à elle seule une peine sûre, il y a des cas particuliers où elle sera convenable en l'ajoutant à quelque autre peine. L'analogie peut recommander une telle mesure. Le délit a-t-il consisté en irrégularités commises dans un spectacle, il sera bon d'interdire les spectacles au délinquant pour un certain temps.

Entre les peines simplement restrictives, il en est une dont on trouve peu d'exemples, et qui n'a point encore de nom : je l'appelle *bannissement de la présence*. J'entends par là l'obligation imposée à l'offenseur de se retirer immédiatement de chaque lieu où il se rencontre avec l'offensé. La simple présence de l'un est un signal qui doit faire disparaître l'autre. Silius, partie lésée, entre-t-il dans un bal, un concert, une assemblée de plaisir, une promenade publique, Titius, le délinquant, est obligé de faire retraite à l'instant même. Cette peine me paraît admirablement adaptée à des insultes personnelles, à des injures contre l'honneur, à des calomnies, en un mot, à tous les délits qui rendent particulièrement la présence du coupable un objet désagréable, une mortification pour l'offensé.

Il ne faut pas que le bannissement de la présence s'étende à des lieux que le délinquant est appelé à fréquenter pour suivre ses occupations habituelles ou pour s'acquitter d'un devoir. Les églises, les cours de justice, les marchés publics, les assemblées politiques, se présentent d'abord comme des exceptions nécessaires.

On trouve quelques exemples de cette peine dans les arrêts des parlements de France : je citerai en particulier celui qui fut rendu contre un nommé Aujai, qui avait insulté une dame d'une manière outrageante. Il lui fut enjoint, entre autres peines, de se retirer de tous les lieux où elle se trouvera, et de sortir aussitôt qu'il la verra, sous peine de punition corporelle [1].

On trouve, dans l'*Intrigue du cabinet,* le récit d'une querelle entre madame de Montbason et la princesse de Condé, où la première avait eu des procédés fort injurieux. — La reine Anne d'Autriche lui défendit de se trouver dans tous les lieux d'assemblée où serait la princesse [2].

Les lois anglaises nous offrent quelques exemples de restrictions imposées à des personnes qui ne sont pas considérées comme des délinquants. Il n'est pas permis aux catholiques d'exercer les professions de la loi et de la médecine; toute personne refusant de prendre les sacrements selon les cérémonies de l'église anglicane est exclue de tous les offices publics.

---

[1] *Causes célèbres,* tom. IV, pag. 307.

[2] Anquetil, tom. III.

Je parle de la loi, je ne parle pas du fait : car, dans le fait, plusieurs personnes qui n'appartiennent point à l'église anglicane ont des emplois civils ou militaires, et les exercent au moyen d'un bill d'indemnité qui se renouvelle d'année en année. C'est une sécurité précaire dans le droit, mais sur laquelle les usages d'un siècle ne laissent pas d'inquiétude.

Ces sortes de restrictions ne sont pas établies comme des peines : on les envisage comme des précautions pour empêcher des individus d'une certaine persuasion d'occuper des emplois dans lesquels on a craint qu'ils ne fussent dangereux. Voilà du moins la raison qu'on assigne politiquement. L'animosité religieuse en était la véritable cause : c'étaient des actes d'antipathie.

Un autre motif est dans l'intérêt. L'exclusion des uns est une faveur pour les autres : ceux qui ont le droit l'exploitent plus avantageusement à leur profit ; ainsi, les lois restrictives, établies par la haine religieuse, sont maintenues par l'injustice : une conscience erronée commence la persécution, un intérêt de gain et d'avarice la soutient encore quand le premier motif n'existe plus. C'est exactement le cas de l'Irlande : on y maintient encore des lois restrictives contre les catholiques pour le bénéfice des protestants ; c'est un million d'hommes qui exercent un monopole de

pouvoir et de places lucratives sur une population de quatre millions. Quand les lois persécu-
trices sont devenues des priviléges pour les per-
sécuteurs, il est bien difficile qu'elles soient abolies. La cupidité se couvre long-temps du masque
de la religion.

Quoique ces restrictions ne soient point établies comme peines, et qu'une loi générale n'ait
rien d'offensant pour chaque individu pris en particulier, il en résulte toutefois une distinction injurieuse pour une classe de personnes; nécessairement injurieuse, puisqu'on les suppose dangereuses et mal affectionnées. C'est un signalement
auquel le préjugé public s'attache, et le législateur qui prononce ces incapacités, en ne faisant
souvent qu'acquiescer malgré lui à une haine
passagère, la fortifie et la rend permanente. Ce
sont les restes d'une maladie qui a été universelle,
et qui, même après la guérison, laisse des cicatrices profondes.

CHAPITRE X.

PEINES ACTIVES, OU TRAVAUX FORCÉS.

Les peines actives consistent dans l'obligation imposée aux délinquants de faire un acte ou une suite d'actes qui leur répugnent.

Ce mode de punir est distingué de tous les autres par une circonstance remarquable. Le châtiment n'est pas infligé par une main étrangère : le délinquant se punit lui-même ; il faut le concours de sa volonté ; mais ce qui détermine sa volonté, c'est une plus grande peine dont il est menacé, et qu'il n'évite qu'en se soumettant à la première [1].

Une *occupation* est une suite d'actes de la même espèce ou tendant à la même fin.

Une occupation, considérée en elle-même, sera, en première instance, pénible, agréable, ou indifférente ; mais, continuée au-delà d'un certain temps, elle deviendra désagréable. Cela est vrai de toutes sans exception : et de plus, celles qui, dans l'origine, donnent du plaisir, deviennent,

[1] Voyez *Peines subsidiaires*, chap. xv.

par leur continuité, plus pénibles que celles qui naturellement sont indifférentes[1].

Pour rendre agréable la somme de ses occupations, tout homme doit donc être libre de passer de l'une à l'autre selon son goût; toute occupation forcée constitue par conséquent une peine.

Les peines actives peuvent donc embrasser tous les travaux possibles; mais il a fallu choisir ceux que tous les délinquants ont la faculté physique de subir; parcequ'ils ne demandent qu'un déploiement des forces musculaires, ou une dextérité facilement acquise. On les a choisis de nature à produire un profit: bénéfice collatéral, en addition à celui qu'on attend de la peine comme telle.

Entre les occupations pénales, l'une des plus usitées a été celle de ramer: cet exercice ne demande que la force des bras et un peu d'habitude. Des vaisseaux, assez grands pour la pleine mer, sont construits de manière à se mouvoir par des rames, même sans le secours des voiles. Ce travail est plus désagréable en lui-même que celui des matelots, en ce qu'il a moins de variété;

---

[1] Manger des raisins sera, généralement parlant, une occupation agréable: les cueillir en sera une indifférente. La première, après une heure ou deux, deviendrait insupportable; la seconde, après plusieurs heures, pourrait être encore indifférente.

outre que les rameurs, assis sur un banc, sont ordinairement enchaînés. Ces vaisseaux sont nommés galères, et les forçats galériens. Cette peine n'est pas usitée en Angleterre : elle l'est principalement sur les côtes des mers peu orageuses, la Méditerranée, l'Adriatique.

En plusieurs pays, on a appliqué les malfaiteurs à différents travaux publics ,—le nettoiement des ports ou des villes ,— la construction des routes, —les fortifications , — les mines.

Le travail des mines est une peine légale en Russie et en Hongrie. Les mines de Hongrie sont de vif-argent : les mauvais effets de ce métal sur les personnes exposées long-temps à ses émanations sont une raison pour y vouer des criminels.

Battre le chanvre est un des emplois les plus communs pour les délinquants des deux sexes dans les *bridewels* d'Angleterre.

La servitude est de deux sortes, l'une indéterminée, l'autre spécifique : j'appelle *indéterminée* celle qui n'est limitée ni pour le temps, ni pour la quantité du travail, ou sa qualité ; celle qui soumet toutes les facultés de l'individu à un maître, et approprie à celui-ci tout le profit du travail. J'appelle spécifique une servitude limitée pour le temps, la quantité ou la qualité du travail, et pour la nature des peines subsidiaires pour les-

quelles le maître peut contraindre le serviteur
de travailler. Il est des cas mixtes, où la servitude
est indéterminée à certains égards et spécifique à
d'autres.

Il existe à Varsovie, si les choses n'ont pas changé depuis les dernières révolutions, une maison
de force dans laquelle les prisonniers sont assujettis à des travaux particuliers, déterminés par
les lois ou par l'usage. Cependant toute personne
peut demander aux directeurs un certain nombre
de ces prisonniers, qui lui sont accordés pour
un temps convenu, moyennant un prix stipulé,
en donnant caution de les représenter au terme
fixé. On les emploie généralement à des travaux
grossiers, comme de creuser des fossés, de transporter des terres : ils sont sous la garde d'un ou
de plusieurs soldats pendant ce travail.

Le même usage est établi en Russie [1].

Cette distinction entre la servitude indéterminée et la servitude spécifique peut être éclairée
par deux exemples tirés de la loi d'Angleterre.

---

[1] Voyez les *Voyages de l'abbé Chappe*. L'abbé eut une
raison particulière de s'en souvenir. Ayant eu besoin pour
quelques expériences de faire creuser la terre à une certaine
profondeur, on lui prêta une douzaine de ces pauvres prisonniers. Leur ayant donné quelque argent pour boire, ils
l'employèrent à enivrer leurs gardes, et prirent la fuite.
(Vol. I, pag. 240.)

L'exemple de servitude spécifique est celui des malfaiteurs condamnés aux travaux de la Tamise. Le statut détermine l'espèce de ces travaux, qui ont pour objet de faciliter la navigation de ce fleuve; et il détermine encore la peine subsidiaire, qui est le fouet.

L'exemple de servitude indéterminée est celui de la déportation à *Botany-Bay:* cette servitude limitée, au moins en plusieurs cas, quant à la durée, est sans limitation et sans restriction par rapport à la nature des services exigibles et des peines subsidiaires.

Les peines actives ne sont pas seulement contraintes de faire ce qu'on ne veut pas, c'est encore empêchement de faire ce qu'on veut: ces deux parties de la peine sont inséparables. La valeur nette du plaisir que perd un individu, par une occupation forcée, est égale à la somme de tous les plaisirs qu'il aurait pu se procurer dans un état de liberté.

Les peines actives exigent que l'individu soit confiné dans un lieu circonscrit où le travail doit être fait: il faut qu'il soit là, et non ailleurs. Dans les travaux des ports, des routes, des fortifications, c'est quasi-emprisonnement. Dans celui des galères, des mines, des occupations sédentaires, la peine de l'emprisonnement est jointe à la servitude laborieuse. Mais nous verrons que la

peine ainsi composée peut être un moindre
mal que la peine simple. *Bina venena juvant.*

Examen des peines actives.

Les peines actives possèdent les qualités désirables dans un mode de punir à un plus haut
degré qu'aucune autre peine prise séparément.

1° La peine active est *convertible en profit.* Le
travail est en effet la source même du profit ; non
toutefois que son pouvoir en ceci s'étende aussi
loin que celui de la peine pécuniaire, car le produit se borne au travail d'un individu, toujours
assez limité, tandis que d'une seule peine pécuniaire on peut tirer un profit égal à la valeur du
travail de plusieurs centaines d'hommes. Mais
l'argent est un fonds casuel, le travail est un
fonds certain : les riches sont le petit nombre,
et commettent rarement des crimes ; les pauvres
sont la multitude, et les délits les plus fréquents
sont ceux d'indigence.

Sous le rapport des frais de l'état, les peines
laborieuses sont moins *économiques* que divers
autres modes de punition ; non en elles-mêmes,
puisqu'elles donnent un profit, mais parcequ'é-
tant combinées avec l'emprisonnement, elles entraînent les dépenses nécessaires d'entretien et

d'inspection. Cependant ce travail, bien dirigé, peut donner un bénéfice qui balance et même surpasse ces dépenses.

2° Ces peines sont assez exemptes d'objection sous le rapport de l'*égalité*. La gêne qu'elles imposent est sentie par tous les individus : chacun d'eux éprouve le même empêchement à suivre ses occupations favorites. L'obligation du travail, il est vrai, pèsera très inégalement sur les divers individus, selon les habitudes antérieures, selon les différences d'âge et de sexe, de force, de santé et de condition ; mais cet inconvénient peut être diminué par l'attention du juge à ces circonstances individuelles.

3° Elles sont *divisibles* dans leur durée et dans leur intensité, de manière à se proportionner aux délits : cependant, c'est une de leurs imperfections de ne pouvoir pas descendre au-dessous d'un certain degré, à raison de l'ignominie qui en est inséparable. L'empereur Joseph II ne fit rien de plus odieux que de condamner aux travaux publics des personnes d'un rang distingué. Tous les protestants de France se regardaient comme insultés dans la personne des ministres de leur religion, envoyés aux galères pour le seul fait de l'exercice public de leur culte.

4° Ces peines considérées en elles-mêmes seraient peu *exemplaires* ; elles n'ont point de marque de souffrance qui leur appartienne en propre, la circonstance qui distingue le travail pénal du travail volontaire n'est qu'une circonstance interne, — l'idée de contrainte qui opère sur l'esprit du travailleur. Mais cette contrainte, combinée avec l'emprisonnement, devient manifeste : le signe de la servitude est empreint sur ce travail, et il peut l'être sur la personne du prisonnier par un habillement qui le signale. La peine ainsi caractérisée est éminemment exemplaire.

5° Je n'insisterai pas sur un avantage particulier de ces peines, leur *tendance à réformer le moral :* c'est un point essentiel qui sera bientôt traité plus amplement. Une réunion de malfaiteurs oisifs est une école de perversité : une réunion de malfaiteurs occupés n'a pas les mêmes dangers ; — leur attention est engagée ; — ils sont comme isolés par le travail ; — l'occupation présente leur permet moins de se livrer à ces souvenirs du passé, ou à ces projets de l'avenir qui corrompent des imaginations désœuvrées. D'ailleurs, la nature de ces travaux exige la présence d'un inspecteur, qui impose un frein aux conversations licencieuses, et encourage naturellement ceux qui montrent de bonnes dispositions. Mais le fruit principal de cette discipline est l'acquisition d'une habitude salutaire, — la plus salutaire en particulier pour cette classe de malfaiteurs que l'aversion pour le travail a poussés au crime.

6° Ce mode de punir n'est pas tout-à-fait destitué d'*analogie*, au moins pour les délits les plus
fréquents, ceux pour lesquels on manque le plus
d'une peine efficace : je veux dire les délits d'indigence et de rapacité, résultats ordinaire du vagabondage et de la fainéantise. L'ennemi du travail est forcé au travail, le vagabond a perdu sa
liberté. Plus cette peine est contraire aux penchants des individus, plus elle est propre, vue
en perspective, à effrayer leur imagination.

Après avoir parlé de ces peines en général, arrêtons-nous un moment à considérer l'espèce de
travaux auxquels on doit donner la préférence.

La principale distinction est celle des *travaux
publics* et des *travaux sédentaires*.

Dans les travaux publics, l'infamie de la publicité tend plus à dépraver les individus que l'habitude du travail ne tend à les réformer. A Berne,
il y a deux classes de forçats, les uns employés
à nettoyer les rues et à d'autres ouvrages publics,
les autres occupés dans l'intérieur d'une prison.
Les derniers, après leur libération, retombent
rarement sous les mains de la justice, les autres,
à peine élargis, signalent leur liberté par de nouveaux crimes. Cette différence s'expliquait à Berne
par l'impudence que ceux-ci contractaient dans
un service dont l'ignominie se renouvelait tous

les jours. Il est probable qu'après la notoriété de
cette flétrissure, personne dans le pays ne voulait
avoir de communication avec eux, ni les employer.

Les travaux rudes et pénibles qu'on choisit
d'ordinaire pour ce genre de punition ne me paraissent point lui convenir. Comment mesurer la
force des individus? comment distinguer la faiblesse réelle de la faiblesse simulée? Il faut que
les peines subsidiaires soient en proportion de
la difficulté du travail, et de la répugnance du
travailleur; et le pouvoir dont un inspecteur doit
être armé est sujet aux plus grands abus. Se fier à
sa pitié, même à sa justice, dans un emploi qui
endurcit le cœur, c'est connaître bien mal la nature humaine. Dès qu'il faut infliger des peines
corporelles, l'individu qui en est chargé sera dé-
gradé dans l'opinion; et il se vengera de sa
bassesse par l'abus de son autorité.

Nam nil asperius humili qui surgit in altum [1].

Les travaux qui exigent de grands efforts doivent être faits par des hommes libres. Ce qu'on
arrache par l'effet de la crainte n'est jamais égal
à ce qu'on peut obtenir par l'attrait de la récompense. Le travail contraint est toujours inférieur

_____
[1] Claudien.

au travail volontaire, non seulement parceque l'esclave est intéressé à cacher ses forces, mais parcequ'il lui manque l'énergie de l'âme dont la vigueur musculaire dépend à beaucoup d'égards. C'est là, pour le dire en passant, un principe bien fécond dans ses conséquences. Que les souverains dont les peuples sont encore dans un état d'esclavage calculent ce qu'ils perdent par cette infériorité générale du travail, ils sentiront bientôt que des opérations graduelles d'affranchissement seraient pour eux la plus belle des conquêtes. — Me voilà bien loin de mon sujet : j'y reviens.

Les travaux des mines, excepté dans des circonstances particulières, sont peu convenables pour des malfaiteurs, en partie par la raison que je viens de donner, en partie par le danger d'avilir ces occupations. On y associerait bientôt les idées de crime e' de honte : mineur et criminel deviendraient peu à peu synonymes. Ce ne serait pas un inconvénient, si le nombre était suffisant pour l'exploitation des mines; mais, dans le cas contraire, on s'exposerait à manquer d'ouvriers, en inspirant de l'aversion pour ce travail à ceux qui l'exercent volontairement, ou à ceux qui sont encore libres de choisir.

CHAPITRE XI.

DE LA DÉPORTATION A BOTANY-BAY.

Entre les avantages que l'indépendance a procurés aux Anglo-Américains, il en est un qui a dû frapper tous ceux qui étaient sensibles à l'honneur national : elle les a affranchis de l'humiliante obligation de recevoir chaque année le rebut de la population britannique, de servir d'égout aux prisons de la mère-patrie, et de laisser infecter la pureté des mœurs d'un peuple naissant par le mélange de toutes les dépravations possibles[1]. L'Amérique septentrionale a été délivrée de ce fléau qui avait duré plus d'un siècle; mais peut-on dire jusqu'où s'étendront les conséquences morales de cette imprégnation de tous les vices?

Je reviendrai sur cette considération importante, lorsqu'en parlant des progrès de la Nouvelle-Zélande et de la population qui s'y forme, j'aurai

[1] Franklin, en sa qualité d'agent des colonies, avait sollicité l'abolition de cet usage. Le ministre lui alléguait la nécessité de purger le sol britannique de ses malfaiteurs. « Que direz-vous, lui répondit Franklin, si par la même raison nous vous envoyons nos serpens à sonnettes ? »

à montrer les inconvénients d'y envoyer des essaims périodiques de malfaiteurs. Mon objet, à présent, est de faire voir que la déportation, telle qu'elle est aujourd'hui, n'est plus ce qu'elle était autrefois, et que le changement de lieu a changé à plusieurs égards la nature de la peine : en bien, sous certains rapports; en mal, sous plusieurs autres.

Par la déportation en Amérique, les *convicts* sortaient des mains du gouvernement; ils étaient livrés à des capitaines de vaisseaux, qui les transportaient à leurs frais, et les vendaient, à leur profit, aux colons américains. Cette vente n'avait lieu que pour ceux qui n'avaient pas eu de quoi payer leur passage. Ceux qui payaient se trouvaient libres en arrivant au premier port. La peine se bornait pour eux au simple bannissement. Ils échappaient à sa partie la plus rigoureuse, la servitude jointe au travail. Ainsi, les plus coupables, ceux qui avaient su se ménager les profits du crime, étaient les moins punis. Les petits voleurs, les malfaiteurs novices ou maladroits, qui n'avaient rien gagné, portaient la double chaîne du bannissement et de l'esclavage.

Dans la déportation à Botany-Bay, le gouver-

---

[1] *Convicts* est le mot anglais pour désigner les malfaiteurs, après la conviction du délit, pendant la durée de leur emprisonnement ou bannissement.

nement fait tous les frais : le gouverneur de la
colonie conserve sur tous les *convicts* l'autorité
de maître; il est chargé de pourvoir à leur logement, à leur nourriture, à leurs occupations; il
a toute la surveillance de leur conduite : il peut à
son choix les appliquer aux travaux publics ou
particuliers. L'obligation du travail forcé est pour
tous : aucun d'eux ne peut s'en racheter à prix
d'argent. Sous ce rapport, la peine est plus certaine et par conséquent plus efficace.

L'Amérique avait un autre inconvénient. Elle
offrait trop de facilités pour le retour des *convicts*. Un grand nombre d'entre eux, profitant
des communications toujours ouvertes, ne tar-
daient guère à rapporter dans la métropole leur
fatale industrie aiguisée par l'expérience. La distance de Botany-Bay, colonie aux antipodes de l'Angleterre, et la rareté du commerce, surtout du
commerce avec les autres stations, diminue le
danger des retours illégaux. Cette circonstance,
comme la précédente, rendant la peine plus certaine, la rend aussi plus efficace.

Considérée dans son état actuel, la déportation
est une peine *complexe;* elle est composée, 1° du
bannissement, et 2° de la servitude laborieuse :
— le bannissement, peine éminemment défectueuse, surtout par son extrême inégalité; la servitude laborieuse, peine éminemment salutaire,

mais qui, étant combinée avec le bannissement, perd tous ses bons effets, et en produit une foule de mauvais.

Pour établir cette assertion par des raisonnements déduits des faits, je vais reprendre les différents buts que le législateur doit se proposer dans l'institution pénale, et je ferai voir que la déportation, celle de Botany-Bay en particulier, n'en remplit aucun d'une manière satisfaisante.

I. Quel est le premier but des peines, le but principal? l'*exemple*. La déportation n'a rien d'exemplaire : voilà son vice radical. Elle ne montre pas le châtiment, elle le cache; elle le soustrait à la vue de ceux auxquels il devrait servir de leçon. Une scène pénale, qui se passe dans un monde si éloigné, si étranger, avec lequel nous avons si peu de rapports, ne peut faire sur les esprits qu'une impression faible et fugitive. « Le peuple, » dit un auteur qui avait bien étudié les effets de l'imagination, « le peuple ne met » aucune différence entre ce qui est à mille ans » de lui, et ce qui en est à mille lieues [1]. » Je l'ai déjà dit, mais il est bon de le répéter : ce n'est pas la souffrance du criminel qui est utile au public comme exemple; c'est la partie manifeste de

---

[1] Racine, préface de Bajazet.

ses souffrances, celle qui frappe les yeux, celle qui laisse une empreinte assez forte pour combattre la tentation d'un crime. Dans la déportation, les souffrances réelles sont excessives : — cette détention qui la précède dans les prisons ou dans les galères de la Tamise, cette navigation de cinq ou six mois tout au moins, supplice continuel par l'entassement des prisonniers et par la contrainte nécessaire où il faut les tenir, — le danger des tempêtes, — celui des maladies contagieuses porté au plus haut degré, souvent réalisé de la manière la plus funeste : voilà le simple prélude d'une captivité de plusieurs années, dans un continent aride et sauvage, où les subsistances ont été long-temps précaires, et où le retard d'un vaisseau a fait souvent éprouver à toute la colonie les horreurs de la famine. Ce n'est là qu'une faible esquisse des malheurs de cet exil. On ne saurait imaginer de situation plus déplorable; et il faut ajouter que le terme assigné par la loi à sa durée est prolongé, soit arbitrairement, soit par des circonstances locales. Cependant, cette prodigalité de maux, comparée à son effet pour l'exemple, est presque en pure perte. Le fleuve de l'oubli coule entre ce monde et le nôtre. Il n'y a pas la centième, pas la millième partie de ces peines qui fasse impression sur les habitants de la mère patrie, sur cette classe du peuple qui ne lit point, qui réfléchit peu, et dont l'imagination n'est émue que par la présence des objets. Je dis plus : la déportation renferme des circonstances décevantes, des illusions, qui supplantent les idées tristes, et les remplacent fréquemment par des espérances flatteuses. Certes, il faudrait bien peu connaître les hommes, bien peu connaître la jeunesse, et surtout la jeunesse anglaise, pour ne pas sentir qu'un voyage lointain, un nouveau pays, des compagnons nombreux, un établissement, et des aventures, auront un charme suffisant pour détourner l'esprit du tableau sinistre, et le fixer de préférence sur des images licencieuses et des perspectives séduisantes '.

II. Second but des peines: *correction, réformation* des individus. Consultons les faits, remontons aux causes, nous verrons que l'établissement de Botany-Bay a été très infructueux et le sera toujours sous ce rapport.

Dans la déportation aux colonies américaines,

' Il y a quelques années que deux jeunes gens, l'un de 14 ans, l'autre de 16, étaient condamnés, pour vol, à être transportés. A cette sentence imprévue, le plus jeune se mit à pleurer. « Imbécile ! lui dit son compagnon d'un air de triomphe, comment pleure-t-on d'avoir un grand voyage à faire ? » Je tiens ce fait d'un témoin qui en fut vivement frappé.

il y avait deux circonstances favorables à la réformation des *convicts*: — leur admission dans
les familles du pays, leur séparation les uns des
autres.

Dès qu'un *convict* était entré au service d'un
fermier, tous les membres de la famille devenaient des inspecteurs intéressés de la conduite
du nouveau-venu. Occupé de son travail, sous les
yeux d'un maître, il n'avait plus ni les mêmes
tentations, ni les mêmes moyens de se livrer à ses
inclinations vicieuses. La dépendance de son sort
lui donnait un intérêt sensible à regagner l'estime
de ceux qui avaient tant de pouvoir sur lui ; et,
s'il lui restait le germe de quelque sentiment honnête, il ne pouvait que se développer par l'influence des bons exemples domestiques.

Ces circonstances propices n'existent pas à Botany-Bay. Point de familles pour recevoir les
convicts, point d'arrangement praticable pour
les tenir séparés, point de surveillance assidue.
Comme leur principale occupation est l'agriculture, il faut nécessairement qu'ils soient distribués
sur un grand espace, et isolés dans leurs habitations. Il est vrai que des officiers de police vont
faire leur ronde, pour maintenir, autant qu'on le
peut, l'ordre et le travail : mais qu'attendre d'une
inspection accidentelle, interrompue, imparfaite
à tous égards, aussi désagréable aux inspecteurs

qu'aux inspectés? Est-ce là un, préservatif bien
efficace contre l'aversion pour le travail, la passion du jeu, l'ivrognerie, l'incontinence, l'insou-
ciance de l'avenir, l'absence de tout sentiment
d'honneur? L'inspecteur s'éloigne, et tous les désordres que sa présence avait suspendus recom-
mencent aussitôt. Qu'on se représente combien
l'autorité a peu de ressources avec des hommes
entre lesquels la complicité est tout établie,
et qui se font un triomphe, un jeu malin de
s'entr'aider à déjouer toute surveillance.

Le public est en possession d'un document bien
précieux, c'est une histoire complète des seize
premières années de cette colonie; histoire qui
ne laisse rien à désirer pour la fidélité des faits,
et qui les raconte, sous la forme d'un journal,
avec toutes les circonstances nécessaires. Pour
comble de sûreté, l'historiographe de l'établissement en est le panégyriste : il en occupait la première magistrature civile; et s'il a peint une scène
continuelle de dépravation, c'est une preuve que
la candeur de l'écrivain l'a emporté sur tout intérêt personnel ou politique[1].

L'impression générale qui résulte de la lecture
de cet ouvrage est un sentiment amer de tristesse
et de dégoût: c'est l'histoire la plus honteuse de

[1] Collin's Account of Botany-Bay, etc.

l'humanité, un calendrier monotone de crimes et
de châtiments. Les hommes, toujours unis contre
le gouvernement, toujours en conspiration pour
désobéir à leurs chefs et pour les tromper, ne
forment entre eux qu'une société hostile et per-
fide, une société de renards et de loups. Les
femmes, qui sont partout la meilleure moitié de
l'espèce humaine, font à Botany-Bay une singulière exception. L'historien répète en plusieurs
endroits qu'elles sont pires que les hommes, qu'il
ne se passe pas une transaction infâme où elles
n'aient leur part. Voilà les mères de la colonie !
les dépositaires des mœurs de la génération naissante !

Les reproches d'immoralité sont vagues et susceptibles d'exagération ; les délits sont des faits
constants. Ceux qui se commettent à Botany-Bay,
malgré la présence immédiate du gouvernement
et la promptitude des opérations de la justice,
surpassent tout ce qu'on aurait pu imaginer : il y
a peu de pages qui ne contiennent le récit de
quelque violence ou de quelque vol; tantôt des
déprédations sur le fonds commun des subsistances, tantôt des invasions sur les propriétés particulières. La fureur du jeu et la débauche produisent des provocations continuelles; les assassinats et les meurtres sont dans une proportion
effrayante. Le crime le plus dangereux, l'incen-

diat, n'a été nulle part aussi fréquent que dans
cette colonie naissante. Toute la force des lois n'a
pu prévenir les agressions de ces sauvages d'Europe contre les paisibles indigènes qu'on aurait
gagnés par de bons traitements, et dont on a fait
des ennemis redoutables.

Loin de s'amender dans cet établissement, plus
les individus y prolongent leur séjour, plus leur
dépravation s'accroît. Quel que soit le degré de
vice que l'historien attribue aux *convicts* durant
leur servitude, ils paraissent, dans son récit,
demi-honnêtes, demi-sobres, demi-rangés, en
comparaison de ceux qui, après avoir achevé leur
terme de captivité, sont affranchis, et s'établis-
sent dans la colonie. Audacieux et turbulents, ils
sont les grands moteurs des désordres, la source
principale des embarras du gouvernement.

L'auteur allègue à cet égard une observation
probante : pendant les cinq premières années, où
cette classe d'affranchis n'existait pas encore, la
conduite des *convicts* était beaucoup plus soumise, et donnait des espérances; mais à mesure
que, par l'expiration des termes, le nombre des
colons émancipés s'est accru, tous les freins de la
loi se sont affaiblis : non seulement ces nouveaux
libres se sont abandonnés à toutes sortes d'excès,
comme pour se dédommager de la contrainte passée, mais ils ont encouragé au mal les *convicts*

mêmes : ceux-ci ayant trouvé parmi leurs anciens camarades des receleurs pour le vol, des protecteurs pour le crime, qui les accueillent dans leur fuite, qui les cachent dans leur retraite, sont devenus plus insolents et plus réfractaires, et n'aspirent qu'au moment de reprendre cette sauvage indépendance.

Quelle digue élever contre un torrent dont la force s'accroît sans cesse? Tous les moyens employés jusqu'à présent ont été inefficaces, et il est aisé de démontrer qu'ils le seront toujours. Les instructions morales et religieuses demeurent sans effet : la police et la justice trouvent des obstacles invincibles dans la nature même de la population : et la cause principale de tous les désordres, la circulation des liqueurs fortes, est tellement favorisée par les circonstances locales, qu'il est impossible de la prévenir. Entrons dans quelques détails sur ces différents points.

Je ne dirai qu'un mot sur les instructions religieuses. Que peut-on attendre de deux ou trois chapelains, dispersés entre les divers établissements de la colonie? quel sera le résultat d'une heure ou deux de service religieux un jour de la semaine? et ce service, comment est-il écouté par des hommes qui n'y assistent que par contrainte, qu'il faut y conduire par des ordres, et y assujettir par des punitions ? L'église, qui n'était pour eux qu'un séjour d'ennui, devint l'objet d'un complot. On a pu les forcer à reconstruire, dans leurs moments de loisir, l'édifice dont ils avaient fait un feu de joie, mais on ne les forcera pas à prêter une oreille attentive et un cœur docile à des instructions de commande. Les femmes même, dit l'historien, ont toujours des prétextes, des mensonges tout prêts pour se dispenser de la simple formalité de ce devoir; en sorte que la religion, dans cette colonie, est bien moins un moyen de réformation, qu'une occasion de nouveaux délits.

Quant à la police, elle est affaiblie à Botany-Bay par la corruption des fonctionnaires subalternes. Dans une population qui justifie si bien la défiance du gouvernement, il a fallu gêner les communications réciproques. Tous les habitants, excepté les officiers, ont été soumis à l'obligation d'avoir un passe-port pour aller d'un district à l'autre; mais les constables, chargés de viser ces passe-ports, sont, pour la plupart, des hommes timides ou corrompus, qui craignent de faire leur devoir, ou trouvent du profit à ne pas le faire. Il règne d'ailleurs parmi les colons affranchis une disposition constante et universelle à ne souffrir l'établissement d'aucune règle, et à donner asile à tous les ennemis du gouvernement.

Quant aux délits si fréquents dans cette colo-

nie, il y a une cause qui désarme souvent la justice, un principe d'impunité qui paraît sans remède. L'historien, qui était juge, en fait le sujet
le plus ordinaire de ses plaintes. On ne peut
presque, dit-il, punir que les criminels pris en
flagrant délit : comme s'il y avait une ligue, un
accord tacite pour annuler la justice par le refus
de témoigner. Il parle de cinq meurtres, commis
dans le cours d'une seule année, en 1796, qu'il
fallut laisser impunis, malgré une abondance de
présomptions, parcequ'il ne se présenta pas de
témoins, quoique on eût promis des récompenses
extraordinaires. Après un tel fait, il est inutile
d'en citer beaucoup d'autres du même genre.

La cause immédiate de presque tous les désordres est la passion immodérée des liqueurs
fortes ; elle anime à son tour la fureur du jeu et
l'incontinence des mœurs ; elle débauche les domestiques, les soldats, les ouvriers, les femmes,
les jeunes gens, les prisonniers et ceux qui les
gardent : elle va au point, dit l'historien, que
nombre de colons affranchis vendent leur ré-
colte tout entière, au moment de la moisson,
pour se procurer leur liqueur favorite. Cette
passion ne peut recevoir aucun frein de la part
du gouvernement ; sa politique a varié à cet égard
selon les circonstances : tantôt il a permis le commerce des liqueurs spiritueuses, tantôt il l'a dé-

fendu; mais, quoi qu'il fasse, il ne saurait empêcher ce poison de circuler librement dans toutes
les veines de la colonie. Plus les habitations se
multiplient et s'éloignent du centre, plus il est
facile d'établir des distilleries privées, et de les
soustraire à toute inspection. Et la contrebande,
— l'empêchera-t-on sur une vaste étendue de
côtes que toute la marine anglaise ne suffirait pas
à garder? si on n'a pas pu réprimer ce mal, quand
la colonie était renfermée dans un seul hameau,
et n'avait qu'un seul port, réussira-t-on mieux à
présent qu'elle est disséminée sur un grand espace, et que tous les vaisseaux qui s'y rendent sont
toujours abondamment pourvus de l'article de
commerce dont la vente est la plus assurée et
la plus lucrative?

Tel est l'état de la réformation des *convicts* dans
cet établissement : — aucun succès dans le passé,
— aucun espoir pour l'avenir. J'ai peut-être insisté trop long-temps sur ce point; heureusement,
ceux qui me restent à traiter n'exigent pas la même
étendue.

III. Le troisième but des peines est d'*ôter* aux
délinquants le *pouvoir* de commettre des crimes.

La déportation remplit ce but relativement à
un certain lieu : les convicts, transportés à Botany-
Bay, ne commettront pas des crimes en Angle-

terre; et la distance de cet établissement offre un degré considérable de sûreté contre leur retour illégal: voilà l'avantage.

Mais si les *convicts*, pendant leur séjour à Botany-Bay, ne sont plus à craindre dans la Grande-Bretagne, ils le sont beaucoup à Botany-Bay même: or, les crimes étant aussi nuisibles dans cette colonie que dans la mère patrie, il ne faut pas attribuer à cette peine un avantage qu'elle n'a point. Qu'un habitant de Londres soit satisfait par l'éloignement de ces hommes dangereux, je le comprends, son intérêt seul le touche: mais le législateur doit-il s'applaudir du choix d'une peine qui, sans diminuer le nombre des crimes, n'a fait que changer le lieu où ils sont commis?

La sûreté même contre les retours illégaux n'est pas telle qu'on se l'était promise. D'après une table de l'émigration des *convicts*, de 1790 jusqu'en 1796, on trouve que quatre-vingts *convicts*, dont le terme avait expiré, sont revenus avec la permission du gouverneur, et que soixante-seize *convicts*, avant la fin de leur terme, se sont échappés de la colonie, malgré toutes les précautions possibles.

Les évasions doivent se multiplier encore à mesure que le commerce s'étend, et que les *convicts*, plus nombreux, ont plus de moyens pour en tenter l'entreprise.

Il ne faut pas même un vaisseau pour ce voyage. Sept ou huit *convicts* des plus déterminés se sont embarqués sur un petit bateau de pêcheur et ont traversé l'immense intervalle entre Botany-Bay et Timour. Les îles voisines leur offriront des retraites plus assurées. Donnez du temps à cette funeste population, elle formera des nids de pirates, et l'on aura fondé une nouvelle Alger dans les mers du Sud.

IV. Le quatrième but est de fournir une *compensation* aux parties lésées.

Il n'y a qu'un mot à dire: la déportation est absolument nulle sous ce rapport. Cette objection, il est vrai, n'a de force que par comparaison avec un genre de peine qui assurerait quelque dédommagement à la partie lésée, pris sur le travail de l'auteur du délit.

V. Le cinquième but qu'on doit avoir en vue est l'*économie* pour l'état.

S'il s'agissait d'un établissement pénal bon à tous autres égards, un certain surplus de dépense serait une faible objection; mais le système le plus défectueux en lui-même est en même temps le plus dispendieux.

Les rapports du comité des finances laissent peu de choses à désirer sur ce chef. On voit que les frais de Botany-Bay, pour dix ou onze ans, jusqu'au 10 mai 1798, montaient à un million trente-sept mille livres sterling. En divisant cette somme par le nombre des *convicts*, on trouve qu'ils ont coûté par tête, dans les différents voyages, de trente-trois à quarante-six livres sterling, à quoi il faut ajouter toute la valeur de leur travail, puisqu'on peut la considérer comme ayant été déduite de leur dépense.

Considérez Botany-Bay comme une manufacture : le maître manufacturier, déduction faite de ses profits, trouve une balance de perte d'environ trente-huit livres sterling par tête d'ouvrier.

Ce qui rend cette manufacture plus dispendieuse qu'elle ne le serait dans la métropole, c'est : —1° les frais nécessaires pour transporter les ouvriers à une distance de deux ou trois mille lieues — ; 2° l'entretien d'un état civil, gouverneurs, juges, inspecteurs, officiers de police, etc.; — 3° l'entretien d'un état militaire, qui n'a d'autre objet que de maintenir la subordination et la sûreté dans la manufacture — ; 4° la dispersion des ouvriers, leur infidélité, leurs vices favorisés par les circonstances locales, et le peu de valeur d'un travail arraché par contrainte à des hommes qui n'ont aucun intérêt dans le produit; — 5° l'accroissement du prix pour tous les articles dont la manufacture a besoin, et qu'il faut porter d'Europe avec tous les risques d'une longue navigation.

S'il n'y a pas un commis de Manchester ou de Liverpool qui n'eût fait entrer toutes ces considérations dans son calcul, s'il n'y a pas un individu sensé qui eût voulu se charger d'une telle entreprise, il faut donc que l'arithmétique soit toute différente pour ceux qui exposent leur propre fortune, et pour ceux qui ne hasardent que la foi tune publique.

On peut faire d'autres objections, et de bien graves, contre l'établissement de Botany-Bay, d'après les lois constitutionnelles de la Grande-Bretagne[1]. Je n'entre point dans cet examen, il serait étranger à mon sujet; mais il est une dernière considération qui devrait toute seule faire abandonner ce système.

La peine de déportation est sujette à recevoir un grand nombre d'aggravations accidentelles, qui ne sont point dénoncées par la loi, qui n'entraient point dans l'intention du législateur.

Quand le législateur ordonne une peine, il est censé la choisir comme la plus convenable au délit; il veut cette peine telle qu'elle est; il la croit

---

[1] Voyez l'ouvrage de M. Bentham. — *A Plea for the Constitution, shewing the enormities committed, etc., etc., in New South Wales.*

suffisante; il n'en veut ni une plus faible ni une plus rigoureuse; il sait que la peine dénoncée par la loi produit un effet, mais qu'une autre peine qui s'y joint, par accident, ou par négligence, ou par intérêt de la part des agents, allant plus loin que la loi, est une injustice, et qu'étant nulle pour l'exemple, elle est un mal à pure perte.

La peine de déportation, qui, dans l'intention de la loi, est une peine modérée, presque toujours limitée à sept ans ou quatorze, est souvent commuée dans le fait en peine capitale. Il y a plus: il est à présumer que cette terrible aggravation tombera principalement sur les plus faibles, les moins coupables, ceux qui, par leur sensibilité, leurs habitudes antérieures, leur sexe, leur âge, sont le moins en état de résister à toutes les causes de mortalité qui agissent sur eux dans ce funeste trajet. Les faits, à cet égard, sont aussi authentiques qu'effrayants.

Dans un espace de huit ans et demi, depuis le 8 mai 1787 jusqu'au 31 décembre 1795, sur cinq mille cent quatre-vingt-seize *convicts* embarqués, cinq cent vingt-deux périrent dans le passage; et ce n'est pas tout, car cette table n'est pas complète. Sur vingt-huit vaisseaux, il y a une omission de cinq dont la mortalité reste inconnue.

Une navigation, quelque longue qu'elle soit, n'est point défavorable à la vie humaine: le capi-

taine Cook a fait le tour du monde sans perdre
un seul homme. Il faut donc qu'il y ait des circonstances particulières pour rendre compte d'une
mortalité qui va au point de décimer les hommes
dans le passage à Botany-Bay. Ces circonstances
meurtrières se trouvent dans l'espèce des prisonniers, et dans le mode de leur traitement. Leur
accorde-t-on de la liberté, on a tout à craindre de
leur esprit d'insubordination. Les tient-on renfermés, ils contractent des maladies mortelles. Des
hommes durs et cupides sont-ils chargés de l'entreprise, les provisions sont insuffisantes et d'une
mauvaise qualité. Un seul prisonnier a-t-il apporté des prisons ou des galères le germe d'une
maladie putride, la contagion devient d'abord
générale. Un vaisseau qui transportait des *convicts* en 1799 (*le Hillsboroug*), sur trois cents passagers en perdit cent un. Ce n'est pas, dit M. *Collins*, qu'on eût négligé aucune des précautions
nécessaires, mais la fièvre des prisons, qui avait
infecté l'habillement d'un des *convicts*, causa tous
ces ravages.

Qu'on multiplie les règlements tant qu'on voudra, il ne faut qu'une négligence, qu'un accident
pour faire entrer la mort sous ses formes les plus
hideuses dans ces prisons flottantes, qui ont à
traverser la moitié du globe avec la contagion
dans leur sein, avant de pouvoir séparer les pesti-

tiférés et les mourants, d'avec ceux qui n'ont
échappé aux maladies que pour traîner une existence débile dans un état de servitude et d'exil.

Peut-on reconnaître l'intention de la loi dans
cette accumulation de rigueurs imprévues ? Le législateur paraît-il savoir ce qu'il fait, quand il ordonne une peine qui, dans son exécution, ne dépend plus de lui, — qui est soumise à une infinité
d'accidents, — qui change de nature dès qu'elle est
prononcée, — et devient tout autre dans le fait,
qu'elle n'était dans sa volonté ? La justice, dont le
plus beau caractère est la certitude et la précision, la justice, qui doit tout peser dans la balance, parcequ'elle distribue des maux, ne de-
vient-elle pas, dans ce système pénal, une sorte
de loterie dont on ne saurait prédire l'événement ?
Qu'on essaie de traduire en sentence judiciaire
ces hasards compliqués : — «Je te condamne, dira
le juge, mais je ne sais à quoi, — peut-être aux
tempêtes et aux naufrages, — peut-être à la contagion, — peut-être à la famine, — peut-être au
massacre par la main des sauvages, — peut-être
aux bêtes féroces. Va, prends ta chance, péris ou
prospère, souffre ou jouis, je t'éloigne de mes
yeux, le vaisseau qui t'emporte me dérobe l'aspect de tes misères, je ne m'inquiète plus de toi. »

Cet établissement, dira-t-on peut-être, quoique très défectueux sous le rapport pénal, pro-

duira des avantages politiques : c'est le berceau d'une colonie, il s'y formera peu à peu une population considérable ; les générations futures vaudront mieux que les fondateurs, et l'on aura enfin, après des siècles, une possession britannique d'une importance majeure.

Je répondrais d'abord, s'il faut répondre à tout, que, de tous les moyens qu'on pouvait prendre pour fonder une colonie dans ce nouveau continent, le plus coûteux et le moins favorable au succès était d'y envoyer, comme fondateurs, des hommes flétris et dépravés. S'il est une situation qui demande de la patience, de la sobriété, de l'industrie, c'est celle de colons transplantés loin de chez eux, exposés à toutes sortes de privations, qui ont tout à créer, et qui, dans un établissement nouveau, ont à se ménager avec des habitants sauvages et farouches, justement jaloux d'une invasion qui menace leur propriété. Des hommes vicieux, des malfaiteurs ont toutes les passions destructives qui anéantiraient la société la mieux établie, si on ne les réprimait pas ; ils n'ont aucune des qualités morales et industrielles qui servent à former une communauté naissante, et à surmonter les obstacles nombreux que leur oppose la nature dans son état brut et inculte.

Étudiez l'histoire des colonies qui ont prospéré. Ce sont des *quakers* bienfaisants et paisibles, des émigrés religieux qui se transportaient dans un autre monde pour y trouver la liberté de conscience; des cultivateurs pauvres et honnêtes, qui savaient vivre de peu, et supporter de grandes fatigues.

Les flibustiers, enrichis du pillage des nations, et qui, par leur nombre et par leurs richesses, auraient dû fonder des états, se sont anéantis par leurs vices, et n'ont laissé que dans l'histoire une trace de leur existence.

S'il était conforme à la saine politique de fonder une colonie dans la Nouvelle-Zélande, il fallait donc y envoyer de bons laboureurs, d'industrieux ouvriers, d'honnêtes familles; et il fallait apporter les plus grands soins à en écarter les malfaiteurs, qui portent avec eux la semence de tous les désordres, et qui doivent détourner d'un pareil établissement tous ceux qu'on aurait dû y inviter de préférence.

Il est ridicule, au moins dans l'état actuel de cette colonie, d'en parler comme d'un objet de commerce. Loin de produire un surplus échangeable, elle ne produit pas assez pour ses besoins. Elle a beaucoup à acheter, et presque rien à vendre. Son seul moyen de commerce est le numéraire; ce numéraire, envoyé par la métropole pour l'entretien civil et militaire du gouvernement, passe tout entier aux marchands nationaux ou étrangers qui vont vendre leurs denrées à Botany-Bay, à cinq cents pour cent de bénéfice. Faute de numéraire, le gouvernement a déjà été réduit à créer un papier-monnaie, c'est-à-dire à fonder une dette coloniale.

En voilà sans doute assez pour montrer que l'objet politique n'est pas mieux rempli par cet établissement que l'objet pénal.

CHAPITRE XII.

MAISON DE PÉNITENCE. — PANOPTIQUE.

J'ai inséré, dans le troisième volume des *Traités de législation*, article *Panoptique*, un résumé de tout ce que M. Bentham avait publié sur ce sujet. Je dois y renvoyer mes lecteurs ; mais, pour l'éclaircissement de ce chapitre, je vais rappeler en peu de mots les trois idées fondamentales de son plan.

1° Un *bâtiment circulaire* ou polygone, avec des cellules à la circonférence sur plusieurs étages : au centre, une loge pour l'inspecteur, d'où il puisse voir tous les prisonniers, même sans être vu, et leur faire passer toutes ses directions, sans quitter son poste.

2° *Administration par contrat.* Un entrepreneur se charge, à prix fait pour chaque prisonnier, de l'entretien total, se réservant le profit du travail, dont le choix lui est laissé sans restriction.

Ce système porte au plus haut degré la réunion de l'intérêt du gouverneur avec tous ses devoirs. Plus ses prisonniers seront réguliers et laborieux, plus ses profits seront grands. C'est à lui à les instruire dans les divers métiers lucratifs, et à leur donner une part dans les bénéfices, pour les exciter au travail. Il est tout ensemble magistrat, instituteur, chef d'atelier et de famille. Il a le plus pressant de tous les motifs à remplir les obligations de ces différents titres.

3° *Responsabilité de l'administrateur.* Il est chargé d'une assurance sur les vies. D'après le calcul moyen des âges, on lui alloue une somme fixe pour chacun de ceux qui doivent mourir dans le courant d'une année; mais, à la fin de l'année, il doit payer la même somme pour chacun de ceux qu'il aura perdus par décès ou par évasion. Le voilà donc constitué assureur de la vie et de la garde des prisonniers; mais assurer leur vie, c'est en même temps assurer une multitude de soins dont dépendent leur santé et leur bien-être.

La publicité est le préservatif le plus efficace contre les abus : les prisons ordinaires sont couvertes d'un voile ténébreux, le panoptique est pour ainsi dire transparent. Il doit être ouvert à toute heure à tous les magistrats; il doit l'être à tout le public à certaines heures ou à certains jours. Les spectateurs, introduits dans la loge centrale, auront à la fois sous les yeux toute la scène de l'intérieur : autant de témoins, autant de juges de la tenue des prisonniers.

J'ai vu en France des personnes qui se piquaient d'une profonde sensibilité, convertir en objection, contre le plan de M. Bentham, ce qui fait son mérite particulier, l'*inspection continuelle*. C'était à leurs yeux une gêne qui équivalait à toutes les tyrannies ensemble, une maison de ce genre leur présentait l'image de l'enfer. Ces hommes si sensibles oubliaient sans doute l'état des prisons communes, où les prisonniers, toujours entassés, n'ont de tranquillité ni jour ni nuit. L'inspection continuelle est le moyen d'admettre dans une maison plus d'aisance et de liberté, de supprimer les fers et les cachots, de faciliter la formation de petites sociétés par cellules, de prévenir les querelles, le tumulte et le bruit, ces sources amères de vexations, de protéger les prisonniers contre les caprices des geôliers et la brutalité de leurs compagnons, de les mettre à l'abri des négligences si fréquentes et si cruelles, en leur donnant un appel facile dans tous leurs besoins, un recours direct à l'autorité du chef. Combien d'avantages réels ! mais la sensibilité fantastique ne raisonne pas ainsi.

Supposons maintenant cette maison de pénitence tout établie, et voyons comment elle répond aux divers buts de la peine.

PREMIER BUT.

L'exemple.

La scène pénale sera placée dans le voisinage d'une métropole, le lieu qui contient le plus grand nombre d'hommes réunis, et de ceux qui ont besoin qu'on mette sous leurs yeux le châtiment du crime. L'aspect de l'édifice, la singularité de sa forme, les murs et les fossés qui l'entourent, la garde qui veille à ses portes, tout retrace l'idée de malfaiteurs enfermés et punis: la facilité de l'admission ne saurait manquer d'attirer un grand nombre de visiteurs. Que verra-t-on? des hommes privés de la liberté dont ils ont abusé, soumis au travail qui était l'objet de leur aversion, punis de leur intempérance par un régime austère; les plus criminels couverts d'un signalement particulier qui rend sensible l'infamie du crime. Quel drame plus frappant pour la classe la plus nombreuse des spectateurs! Quelle source de conversations, d'allusions, de leçons domestiques, de récits utiles! Quelle comparaison se fait plus naturellement à cet aspect que celle d'un travail libre et des jouissances de l'homme innocent, avec les rigueurs d'une captivité forcée! Et cependant la peine réelle est moins grande que la peine apparente: les spectateurs qui n'ont qu'un moment à donner à ce coup d'œil mélancolique ne peuvent pas sentir tout ce qui tempère effectivement cette situation. Les peines sont visibles, et l'imagination les exagère : les adoucissements sont cachés, et il n'y a point de mal en pure perte. La plupart même de ces prisonniers, tirés des classes souffrantes et malheureuses, sont comparativement dans un état de bien-être. Le travail les garantit du fléau rongeur des prisons, — l'ennui.

SECOND BUT.

Réformation.

Oisiveté, — intempérance, — liaisons vicieuses : voilà les trois causes principales de corruption dans les classes pauvres. Lorsque ces habitudes sont devenues assez fortes pour surmonter les motifs tutélaires, et pour produire des crimes, on ne peut espérer de les corriger que par une éducation nouvelle ; éducation qui consiste à placer les individus dans des circonstances où il leur soit impossible de se livrer à leurs penchants, et où tout concourt à faire naître des habitudes opposées. Le premier moyen de succès, c'est la surveillance. — Les délinquants sont une classe particulière d'hommes qui ont besoin d'une inspection continuelle. Leur faiblesse est de ne savoir pas résister aux séductions du moment : ce sont des esprits dérangés et infirmes, dont la maladie n'est pas aussi incurable ni aussi manifeste que celle des idiots et des lunatiques ; mais il faut, comme ceux-ci, les tenir en tutelle : on ne saurait, sans imprudence, les confier à eux-mêmes.

Sous la sauvegarde de cette inspection non interrompue, sans laquelle il n'y a point de bien à espérer, la maison de pénitence que je décris renferme toutes les causes qui peuvent détruire le germe des vices, et reproduire celui des vertus.

1° *Le travail.* — Je conviens que la contrainte, loin d'en inspirer le goût, peut en augmenter l'aversion. Mais il faut considérer qu'ici le travail est l'unique ressource contre l'ennui, qu'étant imposé à tous, il est encouragé par l'exemple, et rendu plus agréable par une société suivie avec les mêmes personnes ; de plus, il est animé par une récompense immédiate, par ce quart de profit qui lui ôte le caractère de la servitude, et associe le travailleur à l'entrepreneur. Ceux qui n'avaient aucun talent lucratif reçoivent, dans cette éducation, de nouvelles facultés et de nouvelles jouissances ; et, à l'époque de leur élargissement, ils auront acquis une industrie plus profitable que les gains précaires de la rapine et de la fraude.

2° *La tempérance.* — Nous avons vu que les désordres de Botany-Bay sont tous causés ou entretenus par la passion des liqueurs fortes, et qu'il

n'y a aucun moyen d'en empêcher la circulation.
Ici, le mal est arrêté dans sa source ; pas une
goutte de ce poison ne peut entrer en contrebande ; les transgressions sont impossibles. Il est
dans la nature de l'homme de se plier à la nécessité. Les difficultés enflamment ses désirs, mais
l'impuissance absolue de les satisfaire éteint bientôt ceux qui ne tiennent qu'à des habitudes. Il y
a de l'humanité dans une règle stricte qui prévient
non seulement les fautes et les châtiments, mais
les tentations mêmes.

3° *La séparation des classes.* — Le panoptique
est le seul plan qui permette de former les prisonniers en petites sociétés, de les assortir, en
évitant de placer ensemble ceux dont les vices
seraient le plus contagieux. Ces associations ne
peuvent manquer de produire entre eux des services réciproques, des affections, et d'autres habitudes favorables au caractère. Il y aura bientôt
parmi eux des maîtres et des disciples, des récompenses pour enseigner, de l'émulation pour
apprendre ; un sentiment d'honneur et d'estime
de soi-même sera le premier fruit de l'application. Les idées d'instruction et de profit légitime
remplaceront peu à peu celles de licence et de
gains frauduleux. Tout cela découle de la nature
de l'établissement.

Pourquoi ne laisserait-on pas aux prisonniers

célibataires des deux sexes la faculté de se marier? ce serait un aiguillon puissant pour ceux qui aspireraient à cette récompense, et qui ne pourraient l'obtenir que par leur bonne conduite et leur industrie.

Ces petites sociétés présenteraient une sûreté de plus, celle de la responsabilité mutuelle. Il est aussi juste que naturel de leur dire : « Vous vivez ensemble, vous agissez de concert, vous avez pu prévenir le délit, et, si vous ne l'avez pas fait, vous en êtes complices. » Voilà donc les prisonniers convertis en gardiens et en inspecteurs. Chaque cellule est intéressée à la bonne conduite de tous ses membres. S'il y en avait une qui fût remarquable par le bon ordre, il conviendrait de lui accorder quelque distinction, quelque emblème d'approbation visible à tous. Avec un tel art, on ferait peut-être rentrer le sentiment de l'honneur dans le séjour même de l'ignominie.

4° *Les instructions.* — Indigence, ignorance et crime ont une étroite parenté. Instruire les prisonniers qui n'ont pas passé l'âge docile, c'est faire plusieurs biens à la fois : l'instruction est d'un grand secours pour changer les habitudes de l'esprit par un nouveau fonds d'idées, et pour relever, à leurs propres yeux, des êtres dégradés par l'infériorité de leur éducation. Les diverses études peuvent remplir utilement les loisirs de ce jour dans lequel des travaux mécaniques sont suspendus, et qu'on ne peut pas employer tout entier au service religieux. Il y a de la prudence et de l'humanité à remplir ainsi tous les intervalles de cette journée, sans abandonner à eux-mêmes des esprits vides, pour qui l'oisiveté est un fardeau difficile à porter. Mais l'objet va plus loin encore, surtout pour les jeunes gens, qui sont toujours en grande proportion dans le nombre total. Il faut que leur prison soit leur école, pour les mettre en état d'en sortir sans y rentrer.

Le service religieux doit être rendu attrayant pour être efficace ; il doit s'accomplir dans l'intérieur de la maison, sans que les prisonniers quittent leur cellule. La loge centrale s'ouvre, le public est admis, le culte est approprié à la nature de l'établissement : une musique grave ajoute à l'impression des solennités religieuses : les instructions sont adaptées aux besoins de ceux qui doivent les recevoir. Le chapelain chargé du service n'est pas un étranger pour eux ; c'est un bienfaiteur qui leur donne des soins journaliers, qui suit les progrès de leur amendement, qui est leur interprète et leur témoin auprès de leurs chefs. Comme protecteur, comme instituteur, comme ami qui les console et qui les éclaire, il réunit tous les titres qui peuvent le rendre un objet de respect et d'affection. Combien d'hommes sensi-

bles et vertueux postuleraient une place qui offre
à la religion des conquêtes plus intéressantes que
les régions sauvages de l'Afrique et du Canada !

J'avoue toutefois qu'une connaissance appro-
fondie du cœur humain inspire une grande défiance sur la réformation des criminels. L'expérience ne justifie que trop souvent cette maxime
d'un poëte :

L'honneur est comme une île escarpée et sans bords ;
On n'y peut plus rentrer dès qu'on en est dehors.

Mais les hommes les plus défiants, les plus incrédules pour le bien, accorderont du moins qu'à
cet égard il y a une grande différence à faire,
selon l'âge des délinquants et la nature des délits.
La jeunesse est une cire molle qui se laisse façon-
ner ; l'âge mûr, inflexible, résiste à de nouvelles
impressions. Quantité de méfaits n'ont point de
racines profondes dans le cœur, mais tiennent à
des positions, des séductions, des exemples, et
surtout à l'indigence, *malesuada fames*. Des actes
d'une vengeance soudaine ou d'un emportement
subit ne supposent pas de la perversité. Ces distinctions sont justes ; on ne les conteste pas, et
l'on doit convenir que le régime pénitentiel que
nous avons décrit présente les moyens les plus
efficaces pour amender ceux qui ont conservé

quelque principe sain et honnête. Je citerai bientôt une preuve de fait à l'appui de cette théorie.

Suppression du pouvoir de nuire.

Quoi qu'il en soit de la réformation interne qui corrige la volonté même, le panoptique possède toutes les conditions requises pour ôter le pouvoir de commettre de nouveaux délits.

Sous ce chef il faut considérer les prisonniers dans deux époques : — celle de leur emprisonnement, — celle qui est postérieure à leur libération.

Pendant la première, supposez-les aussi méchants que vous voudrez, quels crimes pourront-ils commettre sous le principe d'une inspection non interrompue, divisés par cellules, jamais assez forts pour une révolte, ne pouvant s'unir et conspirer sans être aperçus, responsables les uns pour les autres, privés de toute communication au dehors, sevrés de liqueurs fortes (ces stimulants de toutes les entreprises hardies), et sous la main d'un gouverneur qui peut aussitôt isoler l'homme dangereux? La seule énumération de ces circonstances inspire une sécurité complète. Qu'on se rappelle le tableau de Botany-Bay; le contraste est aussi frappant qu'il puisse l'être.

La prévention des crimes de la part des délinquants prisonniers est encore en raison de la difficulté de leur évasion; et quel système donne à cet égard une sûreté comparable à celle du panoptique !

Par rapport aux prisonniers élargis, la seule garantie absolue est dans leur réformation.

Indépendamment de cet heureux effet, sur lequel on peut compter dans ce plan plus que dans tout autre, les prisonniers libérés auront pour la plupart acquis, par les économies qu'on aura faites pour eux sur le quart de profit de leur travail, un pécule qui les mettrait à l'abri des tentations immédiates, et leur donnerait le temps de faire valoir les ressources de l'industrie qu'ils ont acquise durant leur captivité.

Ce n'est pas tout : j'ai réservé pour cet article la mention d'un moyen très ingénieux dont l'auteur du panoptique a fait le supplément de cette mesure pénale. Il a donné une attention particulière à la position dangereuse, à l'état critique des prisonniers libérés, rentrant dans le monde après une détention de plusieurs années, sans amis pour les recevoir, sans réputation pour les protéger, sous la défaveur d'un caractère suspect, et plusieurs peut-être, dans les premiers transports de joie de leur liberté recouvrée, aussi peu capables d'en user avec discrétion que des esclaves qui viennent de rompre leurs fers. C'est

par là que l'auteur a été conduit à l'idée d'un
établissement auxiliaire, où les prisonniers élargis passeraient, au sortir du panoptique, pour y
faire un séjour plus ou moins long, d'après la nature de leur délit, et leur conduite antérieure.
Le détail de l'exécution n'est pas de mon sujet;
il me suffit de dire que, dans cette clôture pri-
vilégiée, ils auraient divers degrés de liberté, des
occupations de leur choix, le salaire entier de
leurs travaux, avec un prix fixe et modique pour
leur entretien, le droit d'aller et venir en consi-
gnant une somme pour caution; — plus d'uniforme de prisonnier, — plus de marque humiliante. La plupart, dans ce premier moment d'embarras où ils n'ont point encore d'objet assuré,
choisiraient eux-mêmes une retraite si convenable
à leur situation; mais il sera bon d'en faire une
loi. Ce séjour passager, ce noviciat servirait à les
conduire par degrés à leur liberté entière, à former la nuance entre l'état de captivité et l'indépendance, à fournir une épreuve de la sincérité
de leur amendement. C'est là une juste précaution contre des individus auxquels on ne peut
pas accorder sans danger une confiance immédiate et absolue.

Compensation à la partie lésée.

Dans nos systèmes de jurisprudence, quand un délinquant est puni corporellement, il est censé avoir satisfait à la justice: on n'exige pas, en général, qu'il fasse compensation à la partie lésée.

Il est vrai que, dans le plus grand nombre de cas, cette compensation serait inexigible. Les délinquants sont ordinairement de la classe indigente, *ex nihilo nihil fit.*

Si leur emprisonnement est oiseux, loin de pouvoir satisfaire à la partie lésée, ils continuent à être une charge pour la société.

Si on les condamne aux travaux publics, ces travaux, rarement assez lucratifs pour couvrir les frais de leur entretien, ne fourniront pas un surplus.

Il n'y a qu'un plan comme celui du panoptique dans lequel, par la combinaison des travaux et l'économie de l'administration, on puisse obtenir un bénéfice assez grand pour offrir au moins quelque portion d'indemnité aux parties lésées. M. Bentham avait pris à cet égard des engagements dans le contrat passé avec le ministère. Dans les prisons de Philadelphie, on prélève sur la part de profit qu'on alloue aux prisonniers les frais de la poursuite et de la procédure : un pas de plus, et l'on arrive jusqu'à l'indemnité des parties lésées.

CINQUIÈME BUT.

Économie.

Dire qu'à mérite égal entre deux plans, le plus économique doit être préféré, c'est avancer une proposition qui paraîtra bien triviale à tous ceux qui ne savent pas que la dépense d'une entreprise en est souvent la recommandation secrète, et que, dans les états riches, l'épargne est une vertu contre laquelle il existe une conspiration générale.

Dans le contrat pour le panoptique, mille *convicts* devaient coûter à l'état 12 liv. st. par tête, sans y comprendre les frais de construction, qui, étant portés à 20,000 liv. st., et ceux du terrain évalués à 10,000 liv. st. (prenant l'intérêt à cinq pour cent), ajoutaient 1 liv. st. 10 sch. pour chacun d'eux : dépense totale par individu, 13 liv. st. 10 sch.

Il faut se rappeler que, dans le même temps, la dépense moyenne de chaque *convict*, dans la Nouvelle-Zélande, était de 37 liv. st., presque le triple. De plus, l'auteur du panoptique assurait :

1° Une indemnité aux parties lésées ;

2° Il allouait un quart du profit aux prisonniers;

3° Il devait y avoir une réduction future dans les frais du gouvernement.

Une nouvelle entreprise, comme celle du panoptique, destinée à embrasser plusieurs branches d'industrie, ne donne pas d'abord ses plus grands bénéfices : elle peut être onéreuse dans l'origine et ne devenir fructueuse que par degrés. Il faut du temps pour établir les travaux, pour mettre en culture les terrains appliqués à l'entretien de la maison, pour former des élèves, pour régler des habitudes, pour perfectionner, en un mot, tout le système économique. M. Bentham avait fait une condition expresse de la publicité de tous ses comptes; et si les bénéfices, comme on avait lieu de le croire, devenaient considérables, le gouvernement aurait pu s'en prévaloir, dans les contrats subséquents, pour obtenir des termes plus favorables. M. Bentham, d'après les calculs sur lesquels il avait consulté des personnes expérimentées, présumait qu'en peu de temps les *convicts* ne coûteraient plus rien à l'état.

Laissant à part tout ce qu'il peut y avoir d'hypothétique dans ce résultat, il est évident qu'une maison de pénitence domestique doit être moins coûteuse qu'un établissement colonial. J'en ai dit les raisons sous le même chef, en parlant de Botany-Bay.

Je viens de montrer la convenance de ce plan par rapport à tous les buts de la peine : il me reste à observer qu'il atteint son objet sans produire aucun de ces inconvénients collatéraux qui abondent dans la déportation coloniale; — point de séjour prolongé dans les galères avant le départ; — point de hasards d'une longue navigation; — point d'entassement d'hommes dans les vaisseaux, ni de mortalité contagieuse; — point de danger de famine; — point de guerre intestine avec des sauvages; — point de rébellions; — point d'abus d'autorité de la part des chefs; — en un mot, absence entière de ces maux accessoires et accidentels dont chaque page offre un exemple dans l'histoire de la colonie pénale. Quelle immense économie dans l'emploi de la peine! Elle ne va plus se disséminer et se perdre sur des rochers arides et dans des déserts lointains; elle conserve toujours sa nature de peine légale, de peine juste et méritée, sans se convertir en maux de toute espèce qui n'excitent plus que la pitié : elle est toute en vue; elle est toute en service; elle ne dépend plus du hasard; son exécution n'est plus abandonnée à des soins subalternes, à des mains mercenaires : le législateur qui l'ordonne en surveille incessamment l'administration.

Le succès qu'on peut obtenir d'une maison de pénitence bien ordonnée n'est plus aujourd'hui une simple probabilité, fondée sur des raisonnements : l'expérience est faite ; elle a réussi, même au-delà de ce qu'on avait espéré. Les quakers de Pensylvanie en ont eu l'honneur ; c'est un des plus beaux fleurons de cette couronne d'humanité qui les distingue entre toutes les sociétés chrétiennes. Ils ont eu long-temps à lutter contre les obstacles ordinaires : — la force des préjugés, l'indifférence du public, la routine des tribunaux, et la repoussante incrédulité des froids raisonneurs.

Sur la maison de pénitence de Philadelphie, outre les rapports officiels du directeur, nous avons deux relations de voyageurs désintéressés, dont l'accord fait preuve, d'autant plus qu'ils ne portaient dans cet examen ni les mêmes préjugés, ni les mêmes vues : l'un est Français, le duc de Liancourt, très versé dans le régime des hôpitaux et des prisons ; l'autre est un Anglais, le capitaine Turnbull, plus occupé des sciences maritimes que des objets politiques.

Tous deux nous représentent l'intérieur de cette prison comme une scène d'activité paisible et régulière. On n'y voit ni hauteur ni rigueur de la part des geôliers, ni insolence ni bassesse de la part des prisonniers. La parole est douce avec eux ; on ne se permet pas même une expression blessante. Si quelque faute est commise, la seule

peine du coupable est une clôture solitaire de
quelques jours, et l'enregistrement de sa faute
sur un livre où chacun d'eux a un compte ouvert
pour le mal comme pour le bien. La santé, la décence et la propreté règnent partout. Rien qui
offense les sens les plus délicats ; point de bruit,
point de chants, point de conversation tumul-
tueuse. Chacun, appliqué à son ouvrage, craint
d'interrompre celui des autres; on maintient avec
soin cette paix extérieure, comme favorable à la
réflexion et au travail, et très propre à prévenir
cet état d'irritation si commun ailleurs entre les
gardiens et les captifs.

« Je fus surpris, dit le capitaine Turnbull, de
trouver une femme exerçant les fonctions de geôlier : ce fait ayant excité ma curiosité, je fus informé que son mari avait eu le même emploi
avant elle. Au milieu des soins qu'il avait donnés
à sa fille, attaquée de la fièvre jaune en 1793, il
prit la même maladie et en mourut, laissant aux
prisonniers le regret d'avoir perdu un ami et un
protecteur. En considération de ses services, sa
veuve fut choisie pour lui succéder. Elle s'acquitte
de tous ses devoirs avec autant d'attention que
d'humanité. »

S'attendait-on à trouver de pareils traits dans
les registres d'une prison? et ne rappellent-ils pas
plutôt cette peinture d'un âge d'or à venir, tracée

par la main d'un prophète : « Le loup habitera avec l'agneau, et un enfant sera leur guide. »

Je ne puis me refuser à transcrire deux autres faits qui n'ont pas besoin de commentaire. « Pendant la fièvre jaune en 1793, on eut bien de la peine à trouver des gardes pour les malades à l'hôpital de Bush-Hill. On eut recours à la prison. La demande fut faite, et le danger du service fut expliqué aux *convicts ;* il s'en offrit autant qu'on en avait besoin. Ils furent fidèles à leurs fonctions jusqu'à la conclusion de cette scène tragique : aucun d'eux ne demanda de salaire avant l'époque de l'élargissement. »

« Les femmes donnèrent une autre preuve de bonne conduite pendant le cours de la contagion. On les pria de céder leurs bois de lit pour l'usage des malades à l'hôpital : elles offrirent de bon cœur les lits mêmes. »

O vertu, où vas-tu te cacher ! s'écriait un philosophe[1], témoin d'un acte de probité de la part d'un mendiant. Eût-il été moins surpris d'une bienfaisance héroïque dans une prison criminelle?

Quelle différence entre ces femmes, émules des sœurs de la charité, et celles de la Nouvelle-Zélande, pires que les hommes! Quelle différence

[1] Le philosophe dont je parle est l'auteur du *Misanthrope.*

entre ces hommes qui vont servir des malades au péril de leur vie, et ceux de Botany-Bay, qui mettent le feu aux hôpitaux et aux prisons, remplis de leurs compagnons d'infortune !

Cette bonne conduite des prisonniers, ne fût-elle qu'une simple suspension de vices et de délits, serait déjà un grand point gagné. Voyons maintenant si la réforme va plus loin.

« De tous les *convicts* condamnés pendant les cinq dernières années, dit Turnbull, il n'y en a pas cinq sur cent qui aient été remis en prison pour de nouveaux délits. » (Pag. 48.)

A New-York, quoique le résultat ait été moins favorable, il démontre encore les bons effets de ce système. « Durant les cinq ans qui expirent en 1801, dit le principal administrateur de la maison de pénitence (M. Eddy), dans le compte rendu à ses concitoyens, de trois cent quarante-neuf prisonniers qui ont été élargis, par l'expiration de leur sentence ou par un pardon, vingt-neuf seulement ont été convaincus de nouveaux délits; et de ces vingt-neuf, seize étaient étrangers. De quatre-vingt-six pardonnés, huit ont été ressaisis pour de nouvelles offenses, et de ces huit, cinq étaient étrangers. »

Il faut observer toutefois, pour se tenir en garde contre toute exagération, que, de ces prisonniers libérés, plusieurs ont pu se dépayser et commettre des crimes dans les provinces voisines, ne voulant pas s'exposer à l'austère emprisonnement de New-York ou de Philadelphie ; car un risque de mort est moins effrayant pour les hommes de cette trempe qu'une captivité laborieuse. On a sur ce point des preuves de fait.

Le succès de ces établissements a tenu sans doute en grande partie au zèle éclairé des fondateurs et des inspecteurs; mais il a des causes permanentes : — la sobriété, — l'industrie, — les récompenses données à la bonne conduite.

La règle essentielle de sobriété a été l'exclusion des liqueurs fortes ; on ne permet aucun breuvage fermenté, pas même la petite bière. L'abstinence a paru plus facile que la modération. L'expérience a prouvé que le stimulant des liqueurs fortes n'a qu'un effet passager, et qu'une nourriture abondante et simple, avec l'eau pour toute boisson, rend les hommes plus propres à des travaux soutenus. « Plusieurs de ceux qui viennent dans la prison de New-York (Eddy, pag. 49), avec une constitution affaiblie par l'intempérance et la débauche, ont repris en peu de temps, sous ce régime, leur santé et leur vigueur. »

MM. de Liancourt et Turnbull sont entrés dans des détails plus précis. Nous apprenons d'eux que, depuis l'adoption de ce système, le compte du médecin, qui montait annuellement à douze cents dollars et au-delà, s'est trouvé réduit à cent soixante. Le dernier donne une preuve encore plus forte de la salubrité de cette prison.

« Pendant l'automne de 1793 (dit-il, pag. 20), quand la fièvre jaune étendait ses ravages sur la cité de Philadelphie et ses environs, de deux cents prisonniers, il n'y en eut que six attaqués de la maladie, et envoyés à l'hôpital. »

Cet exposé, dans lequel j'omets beaucoup de circonstances favorables, sans en supprimer aucune d'un genre opposé, paraît suffisant pour démontrer la supériorité des maisons de pénitence sur le système de la déportation. Si les résultats ont été si avantageux en Amérique, pourquoi le seraient-ils moins en Angleterre? les hommes y sont-ils d'un autre nature? les caractères pervers y sont-ils plus opiniâtres? les motifs employés sur eux seront-ils moins puissants? Le mode nouveau, proposé par l'auteur du panoptique, offre un perfectionnement sensible de la méthode des Américains : l'inspection est plus complète, l'instruction plus étendue, les évasions plus difficiles; la publicité est augmentée sous tous les rapports; la distribution des prisonniers par cellules et par classes obvie à l'inconvénient du mélange, qui subsiste encore dans la maison de pénitence de Philadelphie. Mais ce qui vaut plus que tout le reste, c'est que la responsabilité de l'adminis-

trateur est liée, dans le système du panoptique,
avec son intérêt personnel, au point qu'il ne
peut négliger aucun de ses devoirs sans être le
premier à en souffrir, et que tout le bien qu'il
fait à ses prisonniers, il se le fait à lui-même. La
religion et l'humanité ont animé les fondateurs
des maisons de pénitence en Amérique; mais ces
principes généreux seront-ils moins forts quand
ils seront réunis à l'intérêt de la réputation et de
la fortune? réputation, fortune, les deux grandes
sauvegardes de tout établissement public, — les
seules peut-être à qui la politique puisse se fier
constamment, — les seules dont l'action ne soit
pas sujette à se ralentir, — les seules qui, pouvant
toujours être d'accord avec la vertu, peuvent encore faire son œuvre, et la remplacer quand elle
manque.

CHAPITRE XIII.

DES PEINES CAPITALES.

La peine *capitale* se divise en deux espèces, la mort *simple* et la mort *afflictive* : j'appelle simple celle qui n'est accompagnée d'aucune peine au-delà de ce qui paraît nécessaire pour l'accomplir; afflictive, celle qui est accompagnée d'autres peines.

Si nous avions à comparer les divers procédés par lesquels on peut produire la mort simple, ce serait pour découvrir le mode qui peut mériter la préférence, comme plus prompt dans son effet ou plus exemplaire.

Celui qui est usité en Angleterre n'est peut-être pas le meilleur. Dans l'étranglement par suspension, le poids du corps est rarement suffisant pour faire cesser subitement la respiration. Si le patient est laissé à lui-même, on aperçoit pendant quelques instants des agitations convulsives; aussi voit-on souvent les spectateurs, par pure compassion, saisir le mourant par les pieds, et ajouter tout leur poids au sien, pour abréger sa souffrance. L'étranglement par le lacet, tel qu'il est pratiqué en Turquie pour les musulmans[1], peut paraître plus rigoureux, soit à raison de nos préjugés contre les usages du gouvernement despotique, soit parceque l'exécuteur, dans ce genre de mort, a plus de part à l'opération que dans l'autre; mais il est certain que ce mode est plus prompt. La force est appliquée directement pour couper la respiration, au lieu que dans la suspension elle n'agit qu'obliquement; et de plus, la force de deux hommes, qui agissent de concert pour serrer le nœud, est supérieure à celle du poids d'un seul.

Cependant il est connu, par le rapport de plusieurs personnes secourues à temps, que dans l'étranglement par suspension, la faculté de sentir est bientôt arrêtée. On croit que le sentiment cesse avant que les convulsions soient terminées, et que la peine est plus grande en apparence qu'en réalité.

Par rapport à la décapitation, il y a des raisons de soupçonner que la sensibilité peut durer au-delà de l'opération: elle peut se conserver dans le prolongement de la moelle épinière ou dans le cerveau. On voit du moins quantité d'insectes continuer à se mouvoir après que la tête a été séparée du tronc.

[1] C'est chez eux la peine d'honneur, comme la décapitation parmi nous.

II. Peines capitales afflictives.

Pour épuiser le sujet, il faudrait passer en revue les registres criminels de toutes les nations; mais quelle découverte utile à l'humanité pourrions-nous espérer d'une telle recherche, capable d'en compenser le dégoût? Nous nous dispensons de cette étude et de ces descriptions, d'autant plus volontiers que tous les supplices afflictifs ont disparu des codes les plus récents de l'Europe, et que, là où ils ne sont pas formellement abolis, ils ne sont plus exécutés. Jouissons de cet heureux effet du progrès des lumières : il y a peu d'occasions où la philosophie puisse offrir aux gouvernements des félicitations plus justes et plus honorables. L'importance du sujet ne nous permet pas toutefois de n'en faire aucune mention. Cette jurisprudence a régné trop longtemps, elle a eu trop d'apologistes, elle peut citer trop de grands noms à son appui, pour devoir être entièrement omise dans un ouvrage expressément écrit sur les peines. Il est bon de montrer que la raison s'accorde avec l'humanité pour condamner ces supplices, non seulement comme inutiles, mais comme produisant des effets contraires à l'intention du législateur.

Si l'on considère ces supplices afflictifs, les

uns, qui ont été abolis depuis long-temps, tels que
la crucifixion[1], l'exposition aux bêtes féroces;
les autres, qui ont prévalu plus ou moins chez
les nations modernes de l'Europe; tels que le feu,
l'empalement, l'écartellement, la roue, on voit
que, dans tous, la circonstance la plus afflictive,
c'est leur *durée;* mais cette circonstance n'est
pas de nature à produire l'effet qu'on en attend.

Dans la description de la loi, ce qui frappe le
plus vivement, c'est l'*intensité* de la peine : la circonstance de sa *durée* fait beaucoup moins d'impression. Une légère différence dans la rigueur
apparente du genre de mort frappe l'imagination
avec une grande force : l'idée de la durée est presque entièrement absorbée dans celle de la mort.

Dans la description légale du supplice, la cir-

---

[1] Chacun sait la raison qui a fait abolir ce genre de mort
parmi les nations chrétiennes. *Felix culpa*, dirions-nous
avec un père de l'église, dans un autre sens, si la même
raison eût fait abolir tous les autres supplices cruels. L'exposition aux bêtes féroces est bien un de ceux que l'esprit
de l'Évangile devait détruire. Il subsista toutefois sous les
empereurs chrétiens. Valentinien faisait jeter les criminels
dans le charnier de deux ourses, auxquelles, par une dérision barbare, il donnait le nom de *Miette-d'Or* et d'*Innocence :* et même, pour récompenser les services d'un de ces
animaux, dont il s'était plu souvent à contempler l'appétit
féroce, il le fit remettre en liberté dans les forêts. *Gibbon,*
tom. IV, xxv.

constance de la durée n'est jamais mise en évidence; on n'en dit rien, parcequ'elle est naturellement incertaine; elle dépend de la force physique de l'individu et de divers accidents particuliers. Il n'y a donc rien qui attire l'attention, et qui la fixe sur ce point principal : cette circonstance sera comme nulle pour ceux qui ne savent pas réfléchir : elle sera bien loin de se présenter dans toute sa force à ceux qui sont le plus capables de réflexion.

Il est vrai que la loi pourrait énoncer le terme de la durée du supplice, elle pourrait marquer le nombre de minutes ou le nombre d'heures pendant lesquels il peut être prolongé. Ce serait là sans doute un moyen de forcer l'attention sur cette circonstance; mais ce moyen même serait très imparfait pour son but principal; car, par la nature de l'esprit humain, l'idée de la durée est toujours faiblement conçue; elle donne peu de prise à l'imagination. Au moyen d'un tableau, on peut rendre sensible l'intensité du supplice; on ne peut pas représenter la durée. On peut peindre le feu, la roue, l'agonie et les convulsions d'un mourant à demi consumé ou déchiré : les moments ne sauraient se peindre. Une peine de deux heures ne peut pas paraître plus grande, dans le tableau, qu'une peine d'un quart d'heure. L'imagination va plus loin que l'art imitatif, mais elle reste toujours au-dessous de la réalité.

Il est vrai qu'à la vue de l'exécution, la circonstance de la durée acquiert plus de poids. Mais il faut observer qu'après un certain temps, la prolongation du supplice a épuisé son effet; et alors il s'élève dans l'âme des spectateurs un sentiment bien opposé à celui qu'on devrait désirer de produire. La pitié succède, le cœur se révolte, le cri de l'humanité blessée se fait entendre. Des accidents graves, des défaillances, des avortements, des convulsions mortelles signalent ces scènes tragiques[1]. Ces sanglantes exécutions, et les récits effrayants qui s'en répandent, sont le vrai principe de cette sourde antipathie qui se

---

[1] Voici un fait cité par Malebranche (*Recherche de la vérité*, liv. II, chap. VII).

« Il y a environ sept ou huit ans que l'on voyait aux Incurables, un jeune homme qui était né fou, et dont le corps était rompu aux mêmes endroits dans lesquels on rompt les criminels. Il a vécu près de vingt ans dans cet état : plusieurs personnes l'y ont vu, et la feue reine-mère, étant allée visiter cet hôpital, eut la curiosité de le voir, et même de toucher les bras et les jambes de ce jeune homme aux endroits où était la fracture. Selon les principes que je viens d'établir, la cause de cet accident funeste fut que sa mère ayant su qu'on allait rompre un criminel, l'alla voir exécuter. Tous les coups que l'on donna à ce misérable frappèrent avec force l'imagination de cette mère, et par contre-coup le cerveau tendre et délicat de son enfant, etc. »

formé contre les lois et leurs ministres : antipathie qui tend à la multiplication des crimes, en favorisant l'impunité des coupables.

Un gouvernement qui veut maintenir ces peines atroces n'en peut donner qu'une seule raison : c'est qu'il a rendu la condition habituelle du peuple si malheureuse, qu'on ne peut plus le contenir par des peines modérées.

Se commet-il plus de forfaits dans les pays où de tels supplices sont ignorés ? Non : les brigands les plus cruels se sont formés sous les lois les plus terribles ; et il ne faut pas s'en étonner ; le sort dont ils sont menacés les endurcit pour les autres comme pour eux-mêmes. Ce sont des ennemis à outrance, et ils considèrent leurs actes de barbarie comme des représailles.

Montaigne avait devancé son siècle sur ce point comme sur tant d'autres. « Tout ce qui est au-delà de la mort simple, dit-il, me semble pure cruauté. Notre justice ne peut espérer que celui que la crainte de mourir, et d'être décapité ou pendu ne gardera de faillir, en soit empêché par l'imagination d'un feu languissant, ou des tenailles, ou de la roue. Et je ne sais cependant si nous ne les jetons au désespoir, etc. »

¹ Liv. II, chap. XXVII, *Couardise, mère de la cruauté.*
Et lupus et turpes instant morientibus ursi,
Et quæcunque minor nobilitate fera est.   OVID.

L'assemblée constituante de France avait aboli les supplices afflictifs ; le code Napoléon n'admet d'autre peine de mort que la décapitation; et ce n'est que dans le cas du parricide et de l'attentat sur la vie du souverain qu'il ajoute à la mort simple une peine afflictive caractéristique, la main coupée.

En Angleterre il n'y a pas de peine capitale afflictive, excepté dans le cas de haute trahison. D'après la loi, le délinquant doit être : 1° traîné à la queue d'un cheval, depuis la prison jusqu'à la place de l'exécution; 2° il doit être pendu par le cou, mais non de manière à produire la mort; 3° les entrailles doivent être arrachées et brûlées pendant qu'il est encore en vie; 4° il doit être décapité ; 5° ses membres doivent être séparés ; 6° la tête et les membres doivent être exposés dans un lieu public.

Cette peine ne s'exécute plus : le roi la commue en simple peine de mort; mais la loi existe.

Je voudrais avoir fini sur ce sujet : malheureusement il me reste à parler d'un supplice afflictif plus hideux, plus affreux que tous ceux dont nous avons fait mention, et qui n'est pas encore aboli. Ce n'est pas en Europe qu'il existe, c'est dans les colonies européennes, dans les îles occidentales. En voici une description abrégée.

L'homme supplicié est attaché à une potence

par un crochet qui le prend sous l'épaule ou sous
l'os de la poitrine. Il est défendu, sous des peines
sévères, de lui procurer aucun soulagement. Là
il reste exposé pendant le jour sous un ciel sans
nuage, aux rayons brûlants d'un soleil presque
vertical, et, pendant la nuit, aux froides et humides vapeurs de ce climat. La peau qui se déchire,
attire une multitude d'insectes qui viennent se
nourrir de son sang ; et il expire lentement dans
les tourments de la faim et de la soif.

A considérer cette complication de souffrances,
leur intensité, qui surpasse tout ce que l'imagination peut concevoir, et leur durée non de plusieurs heures, mais de plusieurs jours ; on jugera
qu'en fait de supplices, l'invention humaine n'a
jamais été au-delà.

Les personnes à qui ce supplice a été approprié jusqu'à présent sont les esclaves noirs, pour
punir un crime qui s'appelle rébellion parcequ'ils sont les plus faibles, et qui serait un acte
innocent de défense personnelle s'ils étaient les
plus forts. Ces infortunés Africains ont une constitution si robuste, que plusieurs d'eux peuvent
languir dix ou douze jours dans ces affreux tourments, avant que la mort les termine.

Cette peine, nous dit-on, est un frein nécessaire ; c'est-à-dire nécessaire pour contenir ces
esclaves dans leur état de servitude ; leur condi-

tion en général est si misérable, que la simple
peine de mort n'aurait point de terreur pour
eux.

Il y a peut-être quelque vérité dans cette assertion. Il est certain que les peines, pour être efficaces, doivent avoir une proportion avec l'état
moyen de jouissance des individus ; mais voyez
où cela mène? Le nombre des esclaves, dans
ces colonies, est, à celui des blancs, environ de
six à un. Supposons trois cent mille noirs et
trente mille blancs : voilà donc trois cent mille
personnes tenues dans un état, où, à tout prendre, l'existence est pire que la mort ; et toute
cette création de misère a pour objet de maintenir trente mille personnes dans une condition
qui n'a rien de plus heureux que celle de trente
mille individus, pris au hasard, dans le pays où
il n'y a point d'esclavage. Je ne veux pas nier
que le sucre, le café et les autres productions
des îles n'ajoutent beaucoup aux jouissances des
peuples de l'Europe ; mais, s'il faut les acheter
à ce prix, si on ne peut les obtenir qu'en rete-
nant trois cent mille hommes dans une servitude telle, qu'elle requière la terreur de ces
horribles exécutions, y a-t-il quelque considération de luxe et de jouissance qui puisse contre-
balancer de tels maux?

Je suis toutefois bien convaincu que les dé-

fenseurs de ces supplices exagèrent, pour les
justifier, les misères de la servitude, et l'indifférence des esclaves pour la vie. Si ces derniers en
étaient à ce degré de malheur qui peut nécessi-
ter des lois si atroces, ces lois mêmes seraient
impuissantes pour les contenir. N'ayant rien à
perdre, ils n'auront rien à ménager. On ne verrait
parmi eux que soulèvements et massacres : le
désespoir produirait tous les jours des scènes af-
freuses. Mais si l'existence n'est pas dépouillée
pour eux de toutes ses douceurs, le seul argument
en faveur de cette loi tombe de lui-même. Que
les colons y réfléchissent : si un tel code est nécessaire, les colonies sont la honte et le fléau de
l'humanité ; s'il ne l'est pas, il est la honte des
colons eux-mêmes.

CHAPITRE XIV.

EXAMEN DE LA PEINE DE MORT.

Voici le plan de cet examen. Nous considérons d'abord les propriétés avantageuses de la peine capitale ; nous passons ensuite à celles qui paraissent avoir une tendance désavantageuse, c'est-à-dire contraire aux fins de la justice.

Nous présenterons en dernier lieu des effets collatéraux résultant de la peine de mort, effets plus éloignés, moins manifestes, mais peut-être plus graves que les plus immédiats et les plus sensibles.

Cependant ne perdons pas de vue que, pour l'objet pratique, l'examen d'une peine serait un travail stérile, si on ne la considérait pas par rapport à une autre peine avec laquelle on peut la comparer pour établir une préférence. Il en est d'une peine comme d'un impôt : montrer qu'un certain impôt est un mal, c'est semer un germe de mécontentement, et rien de plus. Pour être vraiment utile, il faut accompagner cette révélation nuisible de l'indication d'un autre moyen qui, avec moins d'inconvénients, donne un produit égal.

§ I. Qualités avantageuses de la peine de mort.

1° La première qualité de la peine capitale, qualité qu'elle possède pleinement, c'est d'*ôter le pouvoir de nuire.* Tout ce qu'on peut appréhender d'un criminel, soit par la violence de ses dispositions, soit par l'artifice de sa conduite, s'évanouit au même instant. La société obtient une délivrance prompte et complète d'un sujet d'alarme.

2° Elle est *analogue* au délit dans le cas du meurtre; mais son analogie se borne là.

3° Dans ce même cas elle est *populaire.*

4° Elle est *exemplaire ;* elle l'est même plus que toute autre; et, dans les lieux où elle est rarement administrée, elle laisse une longue impression de terreur.

Beccaria pense que la *durée* de la peine fait plus d'impression sur les hommes que son intensité : « Notre sensibilité, dit-il, est plus facilement et plus durablement affectée par des impressions faibles mais répétées, que par un mouvement violent mais passager. — La mort d'un scélérat sera, par cette raison, un frein moins puissant du crime, que le long et durable exemple d'un homme privé de sa liberté et devenu un animal de service, pour réparer, par les travaux de toute sa vie, le dommage qu'il a fait à la société [1]. »

Quelque respectable que soit l'autorité de ce philosophe, je suis disposé à croire qu'il se trompe, et je me fonde sur deux observations : 1° relativement à la mort en général, il paraît que les hommes la regardent comme le plus grand des maux, et qu'on se soumet à tout pour y échapper; 2° relativement à la mort pénale, la disposition universelle est de l'accuser d'un excès de sévérité. Aussi voit-on fréquemment, en Angleterre, les jurés solliciter, comme acte de merci, la substitution de toute autre peine, quelque sévère qu'elle soit en durée. Il paraît donc qu'il y a dans l'esprit humain une idée confuse et exagérée de l'intensité des douleurs d'une mort violente, tellement que ce supplice, quoique si prompt dans son effet, produit une impression plus vive sur la multitude que les peines les plus durables. Je me rangerai bien à l'opinion de Beccaria, quand il sera question de comparer la peine de mort à celle des travaux forcés, par rapport aux malfaiteurs; mais, pour

[1] *Des délits et des peines*, chap. xvi.

la généralité des hommes, pour la classe où l'on trouve tous les motifs d'attachement à la vie, l'honneur, les affections, les jouissances, les espérances, je crois la peine capitale plus exemplaire que toute autre.

5° Quoique la peine *apparente* soit la plus grande qu'il y ait, la souffrance *réelle* est moindre que dans la plupart des peines afflictives. Celles-ci, outre leur intensité et leur durée, entraînent souvent des suites qui altèrent la constitution, et font du reste de la vie un tissu de douleurs. Dans la peine capitale, la souffrance est momentanée, le mal se réduit à une privation absolue.

A ne considérer que le dernier période, la mort pénale, plus douce que la mort naturelle, loin d'être un mal, offrirait une balance en bien. Pour voir ce qui constitue la peine, il faut remonter à une période antérieure. Cette peine est toute en *appréhension* : l'appréhension commence à l'heure même où le délinquant a commis le crime ; elle ne lui laisse aucun repos pendant la poursuite ; elle redouble quand il est arrêté ; elle s'accroît par degrés à mesure que l'instruction du procès rend sa condamnation plus certaine ; elle est à son comble dans l'intervalle de la sentence à l'exécution.

Pour justifier la peine de mort, l'argument le

plus solide est celui qui résulte de ces deux considérations réunies: d'une part, c'est la peine la plus grande en apparence, la plus frappante, la plus exemplaire pour la société en général; — d'une autre part, c'est une peine réellement moins rigoureuse qu'elle ne paraît l'être pour la classe abjecte qui fournit les grands scélérats; elle ne fait que donner une prompte issue à une existence inquiète, malheureuse, déshonorée, dénuée de toute véritable valeur. *Heu! heu! quam male est extra legem viventibus*[1]!

II. Qualités pénales qui manquent dans la peine de mort.

1° La peine capitale n'est pas *convertible en profit;* elle ne donne point de dédommagement à la partie lésée: elle en détruit même la source; le délinquant, par son travail, pourrait réparer une partie du mal qu'il a fait: sa mort ne répare rien.

2° Loin d'être convertible en profit, cette peine est une *perte,* une *dépense* dans ce qui fait la force et la richesse d'une nation, le nombre des hommes.

Il est vrai qu'on ne peut pas estimer la valeur

[1] Petron. Satir.

d'un malfaiteur comme égale à la valeur moyenne
de tout autre individu pris au hasard. Un homme
ne vaut que par son industrie et par son travail ;
or, le défaut d'une industrie honnête et l'aversion
pour le travail sont les causes des délits les plus
fréquents. Les voleurs de profession sont les fre-
lons de la ruche; aussi leur mort n'est une perte
que par comparaison avec une peine, telle que
l'emprisonnement laborieux, qui peut les réformer et les rendre utiles [1].

3° Un chef plus important sous lequel cette
peine est éminemment défectueuse, c'est l'*égalité*.
Elle est très inégale, par conséquent très incertaine dans son opération préventive.

Prenez la généralité des hommes, la mort est
une peine très forte, quoiqu'il y ait bien des
degrés dans ses terreurs. Prenez la classe des
grands criminels : pour les uns, la mort sera une
peine excessive; pour d'autres, elle sera presque
nulle; pour d'autres encore, elle sera un objet de
désir.

La mort est l'absence de tous les biens; mais
elle est aussi l'absence de tous les maux. Un homme

[1] Cette perte pour l'état peut être fort grande quand on
applique la peine de mort à ces délits qui peuvent être très
fréquents; par exemple, la désertion. Voyez l'*Encyclopédie*,
article *Désertion*.

éprouve-t-il la tentation de commettre un crime punissable de mort, sa détermination est le résultat du calcul suivant : — il considère d'une part tout le bonheur dont il peut jouir en s'abstenant du crime; de l'autre, tout l'avantage qu'il se promet en le commettant, y compris la chance de la peine qui peut en abréger la jouissance.

Mais, par rapport à la première branche du calcul, si, au lieu d'avoir du bonheur à perdre, il est dans un état de malheur positif, la force qui le retient est nulle, la tentation qui le pousse n'est combattue par rien. La chance d'une mort violente, qui lui ôtera tout le profit du délit, est une soustraction à faire; mais, quand elle est faite, la balance penche encore en faveur de ce délit.

Or, telle est la situation du plus grand nombre des malfaiteurs; leur existence n'est qu'un composé déplorable de plusieurs espèces de misères; ils sont dans une fièvre continuelle entre la crainte des lois et des besoins toujours renaissants; leur vie, ainsi dépouillée de tout ce qui pourrait lui donner du prix, ne vaudrait pas la peine d'être conservée, si ce n'était pour la jouissance de quelques plaisirs furtifs auxquels ils ne peuvent plus arriver que par des crimes.

Le calcul pour et contre se fait-il par les malfaiteurs avec la méthode et la précision que je lui ai donnée? Non; mais il se fait toujours, et il faut bien qu'il se fasse, puisqu'un malfaiteur, ainsi que tout autre homme, n'agit que d'après un motif.

Dans tous les cas où le crime est commis, la peine de mort a été inefficace. Pourquoi l'a-t-elle été? c'est qu'elle porte sur la supposition d'un grand attachement à la vie, et que cet attachement n'existe pas, ou du moins n'est pas en proportion avec la force des motifs séducteurs.

Mais, dira-t-on, toute autre peine serait également inutile; car, pour atteindre le but, il faudrait que cette autre peine fût de nature à ôter au criminel l'inclination ou le pouvoir de commettre des crimes. Or, qu'on le réduise à un état qui lui rende la mort désirable, la mort est une ressource qui ne saurait lui manquer.

Cette conclusion serait juste, si un homme se déterminait à se donner la mort aussi aisément qu'il peut se soumettre à la recevoir.

D'abord, celui qui brave la mort juridique peut avoir des espérances d'impunité; il n'ignore pas les chances qui le favorisent: la passion même les lui exagère: c'est d'ailleurs un événement éloigné, la distance en affaiblit l'impression, et, quand il envisagerait son état comme un métier périlleux, ne voit-on pas les métiers les plus pé-

rilleux embrassés par des hommes qui ont tous
les motifs possibles d'attachement à la vie? Man-
que-t-on d'ouvriers dans les manufactures de poudre à canon, dont les explosions sont si fréquen-
tés? Il y a donc bien de la différence entre s'exposer à la mort, ou se la donner volontairement.

De plus, il ne faut, pour la recevoir, qu'un seul
acte de résignation ; dans tout le reste, l'individu
est simplement passif : le bandeau sur les yeux,
l'esprit distrait par diverses pensées, par la multitude des spectateurs, par la voix d'un conso-
lateur religieux, il arrive insensiblement au moment fatal, et la catastrophe se consomme presque à son insu. Celui qui veut mourir de sa
propre main est dans un cas bien différent. Il
faut une première volonté, il en faut une seconde, une troisième, une suite d'actes réitérés
et soutenus, pour amener l'événement à sa conclusion. Aux premières atteintes de la douleur,
il faut que l'âme, déjà ébranlée, redouble ses
efforts pour l'augmenter encore et la rendre fatale. Aussi combien de suicides commencés et
non consommés! La première tentative a épuisé
le courage. On a souvent vu des hommes réduits
aux dernières extrémités, bien déterminés à mourir, et des guerriers même, invoquer, quand ils
l'ont pu, le secours d'une main amie. Saül se fit
donner la mort par son écuyer ; Tibérius Grac-

chus, par son affranchi; Néron, par un de ses satellites.

Il y a encore loin d'un suicide résolu à un suicide exécuté. On a même observé que ceux qui avaient pris leur résolution devenaient plus calmes, et différaient son accomplissement d'un temps à un autre. C'est qu'il y a une disposition naturelle dans tous les hommes à rester satisfaits, quand ils ont obtenu un certain pouvoir, sans procéder immédiatement à s'en servir. L'avarice en est bien la preuve.

Cette disposition sera celle du malfaiteur condamné à d'autres peines que la mort. « Souffrir plutôt que mourir, » sera sa devise. Forme-t-il un projet de désespoir, il ne l'accomplira pas sur l'heure; un jour les moyens lui manqueront ; un autre jour, le courage sera en défaut: d'autres incidents amèneront d'autres pensées. On observe dans l'esprit humain, de même que dans l'organisation physique, une étonnante aptitude à se prêter aux situations les plus fâcheuses. Qu'une grande artère soit coupée ou obstruée, les petits vaisseaux environnants se dilatent; ils prennent sur eux les fonctions de celui qui n'agit plus, et, peu à peu, ils parviennent à le remplacer. La perte de la vue perfectionne le sens du toucher. La main gauche apprend en peu de temps à suppléer à la droite: on a vu une partie inférieure

du canal alimentaire acquérir la texture et remplir les fonctions de l'estomac.

L'esprit n'a pas moins de souplesse et de docilité pour se conformer à des circonstances qui,
au premier aspect, semblaient intolérables. Toutes les peines ont leurs moments de relâche, et,
par le seul effet du contraste, ces adoucissements
passagers deviennent des plaisirs très vifs. Combien d'hommes, tombés du faîte des grandeurs
dans un abîme de misères, ont sevré leur âme
par degrés de ces jouissances d'habitude, et se sont
créé de nouvelles ressources! L'araignée du comte
de Lauzun, les ouvrages de paille de Bicêtre, les
petits chefs-d'œuvre d'industrie et de patience
des prisonniers de guerre français, et tant d'autres exemples connus de tout le monde, suffisent
pour justifier cette observation.

Je résume. La peine de mort est défectueuse
au plus haut degré par son *inégalité*; son opération est particulièrement incertaine et faible sur
la classe la plus dépravée et la plus redoutable
des malfaiteurs, celle des voleurs et des brigands
de profession¹.

¹ « Ne savais-tu pas que nous étions sujets à une maladie
de plus que les autres hommes ? » disait un assassin sur la
roue à son compagnon de supplice qui poussait des cris.
Tableau de Paris, par Mercier.

Quand on observe à Newgate le courage ou la brutale indifférence de la plupart des malfaiteurs à l'article de la mort, on ne saurait douter qu'ils n'aient pris l'habitude d'envisager cette manière de finir leurs jours comme étant pour eux la mort naturelle, comme un accident qui ne doit pas plus les effrayer dans leurs entreprises que les naufrages et les boulets n'effraient les matelots et les soldats.

III. La peine de mort n'est pas rémissible.

La même objection s'applique à plusieurs peines afflictives, mais, quoique irrémissibles, elles ne sont pas irréparables. La mort seule ne laisse point de ressource.

Il n'y a pas d'homme un peu versé dans la procédure criminelle qui ne pense avec terreur à combien peu de chose tient la vie d'un homme sous le poids d'une accusation capitale, et qui ne se rappelle des exemples où un individu n'a dû son salut qu'à quelque circonstance extraordinaire qui a mis son innocence au jour, lorsqu'elle était prête à succomber. Les chances de danger sont sans doute très différentes selon les différents systèmes de procédure. Ceux qui admettent la torture comme moyen d'arracher des aveux pour suppléer à des preuves incomplètes, ceux qui rendent l'instruction secrète, sont pour ainsi dire tout bordés de précipices. Mais y a-t-il des formes judiciaires qui puissent donner la certitude de se garantir toujours des piéges du mensonge et des illusions de l'erreur? Non. La sûreté absolue est un point de perfection dont on peut approcher plus qu'on ne l'a fait, sans pouvoir jamais y atteindre, car tout témoin peut être trompeur ou trompé; le nombre même de ceux qui déposent n'est pas une sauvegarde infaillible; et, quant aux preuves qui se tirent des faits concomitants, les circonstances les plus concluantes en apparence, celles qui ne paraissent pouvoir s'expliquer que dans l'hypothèse du crime, peuvent être des effets du hasard, ou des arrangements préconcertés par des complices. La seule preuve qui paraisse opérer une conviction complète, la confession libre de l'accusé, outre qu'elle est rare, ne donne pas même une certitude absolue, puisqu'on a vu des hommes, comme dans le cas du sortilége, s'avouer coupables, lorsque le crime supposé n'était pas possible.

Ce ne sont pas là des alarmes imaginaires, déduites de simples possibilités: il n'est point d'archives criminelles qui ne présentent des exemples trop fameux de méprises funestes; et celles qui, par un concours d'événements singuliers, ont eu

de l'éclat, ne peuvent que faire soupçonner beaucoup de victimes ignorées.

Il faut même observer que les cas où le mot
évidence est le plus prodigué, sont souvent ceux
où les témoignages sont les plus douteux. Lorsque le délit présumé est du nombre de ceux qui
excitent le plus d'antipathie, ou qui échauffent
l'esprit de parti, les témoins, presque à leur insu,
se convertissent en accusateurs ; ils ne sont plus
que les échos de la clameur publique ; la fermentation s'accroît par elle-même, et le doute n'est
plus admis. Ce fut un vertige de cette nature qui
emporta d'abord le peuple, et bientôt les juges,
dans la malheureuse affaire des Calas.

Ces cas malheureux, où les présomptions les
plus fortes, les plus voisines de l'évidence, s'ac-
cumulent sur la tête d'un accusé dont l'innocence
est ensuite reconnue, portent leur justification
avec eux-mêmes : ce ne sont point ces jeux cruels
du hasard qui bouleversent la confiance publique ;
il faut, pour produire cet effet, qu'on aperçoive,
dans ces jugements erronés, des preuves de témérité, d'ignorance, de précipitation, d'une ad-
hérence opiniâtre à des formes vicieuses, enfin,
de ces préventions systématiques qui se forment
par état dans l'esprit des juges. Un juge, qui a
toujours sous ses yeux des scènes de perversité,
témoin habituel des faux-fuyants et des menson-

ges auxquels les accusés coupables ont recours, exerçant continuellement sa sagacité à démasquer l'imposture, cesse peu à peu de croire à l'innocence des prévenus, et les regarde d'avance comme des criminels qui ne cherchent qu'à le tromper. Que ces préventions et cette dureté soient le caractère universel des juges, je suis loin de le penser; mais quand il s'agit d'armer des hommes d'un pouvoir aussi terrible que la peine capitale, il est nécessaire de se rappeler qu'en mettant entre leurs mains ce sceptre fatal, on ne les élève pas au-dessus des faiblesses de l'humanité, on n'agrandit pas leur intelligence, on ne leur donne point de privilége contre l'erreur.

Le danger de la peine capitale paraît encore plus frappant dans les cas où elle a servi d'instrument aux passions des hommes puissants, qui ont trouvé des juges faciles à intimider ou à corrompre : dans ces cas, l'iniquité, couverte de toutes les formes de la justice, peut échapper, sinon aux soupçons, du moins à toutes les preuves. La peine capitale offre même, au persécuteur comme au juge, un avantage qui ne se trouverait dans aucune autre peine; je veux dire, plus de sécurité dans le crime, en étouffant par la mort toute réclamation future. Au lieu qu'un opprimé, quelque abattu qu'il puisse être, peut, durant

toute sa vie, trouver une circonstance favorable
pour mettre son innocence au jour et devenir
son propre vengeur. Ainsi l'assassinat juridique,
justifié pour le public par une accusation calom-
nieuse, assure le triomphe de ceux qui l'ont
commis. Ils auraient eu tout à craindre dans un
crime inférieur : le silence de la mort met le
sceau à leur sûreté.

Si l'on considère même ces événements rares,
mais qui peuvent toujours renaître, ces époques
où un gouvernement dégénère en anarchie ou en
tyrannie, on verra que la peine capitale, établie
par les lois, est une arme toute préparée, dont
il est plus facile d'abuser que de toutes les autres
peines. Un gouvernement tyrannique pourrait
toujours, il est vrai, rétablir la peine de mort,
lorsqu'elle aurait été abolie par le législateur ;
mais une telle innovation n'est pas si facile ; elle
met trop la violence à découvert, elle sonne le
tocsin de l'alarme. La tyrannie est bien plus à son
aise quand elle peut s'exercer sous le voile des
lois, quand elle paraît suivre le cours ordinaire
de la justice, et qu'elle trouve déjà les esprits
accoutumés à ce genre de peine. Le duc d'Albe,
tout féroce qu'il était, n'eût jamais osé immoler
tant de milliers de victimes dans les Pays-Bas, s'il
n'eût été reçu dans les opinions du temps que
l'hérésie était un délit punissable de la peine de

mort. Biren, non moins cruel que le duc d'Albe, Biren, qui peupla d'exilés les déserts de la Sibérie, les faisait mutiler, parceque la mutilation était une peine usitée; il n'osa que rarement les faire mourir, parceque la peine de mort ne l'était point. Tel est l'empire des habitudes, jusque sur les hommes les plus effrénés : et voilà une grande raison de profiter des temps paisibles, pour détruire ces armes tranchantes qu'on cesse de craindre quand la rouille les a couvertes, mais qu'il est trop facile d'aiguiser de nouveau quand les passions veulent en faire usage.

On doit ranger sous le même chef un autre inconvénient, résultant de la peine capitale, dans l'administration de la justice, savoir, *la destruction d'une source de preuves testimoniales*. Les archives du crime sont en partie dans la mémoire des malfaiteurs. Avec eux périssent tous les renseignements qu'eux seuls possèdent relativement à d'autres délits ou à leurs complices. C'est une impunité accordée à tous ceux qui ne pourraient être décelés ou convaincus que par le témoignage du mort: et l'innocence sera opprimée, ou le bon droit incapable de venir au jour, par la soustraction d'un témoin nécessaire.

Pendant l'instruction d'un procès criminel, les complices de l'accusé se cachent ou s'éloignent: c'est un intervalle de tribulation et d'angoisse: le

glaive est suspendu sur leur tête. Sa carrière est-
elle finie, c'est pour eux un acte de jubilé et de
grâce ; ils ont un nouveau bail de sécurité; ils marchent la tête levée. La fidélité du défunt pour ses
compagnons est exaltée comme une vertu, et
reçoit, parmi eux, pour l'instruction de leurs
jeunes disciples, toutes les louanges de l'héroïsme.

Dans la continuité d'une prison, cet héroïsme
serait soumis à une épreuve plus dangereuse que
l'interrogatoire des tribunaux. Laissé à lui-même,
séparé de ses complices, le délinquant cesserait
bientôt d'être sensible à cette espèce d'honneur
qui l'unissait avec eux. Il ne faudrait qu'un moment
de repentir pour lui arracher des révélations, et
même, sans repentir, quoi de plus naturel qu'un
désir de vengeance contre ceux qui l'ont conduit à la perte de sa liberté, et qui, aussi coupables que lui, continuent à jouir de la leur ! Il n'a
même besoin que d'écouter son intérêt pour acheter, au prix de quelque information utile, un
adoucissement à ses peines [1].

[1] Comme exemple de ces documents qu'on peut trouver
dans une prison, je citerai un fait que j'ai entendu conter
en France. Après un vol fort extraordinaire, fait à Lyon en
1780 ou environ, la police, ne pouvant obtenir aucun rensei-
gnement sur l'auteur de ce délit, s'avisa d'envoyer à Bicêtre
un exempt déguisé en prisonnier : il joua bien son rôle ; il

L'objection tirée de la nature irrémissible de la peine capitale s'applique à tous les cas, et ne peut cesser que par son abolition complète. Toutefois, il faut considérer que la sûreté a deux branches, — sûreté contre les erreurs et les transgressions de la justice, — sûreté contre les délits. Si on ne peut obtenir cette dernière qu'aux dépens de l'autre, il n'y aurait pas à balancer. Pour les délits, qui avez-vous à craindre ? Tous ceux qui en sont capables, c'est-à-dire tous les hommes, et dans tous les temps. Pour les erreurs et les transgressions de la justice, ce sont des exceptions, des cas accidentels et rares.

La peine de mort n'est pas *populaire* ; elle le devient moins de jour en jour, à mesure que les esprits s'éclairent et que les mœurs s'adoucissent. Le peuple court à une exécution, mais cet empressement, qui paraît d'abord si honteux à l'humanité, n'est pas le plaisir de contempler des malheureux à leur agonie ; ce n'est que le besoin d'être ému fortement par un spectacle tragique. Il y a un cas toutefois où la peine capitale est popu-

intéressa vivement son audience par le récit détaillé de cet exploit. Dans cette assemblée de connaisseurs en crimes, l'un d'eux s'écria : *Il n'y a que Philippe pour un si grand coup !* Ce fut le trait lumineux ; ce Philippe était le chef du complot ; mais il avait pris ses mesures pour assurer sa fuite et sa proie.

laire, et même à un haut degré, celui du meurtre. L'approbation publique semble être fondée
sur l'analogie de la peine avec le délit, sur le
principe de vengeance, et peut-être encore sur
la crainte qu'inspire le caractère du criminel.
« Le sang demande du sang, » et cet acte de représailles paraît conforme à la justice naturelle.

Dans les autres cas en général, la peine de
mort est impopulaire, et cette impopularité
produit différentes dispositions, toutes également
ment contraires aux fins de la justice. — Disposition dans les parties lésées à ne pas poursuivre
les coupables, par la répugnance de les conduire
à l'échafaud; — disposition dans le public à fa-
voriser leur évasion; — disposition dans les témoins à soustraire leur témoignage ou à l'affaiblir; — disposition dans les juges à une prévarica-
tion miséricordieuse en faveur des accusés. Et
toutes ces dispositions anti-légales répandent la
plus grande incertitude sur l'exécution des lois;
sans compter que le respect qu'on leur doit est
comme perdu, quand il paraît méritoire de les
éluder.

§ IV. Récapitulation et comparaison de la peine capitale
avec les peines qu'on peut lui substituer.

La peine de mort possède, avons-nous dit,
quatre qualités avantageuses :

1° Elle est, dans un cas, analogue avec le délit ;

2° Dans le même cas elle est populaire ;

3° Elle a une efficacité certaine pour ôter le
pouvoir de nuire ;

4° Elle est exemplaire, produisant une impression plus vive que toutes les autres peines.

Ces deux premières qualités, qui se rencon-
trent dans la peine capitale appliquée au meurtre,
sont-elles des raisons suffisantes pour la conserver ? Non ; car chacune d'elles, prise séparément,
a très peu de force. L'analogie est bien une recommandation, ce n'est pas une justification.
Une peine est-elle convenable d'ailleurs, l'analogie est un mérite de plus ; — est-elle défectueuse à d'autres égards, l'analogie seule ne suffit pas pour la rendre bonne. Outre cela, cette
recommandation se réduit à rien, parceque, dans
le cas de meurtre, on peut trouver d'autres peines
qui auront un degré suffisant d'analogie pour
frapper l'imagination.

Les mêmes observations s'appliquent à la *popu-*

larité de cette peine. Toute autre deviendra également populaire, et même plus, quand on aura éprouvé qu'elle aura plus de force pour prévenir le délit. L'approbation publique se proportionnera naturellement à son degré d'efficacité.

Le troisième argument est plus spécieux : la peine capitale *ôte le pouvoir de nuire*. Plusieurs ont été jusqu'à soutenir qu'elle était nécessaire, c'est-à-dire qu'il n'y avait pas d'autre moyen de prévenir le danger dont on était menacé de la part de certains criminels. — Assertion très exagérée, dont on peut démontrer la fausseté par rapport aux meurtriers les plus redoutables, ceux qui, n'ayant d'autre motif que la cupidité, tiennent le glaive levé sur toutes les têtes : ils ne sont ni si dangereux que les fous furieux, ni si difficiles à contenir. Les premiers calculent : ils ne commettront le crime que dans le cas où il y a un profit à faire et une probabilité d'évasion. Le mal à redouter de la part des fous furieux n'est point limité par ces deux circonstances ; cependant, on n'a jamais cru nécessaire de les mettre à mort ; on se borne à les enfermer, et ce moyen remplit parfaitement son objet.

Il n'y a qu'un cas où cette peine puisse être justifiée par la nécessité : celui de haute trahison ou de rébellion, et seulement dans certaines circonstances, c'est-à-dire lorsqu'il s'agirait d'un chef de parti dans la mort duquel on éteint le principe d'une faction; ou lorsqu'on aurait à craindre, d'après une disposition très répandue dans le peuple, que l'emprisonnement ne fût pas un moyen sûr de garde, que les geôliers séduits ou complices ne favorisassent l'évasion du prisonnier, ou que la prison ne fût forcée. Mais ce sont là des cas extraordinaires, des cas d'exception.

Il faut même observer, relativement à ces délits politiques, que si la mort délivre d'un homme dangereux, c'est souvent en lui donnant des successeurs plus redoutables. C'est un mot à méditer que celui d'un vieil Irlandais, qui, dans une guerre civile, était tombé entre les mains de ses ennemis: le bourreau venait d'abattre une tête: on la lui porte toute sanglante: « Regarde, malheureux, la tête de ton fils. — Mon fils, répondit-il, a plus d'une tête [1]. »

Le quatrième argument est plus fort. La peine de mort est *exemplaire*, éminemment exemplaire: aucune ne fait une aussi forte impression.

Cette assertion, comme nous l'avons déjà prouvé, est vraie par rapport à la généralité des hommes; elle ne l'est pas par rapport aux grands criminels.

[1] *History of the penal laws against the Irish catholics*, by H. Parnell, Esq.

Il me paraît certain que l'emprisonnement *perpétuel* et *laborieux* ferait une impression plus profonde sur leur esprit que la mort. Nous avons déjà vu qu'ils n'ont pas les mêmes raisons d'attachement à la vie que la partie innocente et industrieuse de la société. Ils sont dans l'habitude de la risquer : l'intempérance, qui est presque une nécessité de leur état, enflamme leur brutal courage ; mais toutes les causes qui leur rendent la mort moins formidable, leur inspirent de l'aversion pour un assujettissement laborieux. Plus leur existence ordinaire est indépendante, vagabonde, ennemie du travail et de la régularité, plus ils seront effrayés d'un état de soumission passive et d'une captivité laborieuse : ce genre de vie leur présente un combat continuel contre leurs inclinations.

Après avoir pesé toutes ces considérations, il me paraît en résulter que la prodigalité de la peine de mort est une méprise des législateurs, et que cette méprise est une erreur de situation. Ceux qui font les lois appartiennent à ces premières classes de la société, où la mort est envisagée comme un grand mal, et une mort infâme comme le plus grand de tous les maux : mais ils montrent peu de réflexion en l'appliquant à une classe d'hommes malheureux et dégradés qui n'attachent pas le même prix à la vie, qui rédou-

tent l'indigence et le travail plus que la mort,
et que l'infamie habituelle de leur état rend insensibles à l'infamie du supplice.

Si, malgré ces raisons qui me paraissent concluantes, on voulait conserver la peine de mort
in terrorem, il faudrait que ce fût seulement
pour des crimes qui portent l'horreur publique
au plus haut degré, pour des meurtres accompagnés de circonstances atroces, et surtout pour
la destruction de plusieurs vies: et dans ce cas,
il ne faudrait pas craindre de donner à la peine
capitale l'appareil le plus tragique, autant qu'on
le peut, sans avoir recours à des tourments compliqués.

§ V. Mauvais effets collatéraux de la peine capitale [1].

La peine de mort, appliquée à des délits où
l'opinion publique lui est contraire, loin de
prévenir ces délits, tend à les multiplier par
l'espoir de l'impunité; c'est-à dire que la peine
la plus forte opère moins qu'une peine inférieure. Cette proposition paraît d'abord para-

[1] Les observations contenues dans cet article étaient particulièrement relatives à la jurisprudence britannique de
cette époque. Depuis la première publication de cet ouvrage,
la peine de mort a été supprimée en Angleterre pour plusieurs délits.

doxale, mais le paradoxe s'évanouit, quand on
observe les différents effets produits par l'impopularité de la peine de mort. Le premier est de
relâcher la procédure en matière criminelle ; le
second, de fomenter trois principes vicieux :
—1° le parjure, qui semble devenir méritoire
quand il a pour motif l'humanité ; 2° le mépris
des lois, quand il est de notoriété publique qu'on
ne les exécute plus ; 3° l'arbitraire dans les jugements et dans les pardons, palliatif nécessaire
d'un système odieux, mais palliatif plein d'abus
et de dangers.

Le relâchement de la procédure pénale est le
résultat d'une série de transgressions de la part
des différents fonctionnaires publics dont le
concours est nécessaire pour l'exécution des lois.
Chacun d'eux se permet d'altérer le rôle dont il
est chargé, d'affaiblir ou de rompre quelque
chaînon de la loi, de substituer sa volonté propre
à la volonté du législateur ¹; et de là toutes ces
causes d'incertitude qui dominent dans la loi

---

¹ Je n'en donnerai qu'un exemple. « *Remarquez ce juré
en habit bleu,* disait un des juges d'Old-Bayley au juge Nares,
le voyez-vous ? — Oui. *— Eh bien ! il n'y aura pas aujour-
d'hui une seule conviction à mort pour aucun délit capital.* »
Et l'observation fut vérifiée. Ce juge lui-même raconta ce
fait à un magistrat de Londres, peu de temps après; et c'est
du dernier que l'auteur le tient.

criminelle, et qui sont autant d'encouragements
pour les malfaiteurs.

C'est dans les mêmes principes, et à peu près
sous le même point de vue, que Sir Samuel Romilly a envisagé ce sujet dans les bills qu'il a
proposés, relativement à certains délits mineurs
pour faire abolir la peine de mort: il a toujours
insisté sur la *non-exécution* de la loi, comme la
cause principale de la fréquence de ces délits.
Il a montré que la loi ne s'exécutait point, parcequ'elle était réprouvée, non secrètement et
par un petit nombre, mais ouvertement par tout
le public; et qu'en conséquence de cette désapprobation, les parties lésées, les accusateurs,
les témoins, les jurés, les juges, le roi lui-même,
entraient tout à découvert dans ce plan de ré-
mission : or, que peut-on imaginer de plus favorable aux délinquants, qu'un mode d'administrer
la justice qui leur offre, à chaque pas de la
procédure, autant de chances d'évasion que la
loi a de désapprobateurs? Mais je n'essaierai pas
de retracer les arguments dont il s'est servi ;
heureusement il a publié lui-même un écrit où
il a résumé tous ses discours dans la chambre
des communes [1], et qui contient, soit pour les

---

[1] *Observations on the criminal law of England, as it re-
lates to capital punishments, and on the mode in which it is
executed.* 2ᵉ édit., 1811.

principes, soit pour les faits, tout ce qui est
nécessaire à l'éclaircissement de la question. Un
tel ouvrage veut être médité ; la forme, qui est
encore à peu près celle d'un discours, entraîne
trop rapidement le lecteur ; c'est en y revenant
à plusieurs reprises qu'on sent tout ce qu'il
contient de méditation et d'expérience : mais
aussi c'est le fruit d'une attention profonde d'un
homme supérieur qui n'a jamais perdu cet objet
de vue, qui a étudié les lois criminelles de toute
l'Europe, et observé tous les changements qui
s'y sont faits depuis trente ans. Et peut-on douter
que ces comparaisons de lois, faites sur une
grande échelle, ne donnent à l'esprit plus de
force, plus d'étendue que l'étude isolée d'une
seule jurisprudence ? Ceux qui n'ont rien vu
hors de l'Angleterre sont tout étonnés et presque
incrédules, quand ils entendent parler de la
rareté des crimes dans des pays où la peine de
mort a été supprimée, ou réservée à des cas
extraordinaires.

Par rapport aux bills de Sir Samuel Romilly,
le premier (l'abolition de la peine de mort
pour filouterie) a obtenu la sanction de la législature: le second échoua, l'année dernière, dans
la chambre des pairs. Cinq autres bills de la
même nature viennent de passer dans celle des
communes avec une majorité toujours croissante;

leur succès final est encore douteux. L'esprit de
réforme n'est pas en Angleterre une mode qui
enlève tout; mais cette lenteur de la marche de
la raison est un des caractères de la liberté. Dans
un pays libre, toutes les opinions ont une force
qui leur permet de lutter, et ne se rendent qu'à
la conviction. Combien de temps et d'efforts n'a
pas coûté l'abolition de la traite des noirs! Les
conquêtes sont difficiles dans une contrée où il
y a beaucoup de forteresses; mais aussi ce qu'on
a gagné, on ne le perd plus. Relativement à ces
lois pénales, abolies dans le fait, dont il ne reste
plus qu'un spectre que leurs défenseurs veulent
conserver, il suffit de lire les débats de la chambre des pairs, et particulièrement les discours
de lord Lauderdale, de lord Holland et du
marquis de Lansdowne [1], pour prédire que la loi
criminelle, traitée par des hommes d'état, sera

[1] Voyez *the Debates upon the bills for abolishing the punishment of death for stealing to the amount of forty shillings in a dwelling house, and of five shillings privately in a
shop*, avec le tableau analytique des raisons pour et contre,
publié par Basil Montagu, Esq.

M. Montagu a publié un autre recueil très intéressant :
*The Opinions of different authors on the punishment of
death.* London, 1809. Il expose très clairement, dans une
préface qu'on trouvera trop courte, la série des questions
relatives à ce sujet.

bientôt digne de figurer dans la constitution britannique.

Un premier effet de ces discussions mérite bien d'être remarqué. En Angleterre et en Irlande, plusieurs chefs de manufactures de toile et coton, exposés, par la nature de leurs travaux, à de grandes déprédations, se sont réunis pour demander l'abolition de la peine de mort contre ce genre de vol en particulier; leur raison est que la sévérité de la loi les protège bien moins qu'elle ne protège les malfaiteurs. Il ne s'agit plus de déclamer contre les raisonneurs, les philosophes, les théoristes; voilà des hommes lésés qui sentent leur perte, qui ne consultent que leur intérêt, qui sollicitent des lois exécutables et exécutées.

Mais puisqu'on crie au paradoxe, je ne saurais mieux finir qu'en établissant clairement en quoi le paradoxe consiste : après quoi rien n'est plus facile que de le réfuter. La réfutation est même toute faite, car il ne faut que ranger sur deux colonnes les propositions contradictoires.

Opinion paradoxale.	*Réfutation.*
Tout doit être clair dans la loi, et toutes les lois doivent être exécutées.	Tout ne doit pas être clair dans la loi, et toutes les lois ne doivent pas être exécutées.

Opinion paradoxale.

Tout le bien que la loi opère, elle ne l'opère qu'autant qu'elle est connue, et qu'autant qu'elle est exécutée.

Il faut qu'elle soit la même pour tous, qu'elle règne seule, et que le juge n'en soit que le dispensateur et l'organe.

Si la loi décerne une peine, et que les tribunaux en infligent habituellement d'autres; — si la loi est odieuse au point que le parjure qui l'élude puisse paraître un acte méritoire; — si elle est tellement disproportionnée aux délits, qu'elle ait besoin d'un palliatif habituel dans l'arbitraire des jugements et des pardons, — la loi est évidemment vicieuse : et plus on trouve à justifier ceux qui en arrêtent l'exécution, plus on condamne la loi elle-même.

Réfutation

Tout le bien que la loi opère, elle l'opère sans être connue, et sans être exécutée.

Il n'est pas nécessaire qu'elle soit la même pour tous, ni qu'elle règne seule. Le juge ne doit pas être borné à en être le dispensateur et l'organe.

La loi est évidemment bonne; si elle décerne une peine, et que les tribunaux en infligent habituellement d'autres; — si même elle est odieuse au point que le parjure qui l'élude paraisse un acte méritoire; si elle est tellement disproportionnée aux délits, qu'elle ait besoin d'un palliatif habituel dans l'arbitraire des jugements et des pardons. Tout cela n'empêche pas que la loi ne soit bonne: et on peut approuver ceux qui en arrêtent l'exécution, sans insinuer le moindre doute sur l'excellence de la loi même.

CHAPITRE XV.

DES PEINES SUBSIDIAIRES.

J'appelle *peine subsidiaire*, celle qui est assignée par la loi pour appuyer une première peine, qui a été en défaut, parceque le délinquant *n'a pas voulu* s'y soumettre.

J'appelle *peine subsidiaire*, ou *supplémentaire*, celle qui est assignée pour remplacer une première peine, qui est en défaut parceque le délinquant *ne peut pas* la subir.

La première loi est en défaut : voilà ce qu'il y a de commun entre ces deux cas : là, elle est en défaut par le non-vouloir du délinquant ; là, par le non-pouvoir.

Il est évident qu'aucune loi pénale ne serait exécutée, si on s'en rapportait à la volonté de celui qui doit la subir.

Il est des cas, comme dans les peines passives, où cette volonté est hors de question ; mais il est plusieurs espèces de peines qui prescrivent à l'individu une certaine conduite, — faire telle chose, — s'abstenir de telle autre, — payer telle somme d'argent, — ne point sortir de tel lieu, etc. ;

dans tous ces cas où la contrainte physique n'est pas mise en œuvre, il faut nécessairement, pour donner pleine force au mandat de la loi, y ajouter la menace d'une seconde peine qui assure l'exécution de la première. Cette peine subsidiaire peut être de la même espèce que la peine primitive, par exemple, pour violation d'un bannissement temporaire, nouveau bannissement; mais, en dernier ressort, toute peine qui ne peut s'exécuter que par le concours de la volonté de l'individu, doit s'appuyer sur quelque autre peine qui s'exécute malgré lui.

La loi est plus particulièrement sujette à être en défaut par le non-pouvoir du délinquant, dans le cas des peines pécuniaires : mais cela peut avoir lieu pour des peines passives, comme si la loi enjoignait la mutilation d'un organe qui, par accident, n'existerait pas dans l'individu.

Règles pour les peines subsidiaires.

1° « La première peine est-elle en défaut par- » ceque le délinquant est inhabile à la subir, la » peine subsidiaire ne doit être ni plus grande ni » plus petite que la première désignée. »

Voilà du moins la mesure qu'on doit chercher, quelque difficile qu'il soit d'y atteindre.

2° « La première peine est-elle en défaut par

» le non-vouloir manifeste du délinquant, il faut
» que la peine subsidiaire soit plus grande. »

Cette première peine était censée la plus convenable à son délit : pour le déterminer à s'y soumettre, il n'y a d'autre moyen que de le mena-
cer d'une peine supérieure.

3° « Dans le cas où il est douteux si la peine
» est en défaut par le manque de pouvoir ou le
» manque de volonté de la part du délinquant,
» il faut que la peine subsidiaire soit un peu plus
» grande que la première. »

Un homme manque-t-il volontairement à se
soumettre à la peine qui lui était assignée, un tel
manquement peut être considéré sous le point
de vue d'un délit; et cette manière d'envisager
son action nous fera voir bientôt la convenance
de la quatrième règle.

4° « La peine subsidiaire doit être plus sévère,
» selon qu'il est plus aisé au délinquant de se
» soustraire à la première peine sans être décou-
» vert. »

La tentation de commettre un délit s'accroît
par l'espoir de le cacher, et il faut contrebalan-
cer cet espoir par une addition à la peine.

L'emprisonnement est la peine subsidiaire la
plus naturelle dans le cas où l'individu ne veut
pas ou ne peut pas subir la peine pécuniaire. —
Ce qui rend ces deux peines si propres à se sup-

pléer mutuellement, c'est qu'elles sont *divisibles;* elles admettent tous les degrés dont on peut avoir besoin.

Les peines afflictives simples ne sont pas propres en général à être substituées aux peines pécuniaires, à raison de l'infamie inséparable des premières.

En cas d'infraction de ban ou de confinement local, la meilleure peine supplémentaire, c'est l'emprisonnement. Une seule transgression peut être regardée comme une preuve suffisante que le mandat pénal ne serait jamais observé.

Les peines laborieuses requièrent une suite non interrompue de nouveaux efforts de la volonté pour engager le délinquant à s'y soumettre. Il faut une constante application de nouveaux motifs : il faut donc que ces motifs soient tirés du genre des peines qu'on peut employer dans un degré trop petit, et dans un très petit espace de temps. Aussi toutes les fois qu'on établit un inspecteur dans une maison de travaux forcés, on lui donne un pouvoir de correction qui implique le droit d'infliger des châtiments corporels. L'infamie n'est pas une objection, parceque les peines laborieuses elles-mêmes entraînent une infamie égale [1].

---

[1] Il suffit d'accorder au directeur d'une maison de force la faculté d'enfermer dans un cachot et de mettre aux fers un

L'emprisonnement, avons-nous dit, doit être la peine suppléante au défaut des peines pécuniaires.

Mais comment comparer une somme d'argent avec une somme d'emprisonnement?—combien un jour de prison acquittera-t-il d'une dette?

Disons qu'une journée de prison sera censée acquitter une dette égale au revenu d'une journée.

Le revenu d'une journée, pour un ouvrier mécanique, matelot, soldat, artisan, laboureur, domestique, sera calculé d'après les gages des personnes de la même occupation.

Le revenu d'une journée, pour un fermier, sera estimé égal à la 365e partie de la rente de sa ferme, y compris sa maison. Si un homme exerce un métier, et occupe une ferme, il faut ajouter la rente de sa maison à celle de sa ferme.

Le revenu d'un homme qui n'exerce aucun art mécanique, ou n'est pas manufacturier, peut être pris à huit fois la rente de sa maison; s'il est manufacturier, à quatre fois la rente de sa maison; s'il a un métier, à six fois cette même rente.

Le revenu de celui qui loge et paie pension dans la maison d'autrui, doit être estimé égal à deux fois ce qu'il paie pour l'année. S'il ne fait

prisonnier réfractaire, sous l'obligation d'en informer dans les vingt-quatre heures le magistrat chargé de la surintendance de la prison.

que loger, à quatre fois; s'il est gratuitement
dans la maison d'un parent, à une fois.

Les points à fixer sont les trois suivants :

1° Le revenu étant donné, quelle portion de
dette sera abolie par un emprisonnement d'un
temps donné ?

2° Combien de temps antérieurenent à la dette
doit-on prendre l'estimation du revenu ?

3° Quelle preuve doit-on admettre pour estimer
le revenu?—L'intérêt du débiteur sera de le faire
paraître aussi grand que possible. — Le créancier
doit avoir la liberté d'être présent, et d'examiner
par lui-même ou par son procureur, etc.

Plus le rang d'un homme est élevé, plus ses
habitudes de dépenses sont considérables, plus
grande doit être la portion de dettes abolie par
un temps donné de prison.

Je me borne à donner ici le principe du calcul;
les détails pour l'application appartiennent plus
au code pénal qu'au traité des peines '.

EXEMPLE.	PAR JOUR.	PAR AN.	Dette acquitable par sept ans de prison.	*liv. s. d.*
	liv. s. d.	*liv. s. d.*		109 11 0
Laboureur.	0 1 0	15 15 0		
Enseigne.	0 3 8	66 18 4	Dette acquitable par un an de prison.	66 18 4

LIVRE III.

DES PEINES PRIVATIVES[1].

—————

CHAPITRE PREMIER.

IDÉE GÉNÉRALE DE CE LIVRE.

Nous passons maintenant à la seconde des deux grandes divisions des peines, — les peines *privatives* : — pertes, confiscations, déchéances[2].

Une possession est *substantielle* ou *incorporelle* ;

---

[1] Sous-entendu *non corporelles*.

[2] La langue anglaise a un mot générique pour ces peines : *forfeitures*. Le mot français *forfaiture*, quoiqu'il ne diffère que par une seule lettre, et qu'il tire son origine de la même racine, ne correspond pas au mot anglais. *Forfaiture*, en français, n'est pas le nom d'une peine, mais celui d'un délit ou d'une classe de délits.

Le vieux mot *forfaire* vient du latin moderne, *foris facere* : *foris*, hors des portes, hors de la maison, *foris facere*, mettre dehors. Une chose qui est dans la possession d'un homme était considérée comme étant dans sa maison : la loi qui lui fait perdre cette possession la fait, pour ainsi dire, *sortir* de chez lui. — Comme toutes nos idées dérivent des sens, tous les termes qui expriment les idées intellectuelles sont dérivées de termes qui exprimaient des idées sensibles ;

— substantielle, quand elle est de la classe des *choses* (un champ, une maison), incorporelle, quand son objet est une entité abstraite (une dignité, un office, un droit).

Les possessions sont dérivées ou des choses seulement, ou des personnes seulement, ou des deux ensemble. Ces dernières sont complexes.

Les possessions dérivées des choses sont *pécuniaires* ou *quasi-pécuniaires*. Celles-ci embrassent

des entités réelles, *substance, mouvement, sensation ;* en sorte que nous ne parlons des objets intellectuels que par métaphore, quoique souvent à notre insu. Découverte très importante dans la métaphysique de la grammaire, dont il me semble qu'on est redevable à d'Alembert. Voyez ses *Mélanges,* tom. I, Disc. prélim., etc.

Le mot anglais *forfeiture* pourrait donc se traduire en français par le mot *perte :* mais ce mot dénote purement l'*effet,* sans rien intimer sur la nature de la *cause ;* au lieu que le mot anglais désigne précisément la *cause* et l'*effet.* Il désigne un délit, à raison duquel l'individu est puni par la perte en question.

Confiscation indique seulement une peine, sans donner l'idée d'aucune espèce de délit : d'ailleurs il ne s'applique guère qu'aux cas où la propriété est attribuée au *fisc,* au trésor public.

Déchéance est également vague. Il ne s'applique qu'à un certain nombre de cas. Les difficultés qui tiennent à la nature des langues sont souvent insurmontables. On ne peut pas exprimer nettement des divisions assez claires en elles-mêmes. La perte de la vie, la perte d'un membre, la perte de toute espèce de propriété autre que l'argent monnoyé.

Les possessions dérivées des personnes consistent dans les services rendus par ces personnes. Les services sont *exigibles* ou *inexigibles* : exigibles, ceux dont un homme ne peut se dispenser sans être punissable par la loi : inexigibles, ceux dont il peut se dispenser sans s'exposer à d'autres peines que celles qui résultent de la sanction morale ou religieuse[1]. La faculté de se procurer des services exigibles s'appelle communément *pouvoir*, c'est-à-dire pouvoir sur les personnes,—la faculté ou la chance de se procurer des services inexigibles dépend en grande partie de la *réputation*. De là résultent deux sortes de déchéances :

la liberté personnelle, sont aussi des peines *privatives*. Cependant il est aisé de concevoir que, dans les peines privatives qui sont l'objet de ce livre, il s'agit d'une perte de possession d'une nature toute différente. Mais *nominalement*, ces deux chefs ne divisent pas les peines d'une manière si nette et si tranchante qu'on ne puisse jamais confondre celles de la première classe et celles de la seconde.

[1] Aux services inexigibles correspondent les *droits imparfaits*. L'espèce de droit qu'un homme peut avoir sur des services pour l'omission desquels il n'y a point de peine légale, est un droit imparfait; l'obligation de rendre de tels services est une obligation imparfaite. C'est l'expression systématique employée par tous les auteurs qui ont écrit sur la prétendue loi naturelle.

déchéance de pouvoir, déchéance de réputation [1].

La réputation est *naturelle* ou *factice* : naturelle, celle qui résulte de la conduite et des qualités de l'individu ; factice, celle qui est conférée par le rang ou la dignité.

La crédibilité est une branche particulière de réputation, — réputation de véracité. Ceci nous donne deux autres espèces de déchéances, *déchéance de rang, déchéance de crédibilité.*

Ces possessions complexes peuvent se ranger sous le titre de *conditions* [2]. Les conditions sont *communes* ou *spéciales.*

Les conditions communes sont *naturelles* ou *acquises :* par condition naturelle j'entends celle qui appartient nécessairement à un individu en vertu de la naissance, celle de fils, fille, père, mère, frère, sœur, et ainsi de suite dans tous les degrés de consanguinité.

Par rapport à ces relations naturelles, il n'y a point de déchéance possible, on ne peut pas les perdre ; mais elles sont ordinairement accompagnées de certains droits, et c'est par rapport

---

[1] Les services inexigibles ou spontanés dépendent de la bienveillance ; et la bienveillance à l'égard d'un individu dépend en grande partie de sa réputation.

[2] Une condition domestique ou civile n'est qu'une base idéale autour de laquelle se rangent des droits et des devoirs. Voyez *Traités de Législation*, tom. I, II⁰ part., chap. V.

à ces droits que la déchéance peut avoir lieu.

Les conditions acquises sont *politiques* ou *reli-gieuses* : les politiques sont *domestiques* ou *civiles.* Les conditions domestiques sont de deux espèces : celles de famille, celles de profession.

Les premières sont celle de mari et de femme, celle de tuteur et de pupille, celle de maître et de serviteur. Les secondes embrassent tous les métiers, toutes les professions mécaniques, scien-tifiques, militaires.

La condition civile est l'état de tout individu, en tant qu'il appartient à une communauté insti-tuée pour tout autre objet qu'un objet religieux.

La condition religieuse est l'état de tout indi-vidu, en tant qu'il appartient à une société ou à une secte instituée pour l'objet de se réunir à un même culte religieux.

A chacune de ces conditions correspond une espèce particulière de déchéance.

Les conditions spéciales se rangent sous deux chefs : 1° les unes constituées par des offices ; 2° les autres par des corporations ou des privi-léges. Le droit d'exercer un office est un droit exclusif à rendre de certains services, — y com-pris le droit d'exercer les pouvoirs et de perce-voir les avantages attachés à la reddition de ces mêmes services.

Les corporations sont politiques ou religieuses :

sous le dernier chef, on peut ranger les divers ordres monastiques établis dans les pays catholiques.

Quant aux corporations politiques, le catalogue des possessions qui peuvent être attachées aux membres de ces corps embrasse toute espèce de possession simple[1].

Autant de conditions spéciales, autant d'espèces possibles de déchéances.

Comme on peut perdre une possession, on peut perdre la capacité légale d'acquérir, on peut perdre la protection de la loi pour ce qui est acquis. Voilà déjà deux autres espèces de déchéances : *déchéance de capacité légale*, qui, par rapport à une possession contingente, ôte à un individu la chance de l'acquérir ; — *déchéance de protection légale*, qui expose l'individu à différentes chances de perdre celle qu'il possède. L'homme déchu de la protection légale perd le droit qu'il avait aux services des ministres de la loi, dont l'office était de le protéger dans la jouissance de ses possessions.

---

[1] Par exemple, une part dans l'usage de telle somme d'argent ou de revenu de tel fonds de terre. Une part dans tel office conférant du pouvoir : une exemption de telle taxe ou autre fardeau public : le privilége exclusif de telle ou telle occupation.

CHAPITRE II.

DES PEINES DE LA SANCTION MORALE.

Pour se représenter comment un homme est puni par la sanction morale, il faut observer le changement qui s'opère à son égard, après qu'il a fait une chose condamnée par le tribunal de l'opinion publique. Dès ce moment il perd une portion de l'estime, de l'affection, et par conséquent de la bienveillance dont il jouissait. Dans toutes les relations de la société, habituelles ou occasionelles, il s'aperçoit qu'il n'est plus traité comme auparavant, que la disposition à lui rendre de bons offices n'est plus la même chez les uns, et que, pour d'autres, il devient l'objet d'une malveillance active, qui agit sourdement ou à découvert.

Qui pourrait calculer ou prévoir tous les résultats d'un tel changement? La dépendance de chaque individu par rapport aux autres hommes est telle, que leurs dispositions à son égard influent sur toutes les sources de ses plaisirs ou de ses peines. A chaque instant, la vie se colore ou

se fane par le reflet des sentiments de nos semblables; — à chaque instant, le cœur s'épanouit
ou se resserre par les témoignages de leur estime
ou par la dure expression de leur dédain. Un
acte de bienveillance peut sauver la vie, le refus
d'un service peut causer la mort.

Mais quoique la peine de la sanction morale
embrasse tous les maux possibles, on peut toutefois la considérer comme divisée *en deux parts*,
dont l'une est à l'autre ce que la cause est à l'effet.

La première renferme tous les maux contingents ou *casuels* que la personne disgraciée peut
éprouver par les suites de cette malveillance.

La seconde consiste en cette peine immédiate,
cette anxiété qui constitue le sens de la *honte*,
et qui a son principe dans une appréhension confuse de ces maux casuels. Cette souffrance aiguë
est la peine caractéristique de la sanction morale :
on ne peut même la rapporter qu'à cette cause,
car il n'appartient à la puissance politique de la
produire que par l'influence qu'elle exerce sur
l'opinion. Qu'un individu fût déclaré infâme par
un tribunal, cette déclaration ne serait rien, si
le public n'en tenait aucun compte et conti-
nuait à l'honorer.

Ce sentiment de honte s'éveille dans le cœur du
coupable, tout au moins au moment où son délit
est découvert. Il est très variable dans ses degrés,

mais il est universel : les exceptions, s'il y en a, ne sont que pour des individus imbéciles ou dégradés, sans prévoyance de l'avenir.

Les maux casuels seront plus ou moins grands selon deux circonstances : 1° l'*intensité* de la malveillance; 2° son *étendue :* — distinction qu'il ne faut pas oublier.

Ces deux lots de maux, quoique faciles à distinguer, s'entremêlent et s'aggravent l'un par l'autre. J'ai fait un acte immoral, je suis découvert, je m'en aperçois. Avant que je sois dans le cas de recourir aux bons offices de quelques personnes instruites de ma faute, et d'essuyer de leur part quelque marque de malveillance à raison du blâme que j'ai encouru, j'ai déjà le triste pressentiment de la diminution de leur estime; ma confiance est affaiblie; un air d'embarras et de crainte est empreint dans mes relations avec eux; ma langue bégaie ou mon front rougit : tel est l'effet naturel de la honte. Si je me dérobe à la société, je me punis moi-même; si, après ma faute connue, je m'y présente comme auparavant, j'éprouve les reproches des uns, la froideur des autres, les dédains marqués de plusieurs; et, pour me servir du langage systématique que j'ai hasardé, là commence pour moi l'expérience des maux *casuels* de la sanction morale.

Nous avons déjà vu que la malveillance avait

deux moyens de nuire, — les uns positifs, — les autres négatifs; les uns consistant en mauvais offices rendus, les autres en bons offices refusés. Quant aux premiers, c'est le devoir et même la principale affaire du magistrat politique de les prévenir. Il n'y a point de gouvernement régulier qui permette aux individus de punir l'homme le plus immoral par des traitements semblables à ceux dont la loi se réserve l'usage. Les mauvais offices positifs sont de deux espèces, les actions et les discours: les actions violentes sont défendues, les discours injurieux le sont également: mais à cet égard, la protection de la loi est limitée et même très imparfaite : quand tout un public se répand en propos outrageants pour un individu, comment faire le procès à tout ce public?

Mais la loi fût-elle assez forte pour prévenir tout mauvais office positif, sa puissance s'arrête là; il y a un nombre infini de bons offices qu'elle ne pourrait prescrire sans porter une atteinte destructive à la liberté et à la propriété. Or, quand les peines de la sanction morale se borneraient à ce que la loi ne peut empêcher, ce mal serait considérable; il n'admet aucune évasion, il tombe sur un individu de toutes parts, il rétrécit le cercle de tous ses plaisirs, il le poursuit dans toutes ses entreprises. Dans cet état de disgrâce, un homme se sent aux prises avec un en-

nemi invisible qui le précède ou l'accompagne
partout : ses amis et ses protecteurs s'éloignent,
ses connaissances le délaissent, son nom même
devient contagieux pour sa famille. Toutes les
sources du bonheur tarissent pour lui, et sa vie
peut n'être plus qu'un fonds d'amertumes.

Ces maux casuels embrassent tous les maux
possibles, et ceux même qui découlent particulièrement de la sanction politique. Vous êtes
accusé devant les tribunaux ; un individu prévenu
contre vous, à raison de quelque immoralité
réelle ou supposée dans votre conduite, s'abs-
tiendra de témoigner en votre faveur, et la seule
omission de ce service peut entraîner pour vous
les conséquences les plus rigoureuses de la loi.

D'un autre côté, tous les maux qui dépendent
de la sanction morale, non seulement les maux
casuels, mais la honte, peuvent être le résultat
d'une sentence prononcée par le magistrat. C'est
un fait que nous avons indiqué par anticipation,
et sur lequel nous serons bientôt appelés à nous
étendre.

Les maux qui dérivent de ces deux sanctions
ne diffèrent donc que dans la *manière* dont ils
sont produits. Par rapport aux peines qui ressor-
tent de la sanction politique, l'espèce, le degré,
le temps, la place, la personne qui les inflige,
sont tous également assignables. Au moment du

délit, le délinquant sait ou peut savoir que, s'il est découvert, il subira telle peine précise, par l'ordre d'un juge, par la main d'un exécuteur ; et ceux qui verront infliger la peine sauront qu'elle l'est en conséquence d'un tel délit. Après cela, l'œuvre du magistrat est finie ; la peine, autant qu'elle dépend de la sanction politique, est terminée ; mais, quant aux mauvais offices positifs ou négatifs que peut éprouver le délinquant de la part de la société, on ignore de quelle nature ils seront, dans quel temps ils auront lieu, par quelles personnes ils seront rendus ; à cet égard, tout est incertain. La perfection des peines de la sanction politique consiste en ce point : — elles sont *déterminées* et *précises.* L'essence des peines de la sanction morale est d'être *indéterminées* et *vagues.*

Il ne sera pas inutile de faire ici mention de la nomenclature usitée en parlant des peines de la sanction morale. Les expressions qui les désignent sont très variées. Il y a pour ainsi dire une légion d'êtres fictifs qui représentent la même idée fondamentale sous divers aspects : — blâme, censure, déshonneur, mésestime, mépris, honte, disgrâce, ignominie, infamie. En parlant d'un homme qui souffre sous la sanction morale, il peut être plus ou moins convenable, selon les degrés et les circonstances, de dire qu'il a perdu ou terni sa réputation, que son honneur a reçu une tache, qu'il s'est exposé au mépris, qu'il est devenu infâme, qu'il est un objet d'aversion, etc. Épuiser le catalogue de ces expressions est plutôt l'affaire d'un lexicographe que d'un juriste.

Ces peines de la sanction morale sont antérieures à la formation des gouvernements. Avant d'avoir fait une association politique, avant de s'être donné des magistrats et des lois, les hommes, vivant entre eux en tribus et en familles, avaient déjà des notions de bien et de mal, et des règles morales de conduite, auxquelles ils donnaient un certain degré de force, en soumettant les infracteurs à ces peines tirées de la malveillance ou de l'aversion. C'est en ce sens qu'il faut entendre ce que disent les moralistes concernant les *lois naturelles* et la sanction de ces lois. C'est le fond sur lequel les premiers législateurs ont travaillé, le modèle qu'ils ont suivi. La sanction morale était alors, comme elle est encore et comme elle sera toujours, un levier puissant pour seconder les lois ou pour les contrarier. Il n'est donc pas étonnant qu'ils aient eu recours à une grande diversité de moyens pour s'emparer de cette force, et la plier à leurs vues. Préparée et mise en œuvre par le magistrat, elle devient partie de ce vaste système de mécanisme auquel nous avons donné le nom de *sanction politique*;

et nous sommes maintenant en état de discuter
la nature de ces différents modes de punir, connus sous les noms de *déshonneur* ou d'*infamie*.

II. Examen des peines de la sanction morale.

Passons maintenant à l'*examen* des peines qui
dérivent de la sanction morale, agissant par elle-
même, sans aucune coopération du magistrat
pour diriger ou aggraver ses jugements.

Ces peines, nous l'avons déjà dit, n'ont point
d'espèces distinctes ; elles comprennent toutes
sortes de maux ; la malveillance se manifeste par
une infinité d'effets qu'on ne saurait ni calculer
ni prévoir. Elles échappent donc à toute description, car on ne décrit qu'une peine déterminée.
Seront-elles analogues aux délits ? seront-elles
économiques ou excessives ? on n'en sait rien.

Nos observations rouleront sur trois chefs : leur
divisibilité, leur égalité, leur exemplarité.

1° Ces peines sont certainement très *divisibles* ;
elles ont tous les degrés possibles du simple blâme
jusqu'à l'infamie, du refroidissement passager de
la bienveillance jusqu'à une malveillance active
et soutenue ; mais tous ces degrés dépendent de
causes accidentelles, inappréciables par avance.
Les peines pécuniaires, les peines chroniques,
comme l'emprisonnement, sont susceptibles

d'une mesure exacte ; les peines qui dépendent
de la sanction morale ne le sont pas. L'estime
qu'on en peut faire avant de les éprouver sera
toujours très imparfaite. En fait d'*intensité*,
elles sont inférieures à la plupart des peines de
la sanction politique ; elles consistent plus en
privations de plaisir qu'en maux positifs. C'est
là leur principale imperfection ; et c'est uniquement pour suppléer à leur faiblesse qu'il a fallu
fonder un système de lois pénales.

2° Une des circonstances qui les affaiblit, c'est
la *localité* de leur opération. Un individu se
trouve-t-il exposé au mépris du monde dans
lequel il vit, il peut s'en affranchir par un simple déplacement. La peine se réduit à une espèce
de bannissement demi-volontaire, qui n'est rien
moins que perpétuel. Il conserve l'espoir du
retour, quand le temps aura effacé le souvenir
de ses transgressions, et affaibli le ressentiment
public.

3° Sous le rapport de l'*égalité*, ces peines sont
plus défectueuses qu'on ne le croirait au premier aspect. Chaque individu, dans son état, a
son cercle naturel d'amis et de connaissances.
Devenir un objet de mépris et d'aversion pour
cette société, est un malheur aussi grand pour
un homme que pour un autre : voilà ce qui se
présente d'abord à l'esprit, et qui est vrai jusqu'à

un certain point; mais, en examinant de plus
près, on aperçoit que ces peines se modifient
très différemment, selon l'état, la fortune, l'é-
ducation, l'âge, le sexe, et d'autres circonstances :
les maux *casuels* qui dépendent de la sanction
morale peuvent varier à l'infini : la *honte* varie
selon toutes les causes qui affectent la sensibilité.

Les femmes, surtout chez les nations civilisées, ont le sentiment de la honte plus prompt
et plus délicat que les hommes. Leur éducation
première leur prescrit des règles de pudeur avant
même qu'elles en connaissent l'objet; et elles ne
tardent pas à sentir que cette sauvegarde des
vertus de leur sexe est aussi le talisman de leur
pouvoir; d'ailleurs elles sont plus faibles, plus
dépendantes que les hommes, plus assujetties au
besoin de la protection; il leur est plus difficile
de changer de société, et de varier le lieu de leur
résidence.

Dans un âge tendre, le sentiment de la honte
n'a pas encore atteint toute sa force : dans la
vieillesse, on observe assez souvent qu'il s'affaiblit beaucoup. La passion de l'avarice, la seule
qui se fortifie par l'âge, domine alors le sentiment de l'honneur.

Un état débile de santé, une irritabilité mor-
bide, quelque défectuosité dans les organes,
quelque infirmité naturelle ou acquise, sont des

circonstances qui aggravent les peines de la honte, comme de toute autre calamité.

La richesse, à la considérer en elle-même, indépendamment du rang et de l'éducation, tend à émousser la force des impressions de ce genre. Il est plus facile à un homme riche de se déplacer, de changer le cercle de ses liaisons, et de se procurer, à prix d'or, des plaisirs indépendants de l'estime et de la bienveillance. Malheureusement encore, il existe une disposition naturelle à respecter l'opulence pour elle-même, à lui accorder des services gratuits, surtout les témoignages extérieurs de la politesse et de la considération.

Le rang est une circonstance qui augmente la sensibilité pour tout ce qui tient à l'honneur; mais les règles de l'honneur ne sont pas toutes calculées sur les principes de la morale : cependant les classes élevées sont en général plus sensibles à l'influence de l'opinion que les classes inférieures.

La profession ou l'occupation habituelle influe beaucoup sur les peines qui dérivent de cette source. Il est des conditions dans lesquelles il y a un point particulier d'honneur, et tout ce qui discrédite un individu sous ce rapport le touche plus vivement que toute autre espèce de honte. Le courage, dans le militaire, est la qualité indispensable : le plus léger soupçon de lâcheté expose à des affronts continuels; de là cette délicatesse de sentiment sur ce point parmi des hommes qui montrent quelquefois, à d'autres égards, la plus grande indifférence morale.

Les rangs mitoyens sont les plus vertueux : c'est par rapport à eux que les règles de l'honneur coïncident le plus avec le principe de l'utilité; c'est aussi dans ces conditions moyennes qu'on peut le moins se passer de l'estime, et qu'on éprouve toutes les conséquences fâcheuses de la mauvaise réputation.

Dans les classes inférieures où l'on ne vit que du travail journalier, la sensibilité à l'honneur est moins grande en général. Un ouvrier de campagne passe-t-il pour laborieux, il trouvera de l'occupation quoique sa réputation ne soit pas sans tache. Il a des compagnons de travail et non de plaisir : il a peu de chose à attendre de leur part, peu de services à leur demander. Tout se borne pour lui au nécessaire de la vie; sa femme, ses enfants lui doivent l'obéissance, et ne peuvent pas la refuser. Les plaisirs qui résultent de son autorité domestique remplissent les courts intervalles de ses travaux.

4° La plus grande imperfection des peines de la sanction morale, c'est d'être peu *exemplaires* : elles le sont moins que toutes celles de la sanction politique. Ce qu'un homme est dans le cas de souffrir en conséquence d'une mauvaise réputation peut être ignoré de tout le monde, ou du moins n'est connu que de ceux mêmes qui sont les instruments de sa punition, et dans le cercle immédiat de ses amis et de ses connaissances : ceux-ci même ne sont témoins que d'une faible partie de ce qu'il souffre. Ils s'aperçoivent qu'il est traité avec indifférence ou dédain ; ils observent qu'il ne trouve pas de la protection ou de la confiance ; mais toutes ces observations sont fugitives. L'homme blessé par ces signes de froideur ou d'aversion évite lui-même la compagnie des auteurs ou des témoins de sa honte ; il se dérobe dans la solitude où ses souffrances sont secrètes, et plus il est malheureux, moins il a de spectateurs de ses peines.

5° Les peines de la sanction morale ont un avantage sous le rapport de la *réformation :* ce qu'un homme souffre en conséquence d'une violation des règles morales établies est un mal qu'il ne peut rapporter qu'à sa véritable cause : plus il est sensible à la honte, plus il craindra de l'aggraver ; il deviendra donc ou plus prudent pour éviter d'être découvert, ou plus attentif à ménager les apparences, ou il prendra le parti de se soumettre à des lois qu'il ne peut enfreindre sans danger. L'opinion publique, à l'exception d'un petit nombre de cas, n'est point implacable. Il y a parmi les hommes un besoin réciproque d'indulgence, et de plus, une légèreté et une facilité à oublier qui tient lieu de pardon, quand le souvenir des fautes n'est pas renouvelé par des récidives.

Quant aux actes déshonorants dont il n'y a point d'appel ni de grâce, la peine d'infamie opère comme un découragement, et non comme un motif de réformation. *Nemo dignitati perditæ parcit.*

Ce qui compense les désavantages de cette sanction, ce qui lui donne même un degré de force qu'on ne trouve pas dans la sanction politique, c'est la *certitude* : il n'y a point d'impunité. Manquer à une des lois de l'honneur, c'est armer contre soi tous ceux qui en sont les gardiens. Les tribunaux réguliers sont assujettis à des procédures, ils ne prononcent que sur des preuves, qui sont souvent en défaut. Le tribunal de l'opinion publique a plus de liberté et de pouvoir : il est sujet, il est vrai, à commettre des injustices; mais cette crainte ne l'arrête pas, parcequ'il peut en revenir, et qu'il casse ses arrêts avec autant de facilité qu'il les porte. L'instruction de la procédure et l'infliction de la peine marchent, pour ainsi dire, ensemble; jamais de délai ni de défaut de poursuite : il y a partout des personnes prêtes à juger, prêtes à exécuter le jugement : le tribunal incline toujours à la rigueur. Les administrateurs de la sanction morale trouvent même un intérêt de vanité et de sagacité dans la sévérité de leurs sentences; et plus ils se montrent rigides, plus ils se flattent de donner bonne opinion d'eux-mêmes; il semble que la dépouille des uns fasse la richesse des autres. Ainsi, quoique les peines de la sanction morale soient indéterminées, et que, prises séparément, la plupart aient fort peu de poids, cependant leur certitude, leur retour continuel, leur accumulation, à raison du nombre de ceux qui ont le droit de les infliger, leur donne un degré de force qui ne permet à aucun individu de les mépriser, quel que soit son caractère, sa condition, ou sa puissance.

Le pouvoir exercé par la sanction morale varie selon les degrés de la civilisation.

Dans une société comparativement plus civilisée, il y a plus de sources de jouissances, par conséquent plus de besoins. Les hommes sont dans une plus grande dépendance réciproque de leur estime; celui qui perd sa réputation souffre dans un plus grand nombre de points; il s'expose à des privations plus étendues.

Il y a des circonstances plus ou moins favorables à la force de cette sanction. Un gouvernement populaire la porte au plus haut degré; un gouvernement despotique la réduit à peu de chose.

La facilité des communications et des informations, au moyen des papiers publics, en augmentant l'étendue du tribunal, accroît la soumission des individus à l'empire de l'opinion.

Plus il y aura d'unanimité dans la sanction morale, plus elle aura de force. Est-elle comme divisée en un grand nombre de partis et de sectes, soit politiques, soit religieuses, elle s'affaiblit, ses arrêts se contredisent. Le vice et la vertu n'ont pas la même mesure commune ; et il existe, pour ainsi dire, des lieux de refuge après des disgrâces : le déserteur d'un parti ou d'une secte est ordinairement accueilli dans l'autre.

CHAPITRE III.

§ I. DES PEINES AFFECTANT L'HONNEUR, DEPUIS LE SIMPLE BLAME JUSQU'A L'INFAMIE.

Passons maintenant à considérer les peines légales [1] qui affectent l'honneur, c'est-à-dire à exposer les moyens mis en œuvre par le magistrat pour diriger la censure publique et pour augmenter son intensité.

Le législateur peut avoir recours à deux sortes de procédés, les uns que j'appelle *simplement législatifs*, les autres que j'appelle *exécutifs*.

---

[1] *Infamie* est un terme extrême : il ne s'applique qu'aux plus hauts degrés de la peine en question. *Perte de réputation* est une expression applicable à tous les degrés possibles. La réputation peut être considérée comme une quantité susceptible d'être diminuée plus ou moins.

On peut m'ôter tous mes biens à la fois, parceque mes biens sont d'une nature déterminée et certaine. Mais ma réputation dérive immédiatement des personnes, de toutes les personnes qui peuvent être dans la disposition de me rendre quelque service. C'est un fonds que le magistrat politique ne saurait épuiser. L'opération des lois infamantes est trop faible, trop vague, pour accomplir son objet dans un sens absolu.

Dans les premiers, il n'entre aucune interven-
tion du juge ; dans les seconds, le juge intervient.

Le procédé simplement législatif peut être
direct ou *indirect* : il est direct lorsque le législateur prohibe purement et simplement tel ou
tel acte, sans dénoncer aucune peine particulière,
uniquement pour signaler cet acte comme nuisible, et pour diriger une certaine portion de
blâme sur ceux qui le commettent ; c'est un appel
au public, une invitation à prendre la loi sous sa
sauvegarde. Chaque individu, autant qu'il s'y
trouve intéressé, devient le juge des infracteurs,
et l'exécuteur de cette sentence générale.

Le législateur fait un pas de plus lorsqu'il ne
se borne pas à une simple défense, mais qu'il
l'accompagne de moyens persuasifs, comme des
exhortations à observer la loi, des raisons pour
en montrer l'utilité, des termes de censure ou de
condamnation appliqués à ceux qui la violent [1].

Le moyen indirect ou oblique consiste à transférer à un délit la mesure de blâme qui appar-

---

[1] L'*improbe factum* de la loi Valeria en est un exemple
remarquable. *Valeria lex, quum eum qui provocasset virgis
cædi securique necari voluisset, si quis adversus ea fuisset,
nihil ultra quam improbe factum adjecit.* Liv., lib. X,
cap. IX.

Dans les lois de Grèce et de Rome, il y avait plusieurs délits sans autre peine que la déclaration d'*infamie*.

tient naturellement à un autre. Le législateur
affecte de regarder le délit en question comme
la preuve d'un autre délit déjà flétri dans l'opinion publique. Telles sont certaines lois de Zaleucus conservées par Diodore de Sicile : « Qu'au-
» cune femme libre ne sorte de nuit de la ville,
» à moins que ce ne soit pour se prostituer. —
» Qu'aucune ne porte de riches ornements ou des
» broderies d'or, à moins que ce ne soit une
» courtisane. »

Cela équivalait à déclarer que si une femme
allait à certaines heures dans un lieu solitaire,
le législateur regardait comme un fait certain
qu'elle avait un objet criminel; — que si elle
mettait dans ses habits le luxe des courtisanes,
elle appartenait à cette classe. La relation entre
les deux modes de conduite n'est rien moins que
certaine, et par conséquent la conclusion était
très douteuse. Mais on comprend aisément l'effet
que pouvait avoir une telle déclaration de la part
du législateur.

Les cas où l'on peut se servir de ce moyen
avec quelque chance de succès sont très limités.
Pour justifier la conclusion qu'on veut tirer, il
faut au moins qu'il existe entre les deux délits
une connexion apparente. Il est vrai qu'à cet
égard l'opinion publique n'est pas difficile sur les
preuves; le penchant à croire le mal est si grand,

314 PEINES AFFECTANT L'HONNEUR.

qu'une liaison superficielle est d'abord admise comme une présomption suffisante.

Voilà comment le magistrat politique peut influer sur la sanction morale par le simple exercice de sa faculté législative : venons aux cas dans lesquels il requiert l'assistance du pouvoir exécutif.

I. Publication du délit.

De toutes les mesures qui appartiennent à ce chef, la moins sévère est celle de la *publication*, consistant simplement à rendre notoire le fait du délit, et à désigner le délinquant. Cette mesure a divers degrés de sévérité, correspondant aux divers degrés de publicité possible. On peut inscrire le fait dans un registre accessible à peu de personnes, ou accessible à tous. On peut le notifier par proclamation, au son de la trompette, au son du tambour. On peut l'afficher dans un placard. Depuis l'invention de l'imprimerie, on peut le faire circuler dans tout l'état, et en fixer le souvenir d'une manière indélébile [1]. Il est

[1] Dans le cas de certains délits contre la police, par exemple celui des poids frauduleux dans la vente des denrées, le magistrat menace fréquemment le délinquant, en cas de récidive, de le consigner dans les papiers publics. Cette peine est considérée comme plus sévère que l'amende prescrite.

évident que le déshonneur qui en résulte aura plus ou moins d'intensité, selon que le délit est réputé plus ou moins odieux.

II. Admonition judiciaire.

L'admonition peut être considérée sous deux points de vue : — en qualité de moyen préventif; — en qualité de peine.

Ce n'est pas proprement un exercice de pouvoir; le juge n'y décerne rien de lui-même ; tout ce qu'il fait, c'est de rappeler à l'esprit de l'individu les dispositions de la loi à son égard : *Memento*. Cette opération, toute simple qu'elle est, n'est point inutile. Le premier effet des passions est de reléguer pour ainsi dire dans l'obscurité les motifs qui pourraient les combattre. Rappelées dans le poste d'où elles avaient été expulsées, ces puissances tutélaires peuvent regagner tout l'ascendant qu'elles avaient perdu. Or, quoi de plus propre à réveiller dans le cœur le sentiment de la vertu et le respect des lois, que la voix imposante des gardiens de la probité publique.

L'admonition est une peine qui porte sur l'honneur. Remettre sous les yeux d'un homme en public ses devoirs et les lois, c'est supposer qu'il aurait pu les oublier et les enfreindre : mais, de

toutes les peines honoraires, c'est la plus légère,
vu qu'elle renferme, pour celui qui en est l'objet, un témoignage d'estime. Elle est, en fait
d'honneur, ce qu'est une amende modique en fait
de peines pécuniaires. Sa gravité dépendra de sa
publicité, du nombre et du choix des personnes
admises à la cérémonie. Plus la loi distinguera de
nuances, plus elle relèvera aux yeux des citoyens
l'importance de cette peine salutaire ; importance qui sera l'indice et le gage de l'ascendant
qu'obtient la sanction morale. Heureux le peuple
sur lequel ses magistrats auraient une forte prise
par un fil aussi délicat !

III. Application des peines.

Le moyen le plus puissant pour affecter l'honneur jusqu'à produire l'infamie consiste dans
l'application des peines qui, par une influence sur
l'imagination des hommes, ont un effet flétris-
sant. Ceci nous conduit à examiner les divers degrés d'ignominie attachés à ces divers modes de
punition dont quelques unes sont distinguées par
l'épithète spéciale d'*infamantes*.

Dans cette échelle, nous trouvons les peines
pécuniaires au plus bas degré, et l'opinion publique paraît à cet égard assez uniforme partout.
Quant aux divers modes de confinement, il y a

quelque différence : l'emprisonnement, sous ce rapport, est réputé le plus grave : le bannissement l'est moins : la défense de sortir d'un certain district l'est moins encore. Les peines actives prises dans leur totalité sont si variées, qu'on n'en peut rien dire en général : la plupart sont très peu infamantes; mais elles le deviennent toujours quand on y joint quelque circonstance caractéristique, comme les fers, les travaux publics, un costume de galérien. Les déchéances de condition sont si variées dans leurs effets sur l'honneur, qu'elles n'admettent point de proposition générale[1].

Par rapport aux peines corporelles, sauf les peines capitales, il n'en est aucune qui ne soit réputée infamante. La peine de mort ne l'est pas toujours, et l'exception est pour certains délits d'une nature politique. Dans les peines corporelles, le degré d'infamie ne se proportionne pas à leur intensité : celles qui produisent le moins de souffrances physiques sont souvent censées les

[1] Le degré d'ignominie dans tous les cas dépend en partie de la peine, en partie du délit. Cette distinction n'a pas échappé aux juristes romains. *Infamia facti, infamia juris :* l'infamie naturelle résultant du délit, et l'infamie artificielle résultant de la peine légale. Voyez Heinn., *Elem. jur. civ. Pand.*, liv. III, tit. ii, 55, 399. Son explication toutefois n'est pas très précise.

plus ignominieuses; par exemple, le carcan, le pilori, la marque, ou des vêtements affectés à des criminels : ce sont, à proprement parler, des peines infamantes. Otez leur cet effet, vous les réduisez à rien.

Selon la nature de ces peines, l'infamie est temporaire ou perpétuelle : le carcan est infamie temporaire; la marque, infamie perpétuelle. Ce n'est pas que l'infamie, de quelque manière qu'elle soit infligée, ne puisse être perpétuelle, puisque le souvenir peut s'en conserver dans la mémoire des hommes autant que la vie du délinquant; — mais quand la marque est indélébile, l'infamie l'est nécessairement aussi : dans quelque lieu qu'il soit, quoi qu'il lui arrive, il porte partout le témoignage de son crime.

La mutilation et les autres peines afflictives produisant quelque difformité sont très infamantes quand il est connu qu'elles sont le résultat d'une exécution juridique ; mais plusieurs de ces peines n'ont point d'effets apparents qui les distinguent des maux accidentels du même genre : elles ne produisent donc pas l'infamie avec la même certitude: elles n'ont pas un effet aussi grand que les *marques*, qui, au premier coup d'œil, révèlent à un étranger le délit de celui qui les porte.

IV. Autres peines infamantes. — Peines quasi-corporelles.

Je trouve deux espèces de peines qui ont beaucoup d'analogie avec les peines corporelles, et qu'on pourrait appeler *quasi-corporelles*.

1° L'une porte, non sur la personne de l'individu, mais sur quelque objet qui, par association, suggère l'idée de sa personne. C'est, pour ainsi dire, une peine *symbolique* ou *emblématique*.

Chez les anciens Perses, si un homme d'un rang distingué avait commis certaines fautes, sa personne était exempte du châtiment, mais son habit le représentait, et recevait des coups de fouet en public. C'est un exemple de ce genre de peine. On peut rapporter au même chef la pratique sur le continent (inconnue en Angleterre), d'exécuter en effigie les criminels qui se sont soustraits à la justice. — En Portugal, après l'attentat sur la vie du feu roi, plusieurs des complices furent punis de cette manière.

Un duc de Medina-Céli, en Espagne, avait commis un assassinat; comme la cour ne pouvait pas ou ne voulait pas punir de mort un noble aussi puissant, elle condamna le duc à faire porter à tous ses pages des bas noirs, et à souffrir une potence à la porte de son palais. Le dernier roi permit d'ôter la potence, mais les bas noirs restent comme une marque d'ignominie[1].

2° L'autre peine est réellement appliquée au corps, mais après qu'il a perdu la faculté de souffrir, c'est-à-dire après la mort. On peut l'appeler *infamie posthume*.

C'est à ce chef que se rapportent les peines ordonnées par la loi anglaise, pour les suicides et pour le crime de haute trahison : la décapitation après la mort et le cadavre coupé en quartiers.

La même loi, dans le cas de meurtre, permet au juge d'ordonner que le cadavre du criminel soit livré aux chirurgiens pour être disséqué en public, ou qu'il reste pendu au gibet.

V. Dégradation.

Le même chef renferme une autre modification de peines simplement ignominieuses; la *perte de rang*, la *dégradation*. Pour comprendre la nature de cette peine, il faut distinguer deux espèces de réputation; l'une *naturelle*, l'autre *factice* et *politique*. Par réputation naturelle, j'entends celle que chaque homme possède en vertu de son mérite personnel et de sa conduite : par

[1] *Letters written during a short residence in Spain and Portugal*, by R. Southey, Esq. 1797. Lett. X.

réputation factice et politique, j'entends celle qui, indépendamment du mérite personnel, est possédée par un individu en vertu de quelque institution du magistrat.

Cette espèce de réputation, de considération factice, est communément annexée aux offices publics qui confèrent du pouvoir; mais elle existe aussi indépendamment des emplois politiques. Il y a une réputation factice attachée aux conditions élevées, à la naissance, à la richesse, à certaines occupations : ceux qui possèdent ce rang idéal jouissent d'une certaine supériorité convenue, sans avoir rien fait pour la mériter. La considération factice reste encore, même quand elle n'est point soutenue par ce que j'ai appelé réputation naturelle.

Tout ce qui est donné par l'autorité, l'autorité peut l'ôter : le souverain, qui peut faire un noble, peut réduire ce noble à l'état de roturier; mais les préjugés limitent ce pouvoir. La sentence d'un juge, dégradant un gentilhomme, ne peut pas faire qu'il ne soit né d'un père gentilhomme. Tout ce qu'elle peut, c'est de le dépouiller d'une portion plus ou moins grande du respect que les hommes étaient disposés à lui accorder à raison de sa naissance.

La dégradation devrait enlever à l'individu toute cette portion de respect attaché au rang

dont on le dégrade; mais l'imagination des
hommes n'est pas si docile aux ordres du pouvoir. L'homme qui a possédé de grandes dignités,
et qui a long-temps commandé le respect, ne sera
jamais privé entièrement de toute cette considération dont il était entouré. Il n'aura plus le même
éclat, mais il en reste comme un crépuscule. Cependant il est à peu près certain que la dégradation met un individu dans un état pire que s'il
n'avait jamais eu le rang dont il est privé; parcequ'en général, ne pas posséder un bien est un
moindre mal que le perdre après l'avoir possédé.

<h2 style="text-align:center">VI. Déchéance de crédibilité.</h2>

Voici une peine bien singulière: — elle consiste à déclarer qu'un homme a perdu sa véracité,
qu'il n'est pas digne d'être cru. — Le signe visible de cette déchéance de réputation, c'est de
n'être pas admis à déposer dans une cour de justice.

L'effet naturel de cette peine (autant qu'il est
possible de lui donner de l'effet) sera d'attirer
sur le délinquant une portion de cette malveillance que doit faire éprouver à tous les hommes
un individu dont la parole ne mérite aucune foi.

Cette peine est un exemple étonnant de l'empire que le magistrat politique peut exercer sur

la sanction morale. Il s'adresse aux exécuteurs de cette sanction, c'est-à-dire au public, et leur demande d'infliger au délinquant, non seulement la portion de mésestime naturellement due à son délit, mais encore une portion du mépris spécifique attaché à un autre délit, dont il n'est pas prouvé qu'il soit coupable, et qui n'a peut-être aucune liaison avec le sien. En un mot, son délit ne renfermera rien qui inculpe sa véracité, et la peine qu'on lui inflige est l'anéantissement du privilége d'être cru sur son témoignage.

On dira peut-être que ce n'est pas une peine, mais une précaution : son objet principal est de garantir le juge de l'erreur, par l'exclusion d'un témoin suspect; on rejette d'avance, et par une loi générale, un genre de preuve qui ne paraît pas recevable.

C'est un point important sur lequel nous reviendrons dans le livre IV, en parlant des *peines déplacées;* car le mal qui résulte de l'exclusion d'un témoignage peut tomber indistinctement sur chaque membre de la communauté au hasard.

§ II. Examen des peines simplement ignominieuses.

Une peine *simplement ignominieuse* ¹ est un ap-

---

¹ Il y a peine simplement ignominieuse ou simple infamie, 1° lorsque ce terme est employé par la loi. *Quisquis in*

pel à la communauté, une invitation à traiter le coupable avec mépris, à lui retirer son estime : c'est une lettre de change sur l'opinion. Le public considère-t-il l'individu d'un œil moins favorable, la traite est acquittée ; — dans le cas contraire, elle est protestée, — et le tireur imprudent en paie les frais.

Les peines ignominieuses sont donc des instruments dangereux ; ils blessent la main qui ne s'en sert pas avec adresse.

Mais, bien ménagées, de quelle utilité ne sont-elles pas! Le législateur, en appelant la sanction morale à son aide, en se fiant à elle, la met en crédit et en force ; et quand il annonce une *perte d'honneur* comme une grande peine, il fait de l'honneur un trésor, dont il rehausse la possession aux yeux de chaque individu[1].

1° Ces peines, comme nous l'avons vu, sont susceptibles de plusieurs degrés, depuis la censure paternelle du juge ou sa simple admonition jusqu'à l'infamie. Avec plus ou moins de publicité, avec divers accessoires de disgrâces et d'humiliations, la loi peut proportionner la peine à la gravité des délits, et conserver toutes les distinctions

scænam prodierit, *infamis esto* ; 2° lorsque, sans l'infamie, la peine serait nulle.

[1] Voyez *Traités de législation*, tom. III, chap. XVII. *Emploi du mobile de l'honneur.*

nécessaires d'âge, de rang, de sexe et de profession; chaque état présente à cet égard des moyens qui lui sont propres, et en particulier le militaire.

Ces peines ont même un avantage qui leur appartient exclusivement. Elles se proportionnent jusqu'à un certain point d'elles-mêmes : le magistrat ne fait que les prononcer, la communauté les exécute, et, dans chaque exécution, chacun suit son propre jugement. La malveillance pour le délinquant se règle assez communément sur la gravité de son délit. Il est vrai qu'il y a de grandes erreurs populaires dans les jugements moraux; nous aurons bientôt occasion d'en parler et d'en indiquer le remède.

2° Ces peines sont *exemplaires* au plus haut degré dans leurs effets immédiats. Tout ce qu'un homme souffre en conséquence de la publication de son délit, ou d'une dégradation, ou d'une exposition infamante, il est évident qu'il le souffre par l'ignominie attachée à son caractère, sous le sceau de l'autorité du magistrat.

3° Elles sont *rémissibles*. Une sentence erronée peut se révoquer; on peut donner plus d'éclat à la justification qu'à la condamnation; il y a plus : l'individu, par une meilleure conduite, peut reconquérir la portion d'estime qu'il avait perdue, et obtenir des marques d'honneur qui couvrent la première disgrâce. On a vu dans les armées des corps entiers, après avoir subi quelque jugement ignominieux de leurs supérieurs, racheter leur faute par des actions de valeur éclatante, et recevoir des distinctions glorieuses. Cet avantage n'appartient pas aux peines infamantes corporelles; la flétrissure qu'elles laissent est indélébile; et, à moins que l'individu ne s'expatrie, le sentiment d'honneur ne se relève plus.

Passons maintenant à une difficulté que présente ce sujet. Le législateur n'attache pas à son gré un caractère de disgrâce ou de déshonneur à tous les délits. Il en est qui n'excitent pas l'animadversion publique, ou qui ne l'excitent qu'à un faible degré; par exemple, en Angleterre, la vénalité dans les élections politiques, plusieurs espèces de délits contre le revenu, et en particulier la contrebande. Il est des points sur lesquels les sentiments populaires sont en opposition directe avec ceux du législateur : il en est d'autres sur lesquels ils sont flottants, mal décidés, ou trop faibles pour le seconder. Le duel en est un exemple.

« Loin que le tribunal censorial, dit Rousseau, » soit l'arbitre de l'opinion du peuple il n'en est » que le déclarateur. Et, sitôt qu'il s'en écarte, » ses décisions sont vaines et sans effet [1]. »

---

[1] Contrat social, liv. IV, chap. VII.

Soit. — Mais que faut-il en conclure ? Que le législateur doive toujours céder à l'opinion même la plus erronée ? — Non. Ce serait abandonner le gouvernail lorsque le vaisseau est au milieu des écueils. Les cas difficiles sont ceux où il doit user de tout son art pour ramener à lui l'opinion qui s'égare, et la diriger dans un sens favorable aux lois.

Le législateur a de grands moyens d'influence. Le respect public dont il est déjà investi, en vertu de son pouvoir, donne à ses instructions, quand il veut employer ce moyen, beaucoup plus de force que n'en auraient celles d'un homme privé. Le public présume en général que le gouvernement possède tous les moyens d'information à un plus haut degré qu'aucun individu. On présume aussi, dans la plupart des cas, que l'intérêt public est éminemment le sien, et qu'il n'est pas conduit par les motifs personnels qui rendent souvent les opinions particulières suspectes : si les choses vont mal, ceux qui ont la responsabilité des événements sont exposés à l'animadversion publique ; si les choses vont bien, ils en ont la gloire et l'avantage. La nation sent cela confusément, et c'est le principe de sa confiance.

Le magistrat suprême pourra s'y prendre de loin pour déraciner des préjugés qu'il estime nuisibles. Il pourra créer des institutions, qui, sans heurter de front les opinions établies, les attaqueront indirectement. Au lieu d'une batterie ouverte, il fera jouer la sape, dont l'effet à la longue est infaillible.

Le législateur est donc revêtu d'une autorité morale aussi bien que d'un pouvoir politique. C'est ce qu'on appelle considération, respect, confiance. Le plus habile est celui qui sait le mieux s'en servir. Il y a des chefs de nations qui ont fait des prodiges par cette seule puissance.

Je ne dirai rien ici du duel. Le sujet a été amplement discuté dans les *Traités de législation* [1].

Dans une loi sur la vénalité, ou sur la contrebande, le législateur pourrait caractériser ces délits par quelque épithète appropriée.

Mais lorsqu'il s'agit de diriger l'opinion, et une opinion tournée contre la loi, c'est à la raison qu'il faut s'adresser.

Quand je parle de donner des raisons, je n'entends pas ces lieux communs, ces aphorismes vulgaires qu'on trouve dans la plupart des préambules de nos statuts: *Whereas it has been found inconvenient.* — *Whereas great mischiefs have arisen.*

Et pourquoi ferait-on des lois, si l'acte défendu n'avait point d'inconvénients ?

---

[1] *De la satisfaction honoraire*, tom. II, chap. xiv, xv.

Les raisons dignes du législateur sont celles qui mettent en évidence le mal particulier, le mal spécifique de l'acte défendu ; celles qui montrent l'analogie entre cet acte que la loi défend, et d'autres actes déjà condamnés par l'opinion publique.

« Quiconque traite avec des contrebandiers
» doit être réputé en cela déshonnête et fraudu-
» leux. Celui qui achète des marchandises qui
» n'ont pas payé les droits, fraude le public de
» la valeur de ces droits. Il fait au revenu le
» même tort que s'il eût volé cette somme dans
» la caisse de l'état. Celui qui fraude le revenu
» national fraude tous les membres de la com-
» munauté. »

Il faut prendre garde, en voulant rendre un délit odieux, à ne point déclamer comme les moralistes vulgaires, à ne point charger le délit en question d'imputations exagérées, à ne point confondre un délit inférieur avec un délit supérieur. C'est un genre de fraude pieuse, qui, au lieu de servir la cause de la vérité, ne peut que lui nuire. Il ne faut pas dire, par exemple, que ce larcin, fait au revenu public, soit aussi malfaisant que le larcin fait à un individu : car il ne résulte du premier aucune alarme ; et d'ailleurs, plus la perte est divisée, moins elle est sentie.

C'est avec le même moyen de raison et de

persuasion que le législateur peut ramener l'opinion publique, dans le cas où elle contrarie les
opérations de la loi.

Les informateurs sont aussi nécessaires à la
justice que les juges ; ils sont néanmoins flétris
par un préjugé public, et ce préjugé est malheureusement secondé par les lois mêmes. La loi
sur les informateurs pourrait commencer ainsi :

« C'est un artifice de mauvais citoyens de tra-
» vailler à rendre odieux et méprisable celui qui
» oppose un frein à leurs mauvaises actions. Si la
» loi est juste, comme elle doit l'être, l'informa-
» teur n'est l'ennemi d'un homme qu'autant que
» cet homme est l'ennemi de toute la société, etc.
» Plus un citoyen est attaché à sa patrie, plus il
» mettra de zèle à amener en justice tous ceux
» qui, par la violation des lois, attaquent la pro-
» spérité publique, etc. »

C'est dans cette lutte contre des erreurs de
la sanction morale, que le législateur peut emprunter avec discrétion le secours du dramatiste,
et subjuguer les cœurs par la puissance de l'imagination. Les anciens ont connu cet art. C'est
ainsi que se sont exprimés les pères des peuples
dans le langage énergique et enchanteur de l'ancienne Grèce ; ils ont fait servir la poésie aux
lois. On n'avait pas encore imaginé ces formes
horribles de statuts où la volonté du législateur

se perd dans un labyrinthe de paroles. Sous ce gothique accoutrement de phrases surannées, de répétitions inutiles, de spécifications incomplètes, de parenthèses doubles et triples, il peut inspirer la terreur, ne fût-ce que celle de n'être pas compris, mais il ne commandera pas le respect. On se demande avec étonnement pourquoi les arbitres de nos biens et de nos vies ne savent pas s'exprimer avec clarté, avec dignité, avec précision : la meilleure loi serait défigurée par ce travestissement. Un pareil langage n'est pas d'un homme d'état ; il semble être celui d'un procureur, qui prépare, dans la loi même, le piége où il veut arrêter sa proie.

« Dans un gouvernement *modéré* et vertueux, dit un écrivain célèbre, l'idée de la honte suivra le doigt de la loi. Toute espèce de peine qui sera désignée comme infâme produira effectivement l'infamie.»

Cette assertion, prise dans sa généralité, n'est pas vraie : dire que le peuple sera toujours disposé à désapprouver tout ce qu'un sage législateur désapprouve, c'est aller trop loin.

Toutefois, si le gouvernement échoue, si l'opinion lui résiste, il est probable, ou qu'il a manqué d'art, ou qu'il a manqué de modération : il a voulu faire plus qu'il ne peut, c'est-à-dire plus qu'il ne doit.

Il est un délit que la loi anglaise a rendu pénal, que les juges se sont efforcés de rendre infâme, et auquel on a attaché des peines qui, en général, sont infamantes, mais que ni les lois, ni les juges, ni les peines n'ont pu parvenir à marquer d'infamie. Ce délit, c'est le *libelle politique*, délit qui peut produire de grands maux, mais ces maux sont comme inséparables d'une constitution libre.

La définition du libelle en général, ni des libelles politiques en particulier, n'est pas dans la loi. La seule que je puisse en donner, d'après la pratique des tribunaux et les traités de jurisprudence, revient à ceci : « Faire un libelle politique, c'est publier sur le compte d'un homme constitué en pouvoir une chose qui ne lui plaît pas. »

Un libelle est *criminatif* ou *vitupératif*. J'entends par criminatif celui dans lequel on accuse un homme d'avoir fait un acte spécifique (déterminable par temps et lieu) du nombre de ceux qui sont punissables par les lois. J'entends par vitupératif, un écrit dans lequel, sans aucune accusation spécifique, l'auteur exprime, en termes plus ou moins forts, sa désapprobation de la conduite ou du caractère de la personne insultée. Cela comprend toutes les épithètes de reproche vague, menteur, voleur, imbécile, homme sans foi, sans loi, sans honneur, sans pudeur, et toute la rhétorique de cette nature, avec esprit ou sans esprit, dilatée dans un volume, ou concentrée en peu de lignes, en prose ou en vers.

La différence entre le libelle vitupératif et le libelle criminatif est très facile à saisir. La loi anglaise ne connaît pas ces termes, mais elle reconnaît la distinction qu'ils expriment. Le libelle criminatif est susceptible d'une définition assez précise. Le libelle vitupératif n'en admet pas d'autre que celle que j'ai donnée ci-dessus.

Je me borne à rappeler ici que l'individu lésé peut intenter une *action civile* contre le délinquant, ou une *poursuite criminelle*. La première entraîne une amende au profit de la partie lésée; la seconde entraîne un emprisonnement, une amende au profit de la couronne, ou quelque autre peine arbitraire, car il n'y a point de règle fixe.

Dans le cas de l'action civile, le libelliste est admis en décharge à prouver la vérité de l'accusation: dans le cas de la poursuite criminelle, il n'est pas admis à faire cette preuve, et la vérité de l'imputation ne serait pas une excuse: au contraire, c'est une aggravation. Les juges, pensant confondre la raison par la singularité du paradoxe, n'ont pas hésité à le déclarer ainsi. Ce principe de jurisprudence a été établi dans des temps reculés; mais la force de l'autorité l'a maintenu, et les juges actuels, quoique trop éclairés pour ne pas en découvrir l'absurdité, le reconnaissent encore, et il triomphe dans les tribunaux.

Cela étant ainsi, blâmer la conduite d'un homme en place, justement ou injustement, c'est être coupable de libelle, et d'autant plus coupable que l'accusation serait mieux fondée. Mais censurer les hommes en place dans le cas où ils méritent de l'être, est un acte si nécessaire au maintien de la constitution, que le public est plus disposé à le louer qu'à le noter d'infamie. Les avocats peuvent haranguer, les jurés condamner, les juges punir; mais ni les avocats, ni les jurés, ni les juges ne croiront eux-mêmes que l'auteur puni soit un homme infâme.

Concluons de cet exemple que le législateur ne doit jamais attacher un caractère d'ignominie à des actes mixtes, qui peuvent également naître

En 1758, le docteur Shebbeare fut mis au pilori pour un libelle contre le roi et ses ministres. Le peuple l'entourait avec respect et l'honorait comme un martyr. Sous le règne actuel, un libraire nommé Williams fut de même condamné au pilori pour un libelle du même genre. Le peuple, pendant l'exécution de la sentence, faisait une collecte pour lui.

des passions les plus viles ou des sentiments les plus vertueux, et qui, par conséquent, échappent à une proscription générale.

Mais il n'en est pas moins vrai que, dans un grand nombre de cas, le gouvernement qui saura ajouter la force de la persuasion à celle du pouvoir, disposera de la sanction morale comme de la sanction politique. Ils ont une idée bien fausse et bien injurieuse à l'humanité, ces politiques mécaniques qui veulent tout ramener aux moyens de force, à la puissance ostensible, et négligent cet empire plus durable et plus doux qu'on exerce par la confiance.

Cependant nous ne devons point espérer, dans nos constitutions modernes, qu'un législateur obtienne sur la sanction morale cette suprême influence dont on a vu des exemples dans les petits états populaires de la Grèce ou de l'Italie, et surtout dans des sociétés naissantes. La première raison de cette différence est que, dans les états monarchiques, le souverain doit la couronne à la naissance, et non à ses qualités personnelles. Les lois reçoivent le sceau de son autorité; mais on ne les regarde pas comme son ouvrage. L'attouchement du sceptre royal ne leur donne pas le même droit à la vénération publique qu'une émanation directe, qui réunirait la splendeur du trône à l'éclat du génie

Qu'on en juge d'après les princes qui ont régné par eux-mêmes,

Dans un gouvernement mixte, comme celui de la Grande-Bretagne, le législateur multiple n'a point de caractère personnel. C'est un être abstrait, et pour ainsi d: ? fictif, qui ne se fait connaître que par ses statuts : on y découvre l'esprit qui l'anime, et il peut inspirer de l'estime et de la confiance ; mais il ne fera pas sur l'imagination du peuple la même impression qu'un personnage réel et connu.

Dans plusieurs états de la Grèce, la législation était sur un pied différent. Les Zaleucus, les Solon, les Lycurgue, étaient les hommes les plus populaires de leurs cités respectives. Leur popularité seule faisait leur titre. Ils étaient philosophes et moralistes autant que législateurs. Leurs lois étaient des instructions autant que des ordres. Le respect du peuple avait mis entre leurs mains le pouvoir de la sanction morale, avant qu'on les eût investis de la puissance politique.

Il paraît aussi que, dans ces temps reculés, les hommes étaient plus sous le gouvernement de l'opinion qu'ils ne le sont de nos jours. Leur raison était plus soumise à celle d'un individu : dans cette faible aurore des connaissances humaines, un homme savant ou réputé savant était un prodige ; celui qui avait recueilli dans des voyages lointains les trésors cachés de la science, avait une immense supériorité sur ses concitoyens.

« Le maître l'a dit, » *Ipse dixit*, est une expression qui prit naissance dans l'aveugle docilité des disciples de Pythagore; un silence de cinq ans était le noviciat de leurs études de philosophie. Cela ne ressemble guère à nos lycées modernes. Il n'y a plus de croyance à crédit, plus d'autorité sur parole; il y a encore des hommes supérieurs; mais, dans ce degré plus élevé, ils ont de proches voisins. Le sommet de la pyramide est devenu, pour ainsi dire, une plateforme, et l'empire de l'opinion a passé de la monarchie à la république[1].

[1] Qu'il me soit permis d'éclairer ce qui a été dit du pouvoir des anciens législateurs par un exemple moderne, emprunté d'un sujet frivole et d'un personnage qui ne l'était pas moins. Il ne s'agit que d'un *maître des cérémonies*. Pendant une longue suite d'années, *Nash*, surnommé le beau Nash, fut à Bath le régulateur de la nombreuse société qui s'y rassemble dans la saison des eaux : régulateur des bienséances, des coutumes, des étiquettes, de la succession des bals et des concerts, etc. Quelle est la nature et la force de ses règlements ? *Qu'on ne fasse pas*, dit le législateur, *qu'il ne soit pas permis de*, etc. *Que l'assemblée ait lieu tel jour, qu'elle commence à telle heure, qu'elle finisse à telle heure*, etc., etc. Laissant à part l'extrême disparité de l'objet, la ressemblance est frappante avec ce qui nous reste

de plusieurs lois de l'antiquité. Point de peines proprement dites. La société, se fiant à la prudence d'un individu, mettait à sa disposition une certaine quantité du pouvoir de la sanction morale. Le cri public était prêt à s'élever contre les infracteurs, et les lois les plus faibles en apparence étaient pourtant les mieux obéies.

CHAPITRE IV.

PEINES PÉCUNIAIRES ET QUASI-PÉCUNIAIRES. DÉCHÉANCES DE
PROPRIÉTÉ.

Une somme d'argent monnoyé, exigée par sentence juridique, à raison d'un délit, constitue la peine pécuniaire, ou l'amende.

La nature de cette peine ne demande pas d'autre explication; les moyens pour la faire exécuter en demanderaient beaucoup : nous nous bornerons à les énumérer.

Premier moyen : Oter au délinquant la somme en question, et la transférer à qui de droit; après quoi le premier ne peut plus s'en ressaisir sans être punissable comme pour larcin.

Second moyen : Le délinquant n'a-t-il pas la somme en sa possession, ou, ce qui revient au même, la tient-il cachée, faire la saisie de ses effets, et les vendre jusqu'au montant requis.

Troisième moyen : Employer la contrainte pour l'obliger à produire la somme en question : 1° par une peine actuelle qui doit cesser après le paiement; 2° par la menace d'une peine future (l'emprisonnement par exemple), dans le cas où son obligation ne serait pas acquittée à telle époque.

Quatrième moyen : Faire la saisie des effets, soit pécuniaires, soit autres valeurs, sur lesquels il a un droit légal, et qui se trouvent en mains tierces. Cette partie de sa propriété ne pouvant, dans plusieurs cas, être connue que par ses aveux, les moyens de contrainte seront nécessaires pour le forcer à la déclarer.

Il existe une grande diversité dans les différentes jurisprudences, par rapport à l'emploi de ces moyens. Le dernier est dans la loi anglaise une invention comparativement moderne. Il fut d'abord appliqué aux gens de commerce par un des statuts contre les banqueroutes; ensuite, on l'a étendu à toutes les classes de personnes, quand l'obligation pécuniaire porte le nom de *dette*.

I. Examen des peines pécuniaires.

1° Tout le mal produit par des peines de cette espèce se réduit à la simple *privation*, — perte de telle ou telle somme.

2° Son avantage particulier est d'être toute *convertible en profit*, — et par là si éminemment propre à l'objet de l'indemnité.

3° Il n'est point de peine qu'on puisse asseoir

avec plus d'*égalité*, ni mieux proportionner à la fortune des délinquants. Nous avons observé ailleurs que telle portion, par rapport au capital entier, était la mesure la plus exacte ou la moins fautive des peines ou des plaisirs qu'un individu puisse se procurer. Que Pierre et Paul perdent chacun la dixième partie de leurs fortunes respectives, leurs privations seront différentes en espèces, mais la somme totale en sera la même. La supposition que la loi admet, et qu'il faut nécessairement admettre, c'est que les plaisirs qu'on peut se procurer avec des capitaux respectifs sont respectivement égaux. Cette supposition est très vague, très inexacte, mais elle est plus près de la vérité, plus sûre que toute autre.

D'après cette supposition, la peine sera la même pour deux individus, s'ils perdent la même somme : non la même somme nominale, mais la même proportion de leur capital. Entre deux délinquants, possédant l'un cent livres et l'autre mille, pour les punir avec égalité, il faut ôter à l'un dix livres, et à l'autre cent.

4° La peine pécuniaire est *variable* en perfection : elle atteint jusqu'aux plus bas degrés de l'échelle pénale : en cela très supérieure aux châtiments corporels, qui ne sont point propres à punir les petits délits, parcequ'ils ont toujours quelque mélange d'infamie ; au lieu qu'il ne résulte des peines pécuniaires rien de plus que la honte attachée à la conviction de la faute.

5° La peine pécuniaire, surtout quand sa valeur relative est considérable, est sujette à un désavantage. D'autres personnes que le délinquant, et des personnes innocentes, sont exposées à en souffrir avec lui. Tous ceux qui composent le cercle domestique dans sa dépendance sont appauvris avec leur chef : le mal ne se borne pas pour eux à la diminution du bien-être auquel ils sont accoutumés, c'est de plus une peine positive d'attente trompée, une peine qui ne tombe que sur eux, parcequ'eux seuls, en vertu de leurs relations avec leur chef, ont pu fonder des espérances habituelles et légitimes sur une fortune à laquelle ils doivent participer : c'est là une considération majeure que le législateur ne doit pas perdre de vue dans l'établissement de ces peines.

6° Comme *exemplaires*, ces peines n'ont point de mérite particulier. Un paiement fait par ordre de la justice ressemble à tout autre paiement : cela ne fait point spectacle comme les plus petites peines corporelles : les privations qui en résultent ne sont pas même aperçues.

Il y a un cas, en Angleterre, où la peine pécuniaire est comme perdue pour l'exemple. Dans un grand nombre de délits mineurs, la peine ordinaire, souvent la peine unique, est d'être

condamné aux *frais et dépens*. Ces dépens ne
sont point connus ; cette peine masquée échappe
presque entièrement au public. Celui qui la subit
n'en connaît la valeur qu'au moment où elle
s'exécute. Elle blesse sans dire *gare*. C'est un inconvénient auquel il serait facile de remédier.

II. Des peines quasi-pécuniaires.

J'appelle propriété quasi-pécuniaire toute espèce de propriété autre que le numéraire ou
l'argent monnoyé, mais de nature à être vendue,
ou échangée contre de l'argent monnoyé.

L'énumération des différentes espèces de propriétés appartient plus à un traité de la loi civile
qu'à un ouvrage sur les peines[1].

Autant d'espèces de propriétés, autant d'espèces de déchéances.

Ce que nous venons de dire des peines pécuniaires s'applique à celles-ci, en général. La
peine de la perte peut s'estimer sur le pied de
la valeur pécuniaire perdue ; mais il y a une
exception à faire pour les objets possédant une
valeur d'affection. L'équivalent en argent ne

[1] Voyez *Traités de législation*, tom. I, titre du Code
civil, *des choses*, pag. 225. — Deuxième édition, tom. III,
pag. 262.

représente point les plaisirs attachés à la possession de ces objets. La perte d'une terre patrimoniale, d'une maison qui a passé de père en fils dans la même famille, ne doit pas s'estimer par le prix vénal de cette terre ou de cette maison.

Ces peines sont en général *plus exemplaires* que les peines pécuniaires. La confiscation d'une terre, d'un domaine, par exemple, porte plus visiblement le caractère de peine, frappe l'attention d'un plus grand nombre de personnes, qu'une amende de la même ou d'une plus grande valeur. Le fait de la possession est un fait connu dans tout le district, un fait qu'un grand nombre de circonstances tendent sans cesse à rappeler, et qui se perpétue d'une génération à l'autre.

Ceci ouvrirait un vaste champ à des réflexions politiques sur l'usage des confiscations de propriétés territoriales, surtout dans le cas de ces délits équivoques qu'on appelle rébellions ou guerres-civiles : elles perpétuent des souvenirs qu'on devrait effacer. Nous en parlerons sous le chef des *Peines déplacées*, liv. IV.

CHAPITRE V.

DÉCHÉANCES AFFECTANT LA CONDITION.

Quand la propriété a pour objet des choses réelles, comme un fonds de terre, une maison, elle se montre sous sa forme la plus simple et la plus facile à concevoir. Mais quand elle a pour objet des choses incorporelles, on ne peut la désigner que par des termes abstraits, et pour expliquer ces termes il faut les ramener aux *choses réelles* dont ils tirent leur existence et leur signification. Pour expliquer une *condition*, par exemple *la condition d'un mari*, il faut expliquer les droits que la loi lui donne sur la personne, les biens, les services d'un être existant, — la femme qu'il a prise en mariage. Pour expliquer une *dignité*, il faut expliquer les droits qu'elle donne, — le privilége exclusif de prendre un certain titre, de porter un certain costume, d'avoir un certain rang dans telle ou telle occasion, ou de jouir de tout autre symbole d'honneur attaché par l'usage à cette dignité. Voilà ce qui dépend de la loi. Quant à l'honneur lui-même,

qui en constitue la valeur, il dépend de la sanction morale. C'est encore une espèce de propriété; l'homme revêtu d'une dignité est en possession de recevoir de la communauté des services inexigibles, des services de déférence qu'on
est disposé en général à lui rendre en conséquence
de son rang.

Pour expliquer un *office*, office constitution-
nel ou public, il faut expliquer le pouvoir qu'il
donne sur les personnes subordonnées, les émoluments qui y sont attachés, et les avantages
inexigibles dont il est la source : c'est-à-dire, en
conséquence d'une disposition des individus à
rendre différentes espèces de services libres au
possesseur de l'office.

C'est avec le même procédé qu'on explique
tous les *droits*,—par exemple, le *droit d'élection*
(pour un membre du parlement). Celui qui a
ce droit possède le privilège de donner un vote
par lequel il influe sur la nomination de telle
personne qui sera revêtue de tel pouvoir. La
valeur de ce privilège dépend principalement
de l'intérêt qu'il donne à l'électeur auprès du
candidat et de ses amis. — L'intégrité dans l'exercice de ce droit est un moyen de réputation. Il
en résulte aussi pour quelques âmes nobles un
plaisir de sympathie fondé sur la perspective du
bonheur public, c'est-à-dire sur l'influence que

le choix d'un candidat vertueux et éclairé peut avoir pour l'avancement du bien général.

Quand on a expliqué la valeur d'une *condition*, d'un *droit*, d'un *privilége*, le pouvoir, le profit, l'honneur, c'est-à-dire les plaisirs qui en résultent, on a tous les éléments nécessaires pour évaluer le mal de la perte, la peine de la déchéance.

Analyser ainsi toutes les espèces de propriété, et toutes les espèces de déchéance, serait un travail infini. Nous nous bornerons à quelques exemples, et nous prendrons d'abord celui de la condition matrimoniale.

I. Condition matrimoniale.

Les maux résultant pour le mari de la déchéance de condition matrimoniale consistent dans la perte des plaisirs de cette condition.

1. Le plaisir, qui est le principal objet de l'institution du mariage et la base de tous ceux qui lui appartiennent. Il peut se diviser : 1° plaisir des sens; 2° plaisir provenant de la perception d'une beauté particulière, qui dépend en partie des sens, en partie de l'imagination.

2. Les innombrables petits plaisirs de toute espèce résultant des services exigibles qui tiennent à l'autorité légale du mari. Tout variés qu'ils

sont, on peut les ranger sous le chef de plaisirs de possession.

3. Les plaisirs résultant de l'usage actuel des propriétés de la femme, appartenant au même chef.

4. Le plaisir dérivé de l'espérance d'hériter le tout ou une partie de ses biens : plaisir d'attente fondé sur le plaisir de la richesse.

5. Le plaisir résultant de la perception d'être aimé. Cette affection est la source d'une multitude innombrable de services inexigibles qui ont tout le charme de la liberté, comme ceux d'un ami envers son ami. Ces plaisirs peuvent se rapporter à la sanction morale.

6. Le plaisir résultant de cette bonne réputation de la femme qui se réfléchit sur le mari, et qui a une tendance naturelle, comme l'honneur dérivé de toute autre source, à lui concilier la bienveillance et l'estime sociale. La sanction morale en est de même le principe.

7. Le plaisir d'être témoin de son bonheur, et surtout de cette portion de son bonheur qui est le fruit de ses soins. C'est un plaisir des affections bienveillantes.

8. Le plaisir résultant de tous ces services inexigibles que sont disposés à lui rendre les parents et les amis de la famille dans laquelle il est entré. Ceci se rapporte à la sanction morale.

9. Le plaisir du pouvoir, considéré en lui-même, indépendamment de tout usage spécifique, constitué dans le mari, par le droit légal de punir ou de récompenser, en vertu de son droit supérieur à disposer de la propriété commune. Ce sentiment de pouvoir est un plaisir de l'imagination.

10. Le plaisir résultant de la paternité. Nous aurons occasion de l'analyser en considérant les maux qui résultent de la déchéance de l'état de père.

Le même catalogue, avec peu de variations qui se présentent d'elles-mêmes, est applicable à la condition de la femme.

C'est une tâche assez ennuyeuse que d'avoir à analyser froidement et à classer sous une nomenclature aride un sujet si propre à recevoir tout le charme du sentiment et les couleurs les plus brillantes de l'imagination : c'est l'herbier du naturaliste, et non la palette du peintre.

II. Condition paternelle.

Les maux résultant de la déchéance de la condition de père consistent principalement dans la perte des plaisirs suivants :

1. Le plaisir d'imaginer sa propre existence comme prolongée dans celle de son enfant, qu'il

considère, en quelque façon, comme faisant partie de la sienne. Ceci est un plaisir de l'imagination.

2. Le plaisir dérivé de l'usage de ses services exigibles, durant sa minorité. C'est un plaisir de possession.

3. Le plaisir d'user, sans la diminuer, de la propriété de l'enfant, s'il en a une : plaisir double, celui de possession en tant que père, et celui qui appartient à la condition de tuteur (dont il sera parlé sous ce chef).

4. Le plaisir résultant de l'affection que l'enfant lui porte : plaisir de la sanction morale.

5. Le plaisir dérivé de l'honneur qui réfléchit sur lui de la réputation de son fils : plaisir de la sanction morale.

6. Le plaisir de contribuer à son bonheur : plaisir de bienveillance.

7. Le plaisir à mesure que le fils avance en âge, dérivé de ses liaisons et de son intérêt dans le monde : plaisir de la sanction morale.

8. Le plaisir résultant du sentiment de la puissance maternelle : plaisir de l'imagination.

9. Dans quelques cas, le plaisir dérivé de l'espérance d'hériter le tout ou une partie de ses biens, ou, si l'enfant est mort, la possession même.

III. Condition filiale.

Plaisirs appartenant à la condition filiale.

1. Le plaisir dérivé de l'usage des services exigibles du père.

2. Celui qui résulte de l'usage d'une certaine portion de la propriété du père.

3. Celui qui résulte du sentiment d'être aimé de lui.

4. Celui du crédit attaché à sa réputation.

5. Celui d'être témoin de son bonheur et d'y contribuer : plaisir rendu plus vif dans le cœur des enfants par le sentiment de la reconnaissance.

6. Celui qui résulte des liaisons du père, et de son intérêt dans le monde.

7. Celui qui dérive de l'espérance d'hériter ses biens, ou une portion de ses biens, ou, s'il est mort, la possession même.

IV. Condition d'emploi fiduciaire.

Plaisirs résultant de la possession de pouvoirs fiduciaires privés.

1. Le plaisir fondé sur l'espérance de contribuer activement au bonheur de l'individu dont l'intérêt est en question : plaisir de bienveillance.

2. Le plaisir fondé sur l'espérance des services

inexigibles à attendre de la reconnaissance de cet individu : plaisir de la sanction morale.

3. Le plaisir fondé sur l'espérance des services inexigibles à attendre de la part des personnes à qui l'on procure des profits mercantiles par le maniement de la tutelle en question : plaisir qui se rapporte de même à la sanction morale.

4. Le plaisir fondé sur l'espérance d'avoir une part dans l'estime, la bienveillance et les services inexigibles des différentes personnes qui auront vu avec approbation la capacité et l'intégrité du gérant : plaisir de la sanction morale.

5. Quand il y a un salaire annexé à la charge, plaisir de profit pécuniaire.

On ne sait que trop que tous les plaisirs qui appartiennent à ces divers états sont sujets à s'évanouir, ou du moins à être altérés par un mélange de peines correspondantes. La valeur de toute condition peut être positive ou négative, c'est-à-dire qu'on peut s'en trouver bien ou mal. La valeur est positive quand, après la déduction des peines, la somme des plaisirs l'emporte. La valeur est négative quand, après la déduction des plaisirs, la somme des peines est prépondérante. La valeur de la condition est-elle négative, la sentence qui en rompt les liens opère, non comme une peine, mais comme une récompense.

Par rapport aux plaisirs qui appartiennent en

commun à ces diverses conditions, quoique nominalement les mêmes, ils sont bien différents
en fait de valeur. Le plaisir de contribuer au bonheur de l'individu qui est l'autre terme de la
relation appartient à l'état de tuteur, comme à
celui de père ; mais il est plus certain, et généralement beaucoup plus vif dans le père que dans
le tuteur. Je n'entre pas dans ces détails que
chacun peut suppléer, et qui nous conduiraient
de la politique à la morale.

Considérons maintenant par quels moyens ces
peines de déchéance peuvent être infligées.

Quant à la perte de la condition matrimoniale,
cette peine peut s'infliger par la sentence du
juge, déclarant que le délinquant n'est pas ou ne
sera plus considéré comme étant le mari ou la
femme de la personne en question.

L'effet d'une telle sentence serait plutôt de
rendre précaires la plupart des avantages de l'u-
nion conjugale que de les détruire.

Mais une fréquentation continuée et sans témoins mettrait le commerce des époux divorcés
sur le pied du concubinage : or, cette liaison est
punie par la sanction morale ; et quand elle est
à découvert, elle l'est aussi en plusieurs pays par
la sanction politique. De plus, le divorce légal
priverait l'homme en tout ou en partie de la

jouissance des services exigibles dans l'usage de la propriété de la femme, de celle surtout qui dépend de la cohabitation; il le rendrait dépendant d'elle, par rapport à la disposition testamentaire de ses biens, si la loi lui permettait d'en disposer; ou l'en priverait absolument, si elle n'avait pas ce droit.

Quant au plaisir dérivé de la paternité, s'il y a des enfants, la loi ne peut pas en priver le père, mais elle peut y mêler bien de l'amertume, si une sentence rétrospective les déclare illégitimes. Pour ceux qui pourraient naître de l'union prohibée, la peine serait plus certaine, parceque l'opinion publique, qui se prêterait difficilement à une sentence de dégradation pour des enfants nés sous la foi du mariage, n'aurait pas la même indulgence pour ceux qui seraient nés sous le divorce.

La condition paternelle ou filiale peut, autant que la nature de la chose le permet, être détruite de la même manière par une sentence du juge, déclarant que le délinquant n'est pas ou ne sera pas considéré comme le père ou l'enfant de la personne en question.

Les effets certains de la sentence, par rapport au père, seront de le priver de tout pouvoir légal sur la personne de l'enfant; — par rapport à l'enfant, de le priver de la succession aux biens paternels, en tant que la disposition ne dépend pas de la volonté du père.

Quant aux autres avantages dérivés de ces relations, la sentence aura son effet ou n'en aura point, selon les dispositions des parties intéressées : l'effet dépendra du père et du fils eux-mêmes, — du cercle particulier de leurs liaisons et du public en général.

Quant aux offices de tutelle et autres emplois fiduciaires, la sentence sera nécessairement effective dans tous ses points : une interdiction légale de tous les actes annule tous les avantages qui en dérivent.

On trouvera bien extraordinaire, au premier aspect, que j'attribue au magistrat politique le pouvoir de dissoudre des relations naturelles. C'est, dira-t-on, une matière de fait, un fait passé : et comment peut-il être dans la sphère du pouvoir humain de faire qu'un fait soit arrivé autrement qu'il n'est arrivé ? Non, sans doute, cela ne se peut pas : mais ce qui est en grande partie au pouvoir du magistrat, c'est de persuader aux hommes qu'un fait est arrivé autrement qu'il n'est arrivé en effet. Il est vrai que sur les parties elles-mêmes, et sur un petit nombre de personnes qui ont une connaissance immédiate du fait, l'assertion du magistrat ne pourra rien ; mais elle aura la plus grande influence sur le monde en général. Le grand obstacle, c'est qu'une déclaration à cet effet, comme moyen pénal, porte en gros caractères la preuve de sa fausseté. Voici le dilemme auquel elle ne saurait échapper. Le délinquant n'est-il pas le père de la personne en question ? Déclarer qu'il ne l'est pas, ce n'est point le punir : l'est-il en effet ? la déclaration est fausse.

La supposition toutefois qu'on pût essayer, comme mode de punir, cette expaternité, ou cette exfiliation, n'est pas si extravagante qu'on le croirait d'abord. Il ne faut qu'observer combien de choses à peu près semblables se font par l'autorité du magistrat.

Il y a deux manières de procéder pour effectuer cet objet : l'une en faisant croire que le délinquant n'a jamais eu pour père ou pour fils l'homme regardé comme tel ; l'autre, en faisant croire que la filiation a manqué de quelque condition légale, que la ligne de parenté est illégitime.

Un cas qui a quelque analogie avec celui-là, est ce cas fameux sur lequel on a tant écrit de volumes, la *corruption du sang*, en d'autres termes, la forfaiture de sang héritable. Le simple fait, le fait purement réduit à lui-même, c'est qu'on ne veut pas qu'un homme puisse hériter, comme il aurait fait si cette peine n'eût pas été prononcée :

mais au moyen de cette expression, on voudrait persuader qu'on produit un changement réel dans le sang de l'individu, et que c'est là une partie de la peine.

Un autre exemple, dans lequel on paraît prétendre exercer, au moins en paroles, un empire du même genre sur les faits, est celui de cette maxime barbare, qu'*un bâtard n'est le fils de personne;* maxime qui a une tendance, autant que des mots peuvent l'avoir, à priver un homme de toute relation de parenté. Ceci toutefois n'est pas un jugement pénal.

Un autre exemple, l'opposé du précédent, est cette autre maxime des lois, *pater est quem nuptiæ demonstrant,* maxime en vertu de laquelle on sanctionnait une fausseté dans des cas où elle était manifeste. Des décisions plus récentes ont adouci la sévérité de cette règle, en établissant que le fait du mariage sera toujours considéré comme une preuve présomptive de la paternité; mais présomption qui cède à la preuve positive de l'impossibilité du fait.

En France, il y a eu un singulier mode de punir, par lequel on ne prétendait pas, il est vrai, détruire l'existence du fait de la parenté; mais il avait pour but d'en abolir la mémoire, en imposant à une famille l'obligation de changer de nom[1].

---

[1] Dans le cas de Damiens et de Ravaillac, etc.

La même peine a été pratiquée en Portugal[1].

La peine de *déchéance de crédibilité* est un autre exemple d'une prétention non moins arbitraire d'autorité sur l'opinion des hommes. A la suite d'un délit qui souvent n'a rien de commun avec la véracité, et comme partie de la peine, le délinquant est déclaré déchu de toute créance, c'est-à-dire qu'il est enjoint aux juges de ne plus croire à son témoignage, et, pour plus grande sûreté, de ne pas même l'entendre.

La déchéance de la condition conjugale est souvent une des conséquences de l'emprisonnement; surtout dans le cas où l'emprisonnement est combiné avec le travail pénal. Cette partie de la peine n'est pas formellement énoncée, mais elle n'en est pas moins réelle. On ne déclare pas en termes exprès, que l'homme est divesti de cette condition; il est toutefois exclus de ses principales jouissances; et la condition séparée des plaisirs qui lui appartiennent n'est plus évidemment qu'un nom. La déchéance est temporaire ou perpétuelle, selon que l'emprisonnement est l'un ou l'autre.

---

[1] Dans le cas de quelques unes des personnes convaincues d'un attentat sur la personne du feu roi.

V. Condition de liberté.

L'état de liberté n'étant qu'une idée négative (exemption d'obligation), il s'ensuit que la perte de cet état est une idée toute positive. Perdre l'état d'homme libre, c'est être réduit à l'état d'esclave. Mais l'idée d'esclavage n'emporte rien de déterminé, rien d'applicable universellement à toutes les nations. Il est des contrées où il n'y a point de classe d'hommes connus sous le nom d'esclaves. Dans celles où l'esclavage est admis, il comporte différentes formes; il peut y avoir des esclaves de différentes classes. La peine de servitude différera beaucoup, selon la classe à laquelle l'individu sera agrégé.

L'esclavage se divise en deux classes : les esclaves qui dépendent du gouvernement, ceux qui dépendent des individus.

La condition des esclaves publics, si elle est modifiée par des règlements qui déterminent la nature du travail et des peines coercitives, n'est autre que la condition de ceux qui sont soumis aux travaux pénaux : si elle n'est point modifiée par de tels règlements, elle est à peu près sur le même pied que l'esclavage privé. Un esclave public ainsi placé est soumis à un inspecteur, qui n'est tenu qu'à l'employer, au profit du public,

dans un certain genre d'occupations : ce pouvoir,
tout arbitraire qu'il est, ne va pas toutefois jusqu'à lui donner le droit de vie et de mort. Cet
état diffère très peu de l'esclavage privé. Un nè-
gre, par exemple, employé sur une plantation
du gouvernement, n'est pas, par cette circonstance, dans une condition beaucoup meilleure
que s'il appartenait à un maître privé, qui, au lieu
de régir par lui-même, emploierait un agent.

Le moyen le plus simple de concevoir tous les
degrés possibles d'esclavage, c'est de le considérer d'abord comme absolu et illimité. L'esclave
dans ce cas est exposé à toutes les espèces possibles de maux. La *peine* comprise sous le nom de
déchéance de condition libre n'est alors rien moins
que la chance plus ou moins grande, selon le
caractère du maître, de souffrir toutes sortes de
maux, c'est-à-dire tous les maux qui appartiennent à tous les différents modes de punir. Pour
se faire une idée exacte de la nature et de l'é-
tendue d'une telle peine, il ne faut que parcourir
le tableau qui exhibe tous les genres possibles de
punition. C'est, en un mot, la perte absolue de
protection légale pour l'esclave relativement à
l'individu constitué *maître* [1].

---

[1] Ce sort, comme punition, paraît trop rigoureux pour
des criminels ; c'est à des innocents qu'il est réservé. Il est

Telle est la nature de l'esclavage dans sa forme la plus simple ; telle est la nature de la perte totale de la liberté. Les différentes restrictions qu'on peut donner à l'exercice de ce pouvoir constituent différents degrés d'adoucissement dans la servitude.

Les maux de cette condition sont donc : 1° la chance pour l'esclave de subir toutes les espèces de souffrances qu'il n'est pas expressément défendu au maître d'infliger ; 2° l'appréhension continuelle de ces souffrances.

VI. Condition de liberté politique.

Je ne dirai qu'un mot sur un sujet qui demanderait un volume.

La perte de liberté constitutionnelle s'opère par une révolution dans la condition, non d'une personne en particulier, mais de la communauté entière. Cette perte de liberté est le résultat d'une nouvelle distribution des pouvoirs dans le corps gouvernant, — distribution qui rend les person-

vrai, comme dit Montesquieu, que ce sont des hommes noirs depuis les pieds jusqu'à la tête.

N. B. On a reproché à cet illustre publiciste le ton de son chapitre sur l'esclavage des nègres ; mais n'est-ce pas l'ironie amère de l'indignation ?

nes investies d'autorité moins dépendantes de la
volonté des gouvernés.

Mais le pouvoir de commander ne peut être
fondé que sur une disposition correspondante à
obéir. Or, comment se fait-il que la communauté
se prête à l'obéissance envers ceux qui attaquent
sa liberté ? Cela ne peut arriver que par une conquête qui soumet le peuple vaincu à une force
irrésistible, — ou par l'habileté d'un chef qui
séduit, corrompt, intimide et fait graduellement
plier les mœurs et les lois à ses volontés : mais
en dernière analyse la liberté politique d'une nation ne peut être détruite que par le lâche consentement de la nation elle-même.

CHAPITRE VI.

DÉCHÉANCE DE PROTECTION LÉGALE.

Oter à un individu la protection légale, ou *le mettre hors de la loi*, est une peine usitée dans plusieurs jurisprudences.

Dans celle d'Angleterre, l'*ex-loi* (*out-lawry*) entraîne les peines suivantes :

1° Incapacité de recourir à la protection des tribunaux ;

2° Forfaiture des biens personnels ;

3° Forfaiture des profits croissants des biens réels ;

4° Emprisonnement à vie.

Telle est la peine infligée pour le délit de s'absconder de justice, c'est-à-dire de ne point se rendre à ses sommations, de se cacher. Elle a lieu dans tous les cas, excepté quand le délit principal est *félonie* : dans ce cas-ci, l'homme qui a subi une sentence d'ex-loi est puni comme s'il eût été convaincu du délit principal.

Comme le délit de s'absconder est un délit chronique, la peine devrait être aussi une peine chronique, afin que, cessant d'opérer quand le délit cesse, elle ne fût autre qu'un moyen de contrainte. Il n'en est pas ainsi dans la loi ni dans l'ancienne pratique : mais peu à peu l'on en est venu là, et l'usage moderne a corrigé l'excessive rigueur de l'institution originaire.

La peine s'applique dans tous les cas criminels, mais non dans tous les procès civils : cela dépend de la cour où le procès a été commencé : la gravité du fait n'y entre pour rien.

La première de ces peines, c'est-à-dire la simple incapacité de recourir à la protection des tribunaux, est appliquée à une multitude de délits avec lesquels elle n'a aucun rapport de convenance.

Cette peine n'est convenable que dans un cas ; lorsque l'individu qui se soustrait à la justice n'a point de propriété visible, ou n'en a pas une suffisante pour répondre à ce qu'on réclame de lui. Pourquoi cette peine est-elle convenable dans ce cas ? c'est qu'elle est la seule à laquelle on puisse avoir recours : car, d'ailleurs, comme nous le verrons bientôt, elle n'est point bonne en elle-même.

Quand un individu qui n'a point de propriété visible dans son propre pays s'échappe et s'enfuit dans un autre, généralement parlant, la justice de son pays n'a plus de prise sur lui. Ce sera là le cas le plus fréquent. Mais il peut arriver qu'il ait des créances, et qu'il ait besoin pour les re-

couvrer de l'assistance des tribunaux de son pays.
Cette créance est-elle pour lui plus qu'équivalente à la peine du délit pour lequel il s'est enfui?
il reviendra de lui-même se soumettre à la justice. La peine aura son effet, et elle est convenable, parcequ'elle donne une chance de succès
dans un cas ou toute autre peine est inapplicable
ou inefficace.

Une anecdote, conservée par Selden dans son
Ana (*Table-Talk*), montre comment ce mode
de peine opère sur un individu inattaquable par
tout autre moyen.

Un marchand avait une réclamation sur le roi
d'Espagne, à laquelle ce roi ne faisait pas justice.
Le marchand avait déjà intenté son action. Selden, qui était son avocat, lui conseilla de procéder contre le souverain étranger par une *mise
hors de la loi*. Décrets sur décrets expédiés au
shérif pour se saisir de sa majesté, et l'amener
en personne devant les juges de Westminster.
Sa majesté ne se trouva point. Après d'autres
proclamations usitées, sa majesté, toujours in-
trouvable, fut déclarée *hors de la loi*: et, selon les
formes requises, il fut prononcé qu'elle avait
une *tête de loup*: chacun pouvait s'en saisir et la
traîner en prison. Il est bien possible que le roi
ne se fût pas rendu, malgré le *caput lupinum;*
mais heureusement il avait alors diverses récla-

mations à faire valoir sur des marchands anglais, et tant que la sentence subsistait, il n'avait aucun accès aux tribunaux. En cette considération, son ambassadeur, Gondomar, se soumit et paya la dette : après quoi, la tête de loup fut ôtée, et celle du roi remise à sa place.

I. Examen de cette peine.

L'inégalité. — Voilà l'objection qui tombe avec une force particullère sur ce mode de punir. Un individu tire sa substance de son travail ou de sa propriété : sa propriété est meuble ou immeuble : elle est dans ses mains ou dans celles d'autrui.

Celui qui vit de son travail est à peine touché par ce mode de punition. Il est payé d'avance ou en détail, à mesure que l'ouvrage est fait. Il a peu de risques à courir, et il peut même n'en courir aucun.

Celui qui tire sa substance de biens immeubles est très peu affecté par cette déchéance, si ses biens sont dans son propre maniement. Le plus grand inconvénient qui en résulte est dans la gêne de ne rien vendre à crédit. Sa propriété est-elle dans les fonds publics, il reste intact. Il n'est pas probable que ceux qui ont le maniement de ces fonds refusent de lui payer son dividende, sous le prétexte que la loi ne les y oblige pas. Il n'y a, de leur part, aucun intérêt à ce refus, et comme dépositaires d'un fonds national, il leur importe, pour conserver le crédit public, de ne point se départir d'un engagement général.

Sa propriété consiste-t-elle en mobilier, par exemple en effets de commerce, la peine qui le rend inhabile à réclamer des créances peut lui nuire jusqu'à un certain point, en l'empêchant de vendre à crédit; mais cela ne va pas jusqu'à l'empêcher d'acheter à crédit, car il reste soumis à l'appel en justice, quoiqu'il ne puisse y appeler personne.

Le seul cas où cette interdiction légale soit de nature à l'affecter profondément est celui où sa propriété consisterait en créances, en immeubles entre les mains d'un tenancier. La sentence peut entraîner sa ruine totale.

Dans ce cas, tout l'effet de la loi de quoi dépend-il? de l'honnêteté morale de ceux qui ont sa fortune entre leurs mains.

Ainsi la peine dépend de deux circonstances: 1° la nature des fonds dont il dérive son entretien; 2° la probité de ses créanciers. Mais ni l'une ni l'autre de ces deux circonstances n'a de liaison avec le crime. De deux hommes ainsi punis pour le même délit, l'un sera ruiné, l'autre ne sera pas même effleuré. Le hasard en décide.

Une autre objection contre ce mode de punir

se tire de son immoralité. La peine étant pécuniaire, il en résulte un profit en faveur de quelqu'un : mais à qui ce profit est-il accordé ? à l'homme qui, ayant contracté avec le délinquant un engagement, se laisse induire par l'appât du lucre à le violer. On dira peut-être que, par la supposition, le contrat étant nul, il n'y a point de mal à ne pas le tenir. — Nul ! il l'est pour la sanction politique, il ne l'est pas pour la sanction morale. Tout ce que fait la loi, c'est de ne pas forcer le créancier à payer : mais l'intérêt de la société demande, et, en conséquence, la sanction morale exige qu'un homme soit prêt à remplir ses engagements, lors même que la loi ne l'y contraint pas. Quiconque se prévaut d'une telle dispense pour violer sa parole est un homme en qui l'intérêt sordide l'emporte sur la probité et l'honneur.

La sanction politique se met dans ce cas en opposition avec la sanction morale. Elle invite à faire un acte, défendu par une loi de l'honneur qu'il faudrait chercher à faire naître si elle n'existait pas.

LIVRE IV.

DES PEINES DÉPLACÉES.

Un délit a été commis. Qui doit en porter la peine ? — Cette question s'adresse-t-elle à des hommes raisonnables, et faut-il y répondre sérieusement ?

Avant d'entrer dans un examen qui ne prouvera que trop la nécessité de traiter ce sujet, commençons par expliquer le terme lui-même. La peine déplacée, ou mal assise, ou aberrante, est celle qui, au lieu de tomber exclusivement sur l'auteur du délit, va tomber en tout ou en partie sur des innocents. Cette peine, qui sort de son assiette naturelle, ne serait pas toujours rigoureusement ce qu'on appelle une *peine*, d'après la définition du mot[1]. La loi ne lui donne pas le nom de peine. Il n'y a point de loi assez absurde pour déclarer qu'elle punit un innocent : mais ce n'est là qu'une dispute verbale. Le législateur, à l'occasion d'un délit de Titius, inflige un mal à

[1] *Voyez* liv. I, chap. 1.

des individus qui n'ont aucune part à ce délit, soit pour augmenter la peine de Titius, soit par un sentiment aveugle d'antipathie. C'est là ce que j'appelle une peine déplacée.

Pour ne rien confondre, il faut d'abord distinguer deux cas, l'un où la responsabilité d'un délit doit porter sur ceux qui n'en sont pas les auteurs; l'autre, où le mal de la peine affecte des innocents, sans aucune intention de la part du législateur, et sans qu'il puisse le prévenir.

PREMIÈRE SECTION.

Responsabilité civile.

Il est des cas où la peine, déplacée en apparence, ne l'est pas en réalité. Le délit est commis par A, qui agit sous pouvoir; la peine est infligée à B, en qui le pouvoir en question réside. Le supérieur, en d'autres termes, est responsable pour son subordonné.

Responsabilité
{
du mari pour sa femme.
du père pour ses enfants.
du tuteur pour son pupille.
du maître pour ses domestiques.
du geôlier pour ses prisonniers.
du shérif pour le geôlier.
du commandant militaire pour ceux qui sont sous ses ordres.
du gardien de personnes en démence.
}

Le fait est que, dans tous ces cas, la peine de la responsabilité est fondée sur la présomption d'un délit de la part du supérieur, un délit de négligence dans le choix de ses subordonnés, ou dans l'inspection de leur conduite. C'est de sa part un délit négatif, consistant dans l'omission des précautions qu'il aurait dû prendre pour prévenir le délit positif de ceux qui lui sont soumis.

Le shérif est punissable par la loi d'Angleterre dans le cas où le geôlier a laissé échapper quelque prisonnier. Le shérif n'en a pas la garde immédiate : il a des fonctions incompatibles avec celle-là. On n'a donc point de raison pour le croire complice du délit, sur cette seule donnée. Mais il a la nomination du geôlier, et l'objet de la loi est de le rendre circonspect dans son choix. Le geôlier lui-même est le premier responsable, mais comme la garde des prisonniers est de la plus haute importance, la peine suspendue sur la tête du shérif est une précaution que la prudence justifie, d'autant plus que cette peine peut être, en certains cas, proportionnée par le juge aux circonstances.

Cette responsabilité de la part de différents supérieurs est fondée, non seulement sur cette raison, mais sur d'autres non moins solides. Elles ont été développées dans les *Traités de législation*, tome II, chap. XVII.

Maux inévitables dérivés de la peine.

Toutes les peines, ou du moins presque toutes, affectent plus d'une personne, outre le délinquant qui les subit. Il a des relations, des amis, des associés, des créanciers qui en souffrent par sympathie ou par contre-coup. C'est une partie de la peine qui s'extravase, qui se déborde hors de son lit naturel, et se répand sur des innocents. C'est là un mal inévitable, c'est-à-dire inévitable à moins d'établir une impunité absolue.

Mais si ce mal est inévitable, il faut le réduire, autant que possible, à son moindre terme. Quand le législateur fixe une peine, elle lui paraît suffisante pour celui qui n'a point de femme et d'enfants : la même peine nominale, dans le cours ordinaire des choses, sera donc plus forte en réalité pour l'homme marié et père de famille. La diminuer par cette considération jusqu'à un certain point, ce serait la laisser égale à ce qu'elle est dans sa totalité pour le célibataire ; et quand on joint à ce titre l'intérêt de la femme et des enfants, on sera porté à conclure que lorsqu'il s'agit d'une peine infamante, d'une peine pécuniaire, d'un emprisonnement, d'un bannissement, un certain rabais de la peine pourrait avoir lieu en faveur de l'individu qui a ces liens domestiques. Il est vrai que cette présomption d'une plus grande sensibilité de sa part ne devrait pas tenir contre une preuve de fait : par exemple, s'il avait réduit sa femme à se séparer de lui par de mauvais traitements, s'il avait abandonné ses enfants, il ne faudrait pas lui accorder un rabais de peine, à titre de père et d'époux.

Dans le cas où la peine principale porterait sur la fortune du délinquant, l'intérêt de la femme et des enfants innocents devrait être préféré à l'intérêt du fisc ; mais cette indulgence a des limites : car il faut que l'homme soit puni ; et il pourrait bien ne pas l'être, si on rendait à ceux qui dépendent de lui tout ce qu'on lui ôte à lui-même.

Par rapport à des créanciers d'un autre genre, à ceux qui ne sont unis avec lui que par un rapport d'affaires mercantiles, la règle de préférer leur intérêt à celui du fisc doit être appliquée sans réserve et dans toute son étendue. De tout ce qu'on fait payer au délinquant, à titre de peine pour son délit, pas une obole ne doit entrer dans le trésor public, qu'après qu'on a satisfait en plein et de bonne foi à toutes les réclamations des créanciers légitimes.

Division des peines déplacées.

La peine est *déplacée* ou *mal assise* dans deux cas. — 1° Si le délinquant n'étant pas puni, un autre l'est à sa place. — 2° Si le délinquant étant puni, quelque personne innocente est punie avec lui en vertu d'une clause expresse de la loi. ·

Le délinquant n'étant pas puni, si un autre l'est à sa place, la peine peut s'appeler *vicaire.*

La peine passe-t-elle du délinquant sur une autre personne liée avec lui, elle peut s'appeler *transitive.*

Un nombre d'individus formant une société sont-ils punis tous ensemble, sous la présomption que le délinquant ou les délinquants font partie de ce corps, on peut appeler cet acte *peine collective.*

La peine du délinquant est-elle assise de manière qu'elle doive tomber en partie et accidentellement sur quelque personne étrangère au délit et au délinquant, c'est ce que j'appelle *peine fortuite.* A proprement parler, c'est une loterie de peines.

La peine par *sort,* telle qu'on la pratique quelquefois quand les délinquants sont nombreux et redoutables, par exemple la décimation dans une armée, n'est pas un exemple de *peine fortuite*. Les individus qui participent à ce tirage sont tous censés coupables : ce n'est pas la peine qui est distribuée au hasard, c'est le pardon.

Dans la *peine vicaire*, un innocent est puni seul. Dans la *peine transitive*, un innocent est puni avec le délinquant, en vertu de sa liaison avec lui. Dans la *peine collective*, une société de personnes innocentes est punie dans le but d'envelopper les coupables.

Dans la *peine fortuite*, la personne punie avec le délinquant est absolument étrangère au délinquant et au délit.

QUATRIÈME SECTION.

Des peines vicaires.

Le cas où la peine est le plus sensiblement déplacée est celui où elle porte l'appellation de *vicaire*. L'auteur du délit est impuni : il y a toutefois une punition, mais on la fait tomber sciemment sur une personne qui n'a point eu de part au délit.

Sous le règne de Jacques Ier, florissait, en Angleterre, un illustre chevalier presque oublié de nos jours, sir Kenelm Digby, homme de qualité, et profond adepte dans la science médicale.

Ayant observé que le traitement des blessures était une opération douloureuse, ce bienfaiteur de l'humanité inventa une poudre sympathique d'un effet merveilleux : qu'on lui envoyât dans une fiole une petite quantité du sang qui avait coulé de la blessure, c'était assez ; il le mêlait à sa poudre sympathique, la blessure se fermait d'elle-même, et la cure était radicale. La présence du malade n'était pas plus nécessaire au chevalier qu'au célèbre médecin de la montagne. Pendant que la poudre agissait sur le sang du blessé, il pouvait être aux antipodes. Quel dommage pour nos armées qu'on ait laissé perdre ce secret ! Ce n'est pas la faute de l'inventeur, il en a consigné la préparation et l'emploi dans ses ouvrages , où les lecteurs curieux peuvent les trouver.

Ce qu'est la poudre sympathique à l'art médical, la *peine vicaire* l'est à la législation.

J'allais raisonner, mais à quoi sert ? — Qu'un homme soit puni pour le délit d'un autre, le seul exposé de ce fait produit une impression plus forte sur l'esprit que tous les arguments de la logique et toutes les couleurs de la rhétorique.

Une telle erreur n'a jamais pu se faire adopter que par une confusion d'idées ou par des suppositions dont on se cachait toute l'invraisemblance.

La confiscation des biens du suicide , telle

qu'elle est ordonnée par la loi anglaise, est un exemple de ces peines vicaires. On dira que l'homme est puni autant qu'il peut l'être, que son cadavre est empalé, qu'il est enterré avec ignominie, qu'on fait par rapport à lui tout ce qu'il est possible de faire. Mais qu'est-ce que ce tout, comparé à la peine réelle qu'on inflige à sa femme, à ses enfants, à ses créanciers? La supposition que son affection pour eux retiendrait son bras, dans les accès du désespoir, est démontrée fausse : le dégoût de la vie a prévalu. La famille a perdu son chef, et c'est le moment que prend la loi pour la réduire à la misère.

Je n'ignore pas ce qu'on peut répondre; et sans parler ici des distinctions subtiles et même vaines sur les différentes espèces de propriétés confiscables et inconfiscables, on ne manquera point de dire que cette loi n'est pas exécutée, que le jury l'élude en déclarant que le suicide était hors de sens, et qu'enfin le roi a toujours en son pouvoir de rendre à la veuve et aux orphelins les biens paternels.

Les dispositions des jurés et celles du chef suprême de l'état ne sont pas douteuses: mais est-ce là une raison pour conserver dans le code national une loi qui a toujours besoin d'être éludée? Et quel est le moyen de l'éluder? Il consiste à déclarer, par serment, que le suicide avait l'es-

prit dérangé, lors même que toutes les circonstances annoncent la délibération la plus soutenue et la plus mûre. En conséquence, tout homme
qui a quelque propriété à laisser après lui, est
déclaré, en cas de suicide, *non compos mentis*.
Les plus misérables, les plus indigents, qui, après
avoir fait le même calcul que Caton, se déterminent comme lui, sont les seuls qui soient jugés
dans toute la sévérité de la loi. Le remède de
toutes ces lois violentes est dans le parjure; le
parjure est une panacée: et c'est la loi qui met
en opposition la religion et l'humanité.

Je ne dois pas omettre, en parlant des peines
vicaires, un cas singulier dans le droit interna-
tional, un cas qui présente une exception, et
qu'il ne s'agit point de traiter ici dans toute son
étendue. C'est celui des représailles. Il s'agit de
livrer des innocents à des souffrances rigoureuses, à la détention, à la mort même, parcequ'on
ne peut infliger aucune peine directe aux auteurs
du délit. Ce droit est pourtant justifié par sa nécessité; c'est-à-dire dans le cas où il n'y a pas
d'autre moyen pour réprimer des violences inu-
sitées, ou pour faire cesser des actes d'injustice.

Les représailles exercées sur les sujets d'un
souverain peuvent influer sur le souverain même,
soit par la compassion pour les souffrances de ses
sujets, soit par la crainte d'aliéner les affections

de son peuple. C'est surtout un frein nécessaire entre des armées ennemies. Les lois de la guerre sont sous la sanction de l'honneur, mais elles ne suffiraient pas sans la crainte des représailles. Ce que l'humanité prescrit, c'est de les réduire à leur moindre terme, de leur donner la plus grande publicité possible, et de les faire précéder par des déclarations.

Encore un mot. L'histoire nous présente des actes de dévouement par lesquels une personne innocente, s'étant offerte d'elle-même pour apaiser le ressentiment de l'offensé, a été reçue comme une victime expiatoire. L'offensé, qui faisait périr l'ami généreux, de quoi jouissait-il? de la souffrance et de l'humiliation du survivant. La gloire de l'un faisait la honte de l'autre.

Y aurait-il des cas où un juge sans passion pût admettre un individu à subir volontairement une peine pour un autre, le fils pour son père, le mari pour sa femme, l'ami pour son ami? — On pourrait imaginer des cas singuliers où cette espèce d'héroïsme pourrait être acceptée, mais il est inutile de nous arrêter à des déviations du cours ordinaire des choses.

Peines transitives.

Nous avons vu que toutes les peines affectaient
non seulement celui qui les subit, mais encore
ceux qui ont des liaisons naturelles avec lui, et
que leur participation à sa souffrance était inévitable. Il ne s'agit donc ici que des peines que le
législateur, par une loi expresse, fait tomber sur
les personnes liées avec les délinquants, des peines
qui ne dépendent que de lui, et qu'il peut faire
cesser parcequ'il les a créées. Ainsi, en Angleterre, en certain cas, le petit-fils innocent ne peut
hériter du grand-père innocent, parceque ses
droits se sont altérés et perdus en passant par le
sang du père coupable : ce que les jurisconsultes
anglais appellent *corruption du sang.*

Tout l'argument gît dans la métaphore. Ce
terme cabalistique répond à tout ; et la justesse
de cette métaphore ne roule que sur deux suppositions.

L'une est que, quand un homme a commis un
de ces délits de *félonie,* son sang éprouve immédiatement une fermentation putride, et que ce
sang est réellement corrompu.

L'autre est qu'après cette fermentation putride

et cette corruption de sang, il devient juste et nécessaire de priver sa femme et ses enfants de toutes les propriétés qu'il avait possédées, et non seulement de celles qu'il avait possédées, mais de celles qu'il aurait possédées dans un temps futur, et qui leur auraient été transmises en passant par lui.

N'entrons pas dans cette polémique. Laissons ce honteux jargon. Voyons ce qu'on peut dire pour justifier les peines transitives.

Après la peine qui m'est personnelle, une peine qui tombe sur ceux qui me sont chers est encore une peine contre moi-même. Je participe aux souffrances de ceux auxquels je suis attaché par les plus fortes sympathies. Je pourrais braver des maux qui ne seraient que pour moi : je serai retenu par la crainte d'entraîner dans ma ruine ceux qui sont les premiers objets de mes affections.

Les peines contre la famille d'un délinquant sont donc des peines contre lui-même.

Ce principe est vrai : mais est-il bon ? est-il conforme à l'utilité[1] ?

Demander si une peine de sympathie agit avec

---

[1] *Traités de Législation*, tom. II. *Des Peines aberrantes ou déplacées*. On a transcrit ici deux ou trois paragraphes pour éviter des renvois.

autant de force qu'une peine directe, c'est demander si en général l'attachement qu'on porte à autrui est aussi fort que l'amour de soi-même.

Si l'amour de soi-même est le sentiment le plus fort, il s'ensuit qu'on ne devrait recourir aux peines de sympathie qu'après avoir épuisé tout ce que la nature humaine peut souffrir en fait de peines directes. Point de torture si cruelle qu'on ne dût employer avant de punir l'épouse pour le fait de l'époux, et les enfants pour le fait du père.

Je vois dans ces peines déplacées quatre vices principaux.

1° Que penser d'une peine qui doit souvent manquer, faute d'objets sur lesquels on puisse l'asseoir? Il y a beaucoup d'hommes qui n'ont plus leur père ni leur mère, qui n'ont ni femme ni enfants. Il faut donc appliquer à cette classe d'hommes une peine directe; mais dès qu'il y a une peine directe contre ceux-ci, pourquoi ne suffirait-elle pas contre les autres?

2° Et cette peine ne suppose-t-elle pas des sentiments qui peuvent ne point exister? Si le délinquant ne se soucie ni de sa femme ni de ses enfants, s'il les a pris en haine, s'il est indifférent tout au moins au mal qui les concerne, cette partie de la peine est nulle pour lui.

3° Mais ce qu'il y a d'effrayant dans ce système, c'est la profusion, la multiplication des maux. Considérez la chaîne des liaisons domestiques, calculez le nombre des descendants qu'un homme peut avoir : la peine se communique de l'un à l'autre, elle enveloppe une foule d'individus. Pour produire une peine directe qui équivaudrait à un, il faut créer une peine indirecte et improprement assise qui équivaut à dix, à vingt, à trente, à cent, à mille, etc.

4° La peine, ainsi détournée de son cours naturel, n'a pas même l'avantage d'être conforme au sentiment public de sympathie ou d'antipathie. Quand le délinquant a payé sa dette personnelle à la justice, la vengeance publique est assouvie, et ne demande rien de plus. Si vous le poursuivez au-delà du tombeau, sur une famille innocente et malheureuse, bientôt la pitié publique se réveille : un sentiment confus accuse vos lois d'injustice, l'humanité se déclare contre vous, le respect et la confiance pour le gouvernement s'affaiblissent dans tous les cœurs.

Mais, par rapport aux délits politiques, les conspirations, les rébellions, où les hommes riches sont les plus dangereux, la confiscation n'opère-t-elle pas comme un moyen de sûreté générale ?

Je réponds qu'on peut arriver au même but
par un moyen qui laisse tout à la justice, sans
rien ôter à la sûreté. Dans le cas de rébellion,
la saisie des biens est moins une peine qu'une
mesure défensive : par conséquent elle devrait
être limitée à cette fin, et simplement temporaire. Je dis *mesure défensive*, car après le chef
ou les chefs de la rébellion, qui, dans le cas supposé, ont payé la dette de leur erreur ou de leur
crime, leurs adhérents sont encore dangereux.
La femme, les enfants, les frères, les parents
peuvent avoir été liés d'affection dans la même
cause : mais il n'y a rien de moins certain que
ces présomptions. Au lieu de présumer le crime
il faut présumer l'innocence ; il ne faut condamner que sur les preuves les plus positives. Je
voudrais que par un acte pour les biens, semblable à la suspension temporaire de l'*habeas cor-
pus* pour la liberté des personnes, le souverain
pût saisir toutes les possessions des individus
suspects, unis par des degrés de parenté au rebelle. Ce serait là une sûreté réelle, et une grande
mesure pour des circonstances extraordinaires :
c'est ôter les provisions à un ennemi : mais ce
qui convient à un temps de guerre, ne convient
pas au régime de paix. Dès que le danger est
passé, toute personne qui n'est pas prouvée coupable est présumée innocente ; toutes les propriétés doivent être rendues.

Les crimes d'état peuvent naître de différentes causes, telles que l'indigence, le ressentiment ou l'ambition: mais en plusieurs cas ce sont des actes fondés sur les motifs les plus purs.

Quand nos hommes de loi parlent de la *rébellion*, ils se croient obligés d'exprimer leur horreur par les termes les plus passionnés, comme si un homme ne pouvait en concevoir la pensée sans avoir fait un pacte avec le diable. Ils ne voient pas ou ils ne font pas semblant de voir que le caractère de *rebelle* ou de *loyaliste* dépend des accidents de la guerre, que les individus les plus sages, avec les intentions les plus innocentes, diffèrent d'opinion sur le titre des prétendans à la couronne, ou sur des questions de loi constitutionnelle, et qu'il ne faut rien moins qu'une aveugle bigoterie de parti pour faire de *rebelle* et de *scélérat* des termes synonymes. Dans ces temps malheureux où les devoirs et les droits deviennent problématiques, les Hydes et les Falklands, les Seldens et les Hambdens, se jettent dans des partis différents: qui peut lire dans le secret des cœurs? Les uns embrassent la bonne cause par les motifs les plus sordides; d'autres embrassent la mauvaise par les motifs les plus exaltés. Quand la rébellion du chef est fondée sur des sentimens consciencieux, il est pro-

bable que ses enfants et ses dépendants sont ani-
més des mêmes dispositions. La rébellion peut
être alors un délit de famille.

Mais dans le cas des trahisons secrètes, si, par
exemple, un chef se vend à l'ennemi, s'il commet un de ces crimes toujours accompagnés de
mauvaise foi, toujours produits par un motif sordide, et condamnés par la voix du genre humain,
il n'y a aucune raison de regarder de tels crimes
comme des délits de famille : sa femme, ses enfants, ses amis, sont probablement étrangers à ses
intrigues, il s'est caché d'eux comme de tous
autres. Ce ne sont pas plus des délits de famille
que le meurtre et le brigandage. Ce sont des crimes personnels; et tout ce qu'on ferait souffrir
à des innocents serait du mal en pure perte.

SIXIÈME SECTION.

Peines collectives.

Par peines *collectives*, j'entends les peines
infligées à des sociétés ou des corporations pour
des délits dont les auteurs ne sont pas connus
séparémen*t*, mais qu'on présume appartenir
comme membres à la corporation qui est punie.

On trouve des peines de ce genre dans toutes
les jurisprudences.

Pour justifier ce traitement, il y a deux points à prouver : 1° que le coupable ne peut pas être puni sans l'innocent ; 2° que la peine de l'innocent ajoutée à celle du coupable est un moindre mal que le mal de l'impunité.

De ces deux points de fait, le premier est susceptible de preuves, le second est conjectural.

Par la loi commune d'Angleterre, une corporation est punissable par la perte de ses priviléges pour les fautes des corporateurs. Ces priviléges sont un bénéfice commun à tous ceux qui ont le droit de bourgeoisie : par conséquent, les gouvernés sont punis pour la faute de ceux qui les gouvernent.

Cette peine a été rarement appliquée. Sous le règne de Charles II, on voulut faire de cette loi un usage insidieux et inconstitutionnel pour abolir les priviléges de la cité de Londres : tentative infructueuse qui jeta de l'odieux sur cette doctrine de la loi commune, et qu'il est peu probable qu'on entreprenne de renouveler.

Une telle peine est aussi peu nécessaire que convenable. Les délinquants sont toujours connus : le délit est notoire autant que les délits ordinaires.

Il y eut en 1736 une émeute dans la ville d'Édimbourg ; le peuple, s'étant soulevé et ayant pris les armes, s'empara des portes de la ville, désarma la garnison, et massacra un capitaine, *Porteus*, qui avait été condamné à mort, mais dont la reine avait suspendu la sentence. Cet outrage occasiona un acte du parlement : le lord prévôt fut soumis à une peine particulière pour avoir négligé les précautions de sa charge, et la corporation fut mise à l'amende. Les coupables qui avaient pris la fuite furent condamnés à mort, s'ils ne venaient se soumettre à la justice dans un temps donné.

L'amende était une peine collective, elle pouvait tomber sur des innocents : mais comme peine générale, destinée à tourmenter l'opinion publique contre le délit, elle était utile ; elle tendait à imprimer dans l'esprit du peuple l'idée salutaire que chacun est intéressé à prévenir les mouvements séditieux de la populace [1].

---

[1] Après une émeute dans la ville de Rennes, entre autres sévérités, on exerça une de ces vengeances collectives, qui est décrite par madame de Sévigné.

« On a chassé et banni toute une grande rue, et défendu de les recueillir sous peine de la vie ; de sorte qu'on voyait tous ces misérables, femmes accouchées, vieillards, enfants, errer en pleurs au sortir de cette ville, sans savoir où aller, sans avoir de nourriture ni de quoi se coucher. Cette province est un bel exemple pour les autres, et surtout de respecter les gouverneurs et les gouvernantes, de ne point leur dire d'injures ni de jeter des pierres dans leur jardin. » *Lettre* 268.

Ce sont des cas où, sans pouvoir prouver une complicité de fait, on est fondé à supposer une complicité d'affection, en vertu de laquelle chacun s'efforce de soustraire les coupables à la poursuite de la loi.

Je citerai un autre cas de peine infligée aux corporateurs, sans détruire les priviléges de la corporation.

Dans le bourg de *New Shoreham*, il s'était formé une société sous le nom de *Société Chrétienne*, composée de la très grande majorité des électeurs, ayant pour objet de tirer le parti le plus lucratif possible de leur droit d'élection parlementaire. Ce trafic avait duré plusieurs années. Le délit fut prouvé : le droit d'élection fut ôté à tous les coupables, qui furent désignés chacun par leur nom[1].

Le droit d'élection n'est pas une propriété dont on ait fait l'usufruit ; c'est une possession fiduciaire, qu'un homme tient non pour son bénéfice seul, mais pour le bénéfice de la communauté. Les électeurs trouvent souvent le moyen d'en tirer un gain personnel ; mais c'est là un usage de la chose en opposition directe avec le bien général : en sorte qu'on peut dire de ce droit qu'il a d'autant moins de valeur lucrative qu'on en use avec plus de probité.

[1] Statut II, Georg. 3, c. 55.

Les législateurs allèrent plus loin. Après avoir incapacité la majorité des électeurs, ils communiquèrent le droit d'élection, sur la base de la propriété, à un grand nombre d'individus dans le même district. Excellente mesure de réformation, puisqu'en étendant à une classe plus nombreuse le privilége d'élire, elle augmente les chances d'une élection dirigée dans le sens de l'intérêt général.

Une idée qui peut-être sera renvoyée à l'utopie, serait celle d'avoir accordé une récompense aux électeurs qui avaient été trouvés irréprochables dans l'exercice de leur droit. J'aurais voulu que leurs suffrages pris ensemble eussent conservé, sous la nouvelle constitution, la même proportion qu'ils avaient dans l'ancienne. Ce privilége n'eût été qu'à vie : il aurait conféré à ces membres intègres de la corporation une distinction honorable. Mais au lieu d'être récompensés, ils étaient en quelque façon punis, par l'extension du droit d'élire qui diminuait la valeur du suffrage qu'ils possédaient avant la réforme. Je ne craindrais pas de porter jusqu'au scrupule le ménagement de tous les intérêts dans la correction des abus. Je dirais aux réformateurs: *Servez le public, mais n'oubliez pas que chaque membre en fait partie.*

Il est pourtant vrai que, dans la rigueur des

principes, les électeurs n'ont aucun droit de se plaindre quand on étend la franchise des élections. Le dilemme est clair. Si vous ne vous en servez pas consciencieusement, vous ne méritez pas qu'on vous le confie ; si vous n'en faites qu'un usage honnête, il ne vous rapporte aucun profit, et vous ne perdez rien par son extension ¹.

SEPTIÈME SECTION.

Peines fortuites.

J'ai appelé *peine fortuite* ou distribuée au hasard, celle que la loi fait tomber accidentellement sur un innocent, qui peut être tout individu aussi bien que tout autre étranger au délinquant comme au délit.

En voici trois exemples tirés de la loi anglaise : 1° une espèce de confiscation ; 2° les déodandes ; 3° l'inadmissibilité à témoigner.

I. *Cas de confiscation.* — Le possesseur d'une

---

¹ Le dilemme est sans réplique pour le profit pécuniaire, mais pour ce point seulement : car ceux qui possèdent le privilége peuvent craindre qu'en lui donnant beaucoup d'étendue, on ne le communiquât à des individus qui en feraient un mauvais usage.

Je n'entrerai pas dans les explications que ceci demanderait : c'est déjà trop pour une digression.

terre franche (*Freehold*) commet un de ces délits qui entraînent la confiscation : ensuite il vend cette terre, il l'hypothèque ou il en dispose : —son délit vient-il à être reconnu et prouvé, la loi confisque la terre sans s'enquérir si les intéressés actuellement en possession avaient eu connaissance du délit. Je commets un meurtre secret : je vends mon domaine à vous : vingt ans après, je suis découvert, poursuivi, condamné : le roi se saisit du domaine. Que vous l'ayez vendu, hypothéqué, engagé, qu'il ait passé depuis par cinquante mains, cela ne fait aucune différence. Si c'était votre femme que j'eusse tuée, le cas serait le même. Vous auriez perdu votre femme par mon délit, et votre fortune par la peine que j'ai encourue.

On pourrait croire que la loi s'est trouvée réduite à cet expédient par la crainte des ventes frauduleuses. Mais non : car, par rapport aux propriétés mobilières et personnelles, on a su distinguer les ventes frauduleuses de celles qui ne le sont pas : on a confirmé celles-ci : les autres seules ont été annulées.

Il faut entendre l'auteur des *Commentaires* sur cette singulière loi : « Elle peut être dure, dit-il, » pour ceux qui se sont engagés par mégarde » avec le délinquant. —Toutefois le blâme et la » cruauté ne doivent pas être imputés à la loi,

» mais au criminel, qui, avec connaissance de
» cause, a eu la mauvaise foi d'envelopper d'au-
» tres personnes dans ses calamités[1]. » Avec une
maxime pareille, il n'y a point de tyrannie qui
ne puisse être justifiée.

II. *Déodandes.* — Vous êtes fermier; vous em-
ployez votre fils à conduire un chariot : il en
tombe accidentellement, les roues lui passent
sur le corps, il est tué. Le roi, ou quelque autre
personne en son nom, doit avoir votre chariot.
C'est la seule consolation que la loi d'Angleterre
vous donne pour la perte de votre fils.

Si, au lieu d'un chariot, c'est un vaisseau qui,
en se mouvant, a occasioné la mort de votre
fils, il en serait de même. Le *vaisseau*, fût-il
chargé des trésors des Indes, appartiendrait au
roi[2].

Ce droit remonte au temps où l'on rachetait
l'âme du défunt au moyen du faux-bourdon
chanté dans la messe. Le pouvoir de la musique
sur les âmes en purgatoire était alors généralement reconnu. Il fallait payer les musiciens qui
avaient le secret de cette magie. La chose qui

---

[1] Blackstone, liv. IV, chap. xxix.
[2] Ceci n'a pas lieu si le vaisseau est en mer, en eau
salée.

avait causé la mort du défunt auquel on rendait
ce service était la première valeur saisissable,
et servait à le payer [1].

Les Athéniens bannirent de leur territoire une
pierre qui en tombant avait occasioné la mort
d'un homme. La pierre fut transportée sur un
territoire étranger. Mais on ne pensa pas à con-
fisquer la maison ou le fonds dont elle faisait
partie.

III. *Inadmissibilité à témoigner.* — Il y a un
mode de punir où, pour faire une égratignure
au coupable, on passe une épée au travers du
corps d'un innocent. — Je veux parler de cette
peine infamante qui rend *inadmissible à témoigner.*

Les Romains, qui nous l'ont transmise, la te-
naient eux-mêmes des Grecs; nation singulièrement sujette à être gouvernée par des caprices,
des subtilités et des raffinements d'imagination.

L'avantage de cette peine est nul, car la peine
même est cachée. La loi n'en dit rien: la sentence
n'en fait pas mention. L'exclusion est tout d'un
coup tirée des ténèbres comme une conséquence
prétendue d'autres peines; et jamais elle ne se
montre que pour faire du mal, pour donner

---

[1] *Omnia quæ movent ad mortem sunt Deo danda.* Voyez
Blackstone, liv. I, chap. VIII.

l'impunité à un criminel, ou pour éluder le bon droit par une nullité.

Je ne saurais dire en combien de cas un témoin est exclus à raison de délit : cette partie de la jurisprudence anglaise, de même que toute la loi commune, est enveloppée d'obscurités : parmi les auteurs, il y a des doutes sur plusieurs points, des contradictions sur d'autres : la liste des délits qui entraînent cette incapacité les comprend presque tous, la trahison, le parjure, le larcin, tous les crimes réputés infâmes, les félonies : — or la félonie n'est pas un crime particulier, mais une collection de crimes aussi hétérogènes qu'on puisse les concevoir : un homicide commis dans la chaleur de la passion est félonie ; un coup malheureux est félonie ; un viol est félonie ; des crimes d'incontinence sont félonie. — Qu'est-ce qui n'est pas félonie ?

Le témoignage des excommuniés n'est pas reçu. Les uns ont supposé que les excommuniés étaient des hommes perdus sur qui la religion n'avait aucune influence. D'autres ont dit gravement qu'ils ne pouvaient être entendus comme témoins, étant exclus de la conversation humaine. « Nos » lois vont si loin, dit un juriste, que d'excom- » munier aussi ceux qui s'entretiennent avec eux, » et par conséquent un juge ne peut pas leur » adresser des questions. » Voilà un échantillon des arguments qu'on trouve si fréquemment dans les livres de jurisprudence anglaise.

Sans nous arrêter plus long-temps sur la question de fait, examinons si cette peine est convenable, c'est-à-dire s'il y a des cas où, à raison d'un délit, un témoin doive être rejeté.

La seule raison pour rejeter un témoin est la crainte que son témoignage ne soit plus propre à égarer les juges qu'à les éclairer. Ce qu'on doit craindre de lui, ce n'est pas précisément qu'il mente, car son mensonge même peut être un moyen d'arriver au vrai. Son défaut de véracité n'est donc une objection contre lui qu'autant qu'il aurait la faculté de donner au mensonge un caractère plausible et conséquent, et de le soutenir jusqu'au bout.

Le menteur le plus déterminé ne ment que par occasion : la peine naturelle est de parler vrai. Il faut quelque intérêt pour surmonter ce penchant. Quelques uns mentent par des motifs très légers, mais personne ne ment sans motif.

Supposez donc un cas où l'intérêt à mentir soit nul, le témoignage du plus pervers serait aussi sûr que celui du plus intègre. Où est donc la différence ? Elle est en ceci, que l'homme dépravé ment s'il a quelque intérêt à mentir, et que l'homme intègre résiste à cette tentation. Le de-

gré de force à employer pour séduire deux individus, fait la différence de leur probité.

Qu'il s'agisse de témoigner devant un tribunal,
il n'y a pas d'homme, à moins d'imbécillité ou de
folie, qui ne sente en soi-même un motif à dire
la vérité : ce motif est dans la sanction politique
qui dénonce des peines au parjure ; dans la sanction morale, par l'infamie attachée à ce délit;
dans la sanction religieuse, à moins qu'il ne soit
athée, ou qu'il ne compte sur des dispenses et
des absolutions.

L'intérêt à mentir peut être *naturel* ou *artificiel* : l'intérêt naturel n'a pas besoin d'être expliqué, l'intérêt artificiel est une récompense donnée
ou promise. Vous êtes en procès pour un fonds
de terre, vous avez un intérêt naturel à ce que
je rapporte un fait vrai ou faux, servant à établir
votre titre. Moi, payé pour rapporter ce fait,
j'y ai un intérêt artificiel, qui est votre ouvrage.

Qu'un homme, dans le fait en litige, ait ou
n'ait pas un intérêt naturel, rien n'est plus facile
à connaître : c'est là le fond de la question, et
quand il est établi qu'il a cet intérêt, la loi a une
tendance, d'après cette raison seule, à rejeter
son témoignage, sans égard à sa probité.

Le doute est par rapport à cet intérêt artificiel
dont l'existence ou la non-existence n'est pas si
facile à prouver. On n'en peut juger que par les

circonstances qui affectent le caractère général de l'individu. Tout ce qu'on peut dire de certain, c'est qu'en proportion qu'un homme est plus ou moins confirmé dans la vertu, il est plus ou moins probable qu'un intérêt artificiel ait pu l'emporter sur les motifs qu'il a de parler vrai.

Les hommes d'une expérience bornée et d'un jugement trop prompt ne connaissent guère au moral que deux classes d'individus, les bons et les méchants. Sont-ils frappés de quelque trait estimable, voilà un homme placé parmi les bons. Sont-ils choqués de quelque action malhonnête, voilà l'auteur rangé parmi les méchants. Leur opinion vient-elle à changer sur l'un d'eux, comme ils n'ont point de degrés intermédiaires, il sera déplacé avec la même précipitation, et passera d'une extrémité de l'échelle à l'autre. Mais les observateurs plus calmes et plus réfléchis apprennent à corriger les erreurs de ce système passionné. Ils savent que dans l'échelle du mérite, les hommes ne se surpassent les uns les autres que par des degrés insensibles, et que, même entre les extrêmes, il n'y a pas toute la distance que l'orgueil ou le préjugé se figurent.

Si ces observations sont vraies, la loi n'a aucune donnée pour tirer une ligne entre ceux qui méritent d'être entendus et ceux qui ne le méritent pas; entre ceux qu'elle admet à témoigner,

et ceux qu'elle rejette sans distinction. En un mot
(car l'argument revient à ceci), exclure des classes de témoins à tout événement, c'est éviter
un petit mal possible, au prix d'un grand mal
certain.

Vous précautionner contre un petit nombre
lorsque vous êtes en danger de la part de tous,
est une mesure plus trompeuse qu'efficace. En
effet, contre qui vous mettez-vous en garde?
contre quelques centaines d'hommes dans une
nation. De la part de qui restez-vous exposé au
danger? de la part de tout le reste de la nation;
car de tracer une ligne sûre, c'est l'impossible; il
n'y a aucune classe d'hommes, aucun individu
même, à qui l'on puisse attacher le caractère
d'une infaillible véracité.

Dans tel cas, il serait dangereux de se fier au
dire du plus honnête; dans tel autre, il n'y a
point de risque à se fier au plus malhonnête,
s'il n'a aucun motif naturel à mentir, si la condition des parties ne permet pas de soupçonner
qu'on l'ait suborné. Je suis, par exemple, un
aussi mauvais sujet que la supposition peut le
demander; il m'arrive de voir un homme en
attaquer un autre, tous deux me sont étrangers:
le battu m'appelle comme témoin, le seul témoin
contre son agresseur. J'ai été convaincu de parjure, et si vous voulez, de vingt parjures: mais

les parties sont si pauvres que ni l'une ni l'autre ne peut m'offrir la plus petite tentation. Qu'est-ce donc qui pourrait m'induire à rendre un faux témoignage? rien. Quel danger y a-t-il à m'entendre? aucun. Que s'ensuit-il si l'on me rejette? le triomphe de l'oppresseur. Or, un cas de cette nature n'a rien de singulier ni d'improbable. Chacun peut aisément s'en figurer mille du même genre.

Après avoir été jusque là, je ne crains pas de dire qu'on ne doit exclure aucun témoin, pas même pour parjure; et si le parjure n'est pas un cas d'exclusion, aucun crime ne peut l'être. — Cette proposition ne serait pas admise sans preuve.

Le témoin qui se présente est donc un homme qui a été convaincu de parjure: mais dans le cas actuel, il n'a point d'intérêt naturel à parler faux: car s'il en avait un, ce serait une autre base d'exclusion dont il ne s'agit pas maintenant. Si donc il a un intérêt artificiel, c'est qu'il a été suborné par la partie: mais moi partie, si je n'ai jamais été convaincu de subornation, si mon caractère est respectable, de quel droit m'imputez-vous ce crime? Car refuser mon témoin parcequ'il a été suborné dans une autre occasion, c'est me considérer comme un suborneur.

Je suis persuadé qu'on n'eût jamais admis ces

règles d'incompétence péremptoire ; si l'on eût pesé attentivement les conséquences des deux côtés de la question. Il semble qu'on ait procédé comme si, dans tous les cas, on était sûr d'avoir une abondance de témoins à choisir, et, dans cette supposition, on avait raison d'écarter les suspects, de ne retenir que ceux contre lesquels il n'y avait point d'objection, *omni exceptione majores*. Mais cette supposition est fausse, et le danger qui en résulte est grand. Car marquer un individu comme incapable de déposer en justice, n'est-ce pas donner à tous les hommes la permission de lui faire toutes sortes d'injures, ou de commettre devant lui toutes sortes de crimes ! Que *lui* en personne soit mis hors de la protection de la loi, c'est un genre de peine bien étrange ! Mais l'impunité donnée aux crimes dont il est seul témoin, comment la justifier ?

Le cas de Pendoch et de Machender peut montrer un des effets nuisibles de cette loi. L'attestation de trois témoins est nécessaire pour un testament relatif à un fonds de terre. Dans le cas susdit, le testament était muni de ses trois témoins. Deux étaient irrécusables. On découvrit que le troisième avait été convaincu de petit larcin et fouetté. C'était avant l'attestation, mais combien de temps auparavant, c'est ce qu'on ne voit pas. Le procès fut commencé cinq ans après.

L'homme étant réputé mauvais témoin, et comme
tel inadmissible, le nombre requis par la loi était
insuffisant; et celui en faveur de qui le testament
avait été fait perdit sa terre. Quel coup pour
un homme qui croyait avoir, dans sa possession,
toute la sécurité que la loi peut donner! et quel
testateur ne devrait trembler, en pensant qu'un
incident tel que le mauvais choix d'un témoin
est capable d'anéantir un jour ses dispositions les
plus chères!

Qu'une femme ait commis un parjure, ou quelque autre délit qui la rende incompétente à témoigner, il est juste qu'elle soit punie : mais est-il
juste, est-il convenable qu'elle soit livrée à la brutalité de tout homme à qui sa beauté peut inspirer
des désirs? C'est là pourtant la conséquence directe de la loi : il est impossible de le nier. Dira-t-on
que j'exagère, que je forme des cas dont on n'a
jamais vu d'exemple? Mais je réponds que si de
tels cas ne sont point arrivés, c'est que la loi qui
les laisserait impunis, la loi qui a créé une protection pour ces crimes, est elle-même ignorée :
un mal a été le palliatif d'un autre mal : l'absurdité de la loi a été voilée dans son obscurité.

Prenons le revers de la question. Où serait le
danger d'admettre le témoignage d'un homme
ainsi flétri. Je n'en vois aucun, — aucun du moins
qui puisse être mis en comparaison avec le mal

de l'exclusion. « Mais une personne ainsi flétrie ne mérite pas de croyance. » Voilà ce que vous dites, dois-je vous croire sur votre simple assertion ? « Non : mais je ne suis pas seul de cette opinion, tout le monde pense de même. » — Si tout le monde pense de même, il n'y a donc point de danger. Faites connaître ce témoin pour ce qu'il est, et n'ayez pas peur que le jury lui accorde trop de confiance. Avec un tel préjugé contre lui, il ne faudra rien moins pour ajouter foi à son témoignage que la narration la plus claire et la plus soutenue, en un mot, l'évidence, ou ce qui en approche le plus. Pourquoi les juges, en établissant cette règle, ont-ils montré tant de défiance du jury ? Dans le cas où ils croiraient que la condamnation porte sur un innocent, n'ont-ils pas des moyens infaillibles de le sauver ? mais les auteurs de cette ancienne règle étaient eux-mêmes entraînés par la notion vulgaire qui étend sur la vie entière la tache d'un délit, et fait penser qu'un homme une fois coupable le sera toujours[1].

« Cette règle d'exclusion étant abolie, la conduite des jurés, me dira-t-on, sera donc à peu près la même que si la règle subsistait encore.

_____

[1] La compétence de témoigner est en certains cas réhabilitée par un pardon du roi.

Les témoins ci-devant rejetés seront admis, mais ne seront pas crus. »—Je le pense ainsi. — « Quel avantage voyez-vous donc dans l'abolition ? » Un très grand. L'auteur d'un crime n'aura plus la chance de l'impunité par l'exclusion d'un témoin nécessaire : la loi ne contiendra plus une permission indirecte de commettre toutes sortes d'injures envers une classe de personnes non protégées. Si même un criminel accusé par des témoins tarés est absous, à raison de la défiance qu'ils inspirent, le public le croira innocent. Mais si ces témoins ne sont pas admis et que son crime paraisse certain, son impunité est un triomphe sur la justice. Voilà l'avantage, et quand il serait seul, il est assez grand pour justifier l'abolition de la règle.

Tout ce que la prudence exige en pareil cas, c'est que le caractère du témoin, c'est-à-dire le délit antérieur qui dégrade son témoignage, soit mis sous les yeux des jurés. Présentez-leur le rapport du juge, afin qu'ils soient en état de juger, par les circonstances de ce délit, à quel point la déposition en est invalidée.

En effet, tout dépend de là. Je m'arrête au cas du parjure, le crime qui affecte le plus la crédibilité du témoin. Quelle différence n'y a-t-il pas entre un parjure commis pour se défendre soi-même et dans sa propre cause, ou un parjure commis par une subornation étrangère, et pour attaquer la vie d'un innocent! Cette distinction n'est rien moins qu'une subtilité. Il faut faire violence au sens commun pour ne pas la concevoir.

Le temps écoulé depuis le délit est une autre considération. Tel homme, dans sa première jeunesse, disons à 14 ou 15 ans, s'est laissé entraîner à un faux serment dont il a été convaincu. Il se réforme : il soutient pendant trente ans, quarante ans, une conduite probe et intacte : n'importe; le registre de ce délit oublié est produit : suivant la règle, son témoignage n'est pas même entendu; selon les lumières du simple bon sens, il est aussi admissible que tout autre.

Dans les poursuites criminelles, on ne refuse pas d'entendre des témoins qui ont un intérêt manifeste à faire condamner l'accusé, soit un intérêt pécuniaire, soit un intérêt de vengeance. On se défie d'eux, on les écoute avec précaution. Eh bien! défiez-vous de même d'un témoin que sa conduite antérieure a rendu suspect; mais écoutez-le; examinez surtout si les circonstances de son délit sont de nature à affecter son crédit dans le témoignage actuel.

Justinien attacha cette incapacité légale à un genre de délit contre les mœurs. Qu'on punisse ce délit aussi sévèrement qu'on voudra, c'est une

autre question : mais quelle influence peut avoir
un goût dépravé sur la véracité juridique ? Comment peut-on en conclure qu'un homme infecté
de ce vice sera disposé par là à rendre un faux
témoignage contre un accusé ? C'est confondre
des idées qui n'ont aucun rapport.

LIVRE V.

DES PEINES COMPLEXES.

CHAPITRE PREMIER.

LEURS INCONVÉNIENTS.

Nous avons observé plus d'une fois que le même acte pénal ne produit pas un mal unique, il en produit plusieurs à la fois. La peine considérée comme un acte est simple : considérée dans ses effets, elle est complexe.

Un homme est emprisonné, voilà une peine simple quant à l'acte de la part du juge : mais par rapport à l'individu, les effets seront des maux très variés, affectant de différentes manières la fortune, la personne, la réputation et la condition.

Une peine simple est celle qui est produite par un seul acte de punition : une peine composée

---

Ce livre se rapporte principalement à la jurisprudence anglaise.

est celle qui requiert plus d'une opération; la peine pour un délit peut renfermer un emprisonnement, une amende, une marque d'infamie, etc. Si tout est énoncé dans la loi, si chacune de ces peines est exprimée par un terme clair et familier, la peine, quoique composée ou complexe, peut être bonne.

Les peines complexes vicieuses sont celles dont on ne connaît pas les parties intégrantes, celles qui renferment des maux que la loi n'énonce pas, celles qui sont exprimées par des dénominations obscures, énigmatiques, qui ne portent point l'idée pénale en gros caractère, enfin qui ne sont comprises que par des juristes : telles sont dans le droit anglais les félonies avec bénéfice ou sans bénéfice de clergie, les *præmunire, la mise hors de loi*, les excommunications, l'inadmissibilité à témoigner, et beaucoup d'autres.

Tout ce qui est incertain, tout ce qui est obscur pèche contre la première condition d'une bonne loi.

Les inconvénients attachés aux peines complexes ainsi définies sont très grands; mais ils peuvent être expliqués en peu de mots : le législateur ne sait pas ce qu'il fait; les sujets ne savent pas ce qu'entraîne la menace qui leur est faite. Il devient impossible pour le législateur de faire en aucun cas ce qui est convenable, et dans chaque cas, il fait trop ou trop peu. Le voile d'une expression obscure couvre à ses yeux la nature de la peine ou des peines qu'il emploie : il frappe en aveugle : il dispense le mal au hasard. Les jurés ou les juges qui, dans les cas particuliers, voient les inconvénients de la loi, se permettent tous les moyens possibles de l'éluder ; ils usurpent le pouvoir du législateur ; et le parjure devient le palliatif habituel de l'injustice ou de l'imprévoyance.

Si la loi est exécutée, qu'arrive-t-il ? le juge, pour infliger une peine utile, se voit obligé d'en infliger un grand nombre d'autres qui ne servent à rien. — Les peines, dont les délinquants n'avaient qu'une idée imparfaite, sont un mal en pure perte : souvent même le mal se répand sur des personnes absolument étrangères au délit ; et les conséquences sont telles, qu'elles auraient fait frémir le législateur s'il les avait prévues.

Nous avons déjà parlé de la déchéance de protection légale (*outlawry*), et de l'inadmissibilité à témoigner. Nous allons parler de l'excommunication et des félonies.

CHAPITRE II.

EXCOMMUNICATION.

Il n'est ici question de l'excommunication que dans son rapport avec la jurisprudence anglaise. Le premier point de cet examen roule sur les peines qui y sont renfermées, et qu'il s'agit d'énumérer.

L'excommunication est de deux espèces ; l'une *majeure* et l'autre *mineure*. La première contient tout ce qui est contenu dans la seconde, et quelque chose de plus. Je commencerai donc par détailler l'excommunication mineure, et je ferai connaître ensuite ce qu'il y a de particulier dans la majeure.

Les peines qu'elle renferme sont :

1. *L'emprisonnement* pour un temps illimité, à la discrétion du juge : sa sévérité dépend de l'état des prisons communes.

2. *Pénitence.* Comme une condition pour obtenir la liberté, c'est une peine corporelle du genre ignominieux. Quant à la manière de l'infliger, nous en parlerons ailleurs.

3. Au lieu de pénitence, *commutation en argent* : la somme n'est pas limitée directement ;

mais indirectement : elle ne peut pas excéder ce
que l'individu veut donner pour éviter la pénitence corporelle.

Ces deux peines sont accidentelles : elles n'ont
lieu que par la volonté de celui qui poursuit, et
il peut les omettre. Les suivantes sont inséparables.

4. *Incapacité d'intenter une action juridique*
(dans les cas civils). C'est une peine pécuniaire,
contingente dans sa nature, et incertaine quant
au temps.

5. *Incapacité d'agir comme avocat*, c'est-à-
dire dans les cours ecclésiastiques, et non dans
aucune autre. C'est une peine affectant la condition de l'individu, et surtout sous le rapport
pécuniaire.

6. *Incapacité d'être présenté à un bénéfice
ecclésiastique*. Peine du même genre que la précédente.

7. *Incapacité d'agir en justice en qualité d'exécuteur*. C'est une peine pécuniaire qui tombe sur
d'autres que le coupable. Elle affecte ceux qui
ont un intérêt bénéficiaire dans le testament.

8. *Incapacité d'être reçu en qualité de témoin*.
C'est une peine qui tombe sur d'autres que le
coupable. Elle peut affecter de toutes les manières possibles ceux qui auraient un intérêt bénéficiaire dans le témoignage de la personne excluc.

9. *Exclusion de toutes les églises.* C'est une peine restrictive, qui dans ses conséquences appartient à la sanction religieuse.

10. *Assimilation aux païens et aux publicains.* C'est, je suppose, une sorte d'opprobre et d'infamie.

11. *Exclusion du service religieux des funérailles.* Je ne sais sous quelle classe ranger cette peine: je ne sais quel avantage revient à un mort du service exécuté à son enterrement. Si c'est une peine, elle appartient à la sanction religieuse.

12. *Exclusion du bénéfice des sacrements,* savoir: le baptême, si par hasard il n'a pas été baptisé, et la sainte Cène. C'est une peine de la sanction religieuse.

À ces peines, l'excommunication majeure en ajoute deux autres:

1° *Exclusion du commerce et de la communion des fidèles;*

2° *Incapacité de faire un testament.*

Telle est l'espèce de peine employée par les cours ecclésiastiques, ou, selon une dénomination bizarre, cours spirituelles. Elles sont forcées de s'en servir dans toutes les occasions, car elles n'en ont ni de plus grandes ni de plus petites. C'est là tout leur code pénal. Si sa brièveté

' Cette excommunication est comme l'épée d'Hudibras,

est une recommandation, il faut avouer qu'il n'en a pas d'autre. Arrêtons-nous sur quelques unes de ses imperfections.

1° D'abord sur la pénitence. Le pénitent, la tête et les jambes nues, et le corps enveloppé d'un linceul blanc, doit être exposé dans l'église paroissiale, ou dans la cathédrale, ou dans le marché public, et prononcer de certaines formules. C'est là une peine ignominieuse qui peut être utile quand elle est convenablement appliquée ; mais une peine doit être exactement définie, et dans celle-ci on a laissé beaucoup de vague. Il fallait déterminer l'heure et le temps : mais il n'y a rien de fixe à cet égard, en sorte que l'exposition peut durer des heures ou ne durer qu'un instant ; elle peut avoir lieu en présence d'une foule de spectateurs ou dans la solitude la plus absolue. Il y a d'ailleurs la plus grande différence entre une église paroissiale de village, ou la cathédrale d'une ville, ou le marché fréquenté par un district. Le concours plus ou moins grand rend la peine plus ou moins sévère.

Le pénitent doit prononcer une formule contenant l'aveu de son crime : il faut donc pour

qui pourfend des géants, et qui enfile des alouettes. Un homme commet-il un inceste, il est excommunié. Une poissarde donne-t-elle des noms injurieux à une autre poissarde, elle est excommuniée.

chaque crime une formule différente, fixée par
la loi. Elle peut être prononcée à voix basse et
d'une manière confuse. Un homme ne se fait pas
volontiers l'orateur de sa honte. Il faudrait donc
qu'il ne fît que répéter les paroles qui seraient
prononcées à haute et intelligible voix par un
officier de la justice, comme on le pratique dans
les tribunaux par rapport au serment. Des personnes respectables devraient être nommées pour
présider à la cérémonie, et s'assurer que tout se
passe selon le vœu de la loi.

Jusqu'à ce qu'on ait réglé tous ces points, ce
mode de punir, très bon en lui-même, sera toujours sujet aux plus grands abus. Il sera exécuté
inégalement, capricieusement, selon la qualité
des personnes plus que celle des crimes, et selon
le caractère du juge, plus ou moins sévère.

« C'est la pénitence, dit Burn, qu'on impose
ordinairement en cas d'inceste et d'incontinence. » Quand on considère comment ces deux
délits sont éloignés l'un de l'autre, on est étonné
de les voir rapprochés sans distinction, et confondus dans la même peine. L'incontinence !...
Loin de moi la pensée de traiter légèrement la
séduction de l'innocence, le désordre des mœurs
dans le sein des familles, ou de rabaisser les
chastes jouissances du lit conjugal au niveau des
embrassements mercenaires d'une courtisane.

— Mais il y a des proportions entre les fautes et les délits, et il n'y a qu'un zèle ignorant et fanatique qui puisse se faire un mérite de les confondre.

On entend rarement parler de ces pénitences; les exemples en étaient communs autrefois. Maintenant, il est d'usage de commuer la peine en argent.

2° Quant aux incapacités légales, les objections contre ce genre de peines ont été exposées ailleurs. (Voyez, liv. IV, *Peines déplacées.*)

3° Être regardé comme des païens et des publicains, c'est-à-dire des collecteurs du revenu public, c'est une des peines de l'excommunication. Ce qu'elle emporte dans l'opinion, je l'ignore. Ce qu'elle emporte dans l'intention de ceux qui la prononcent, c'est de faire envisager les individus assimilés aux païens et aux publicains comme des réprouvés.

Un homme qui, après un procès dans une cour spirituelle, ne veut pas ou ne peut pas payer son *procteur*, c'est-à-dire son *procureur* (car c'est la même chose), est excommunié[1]. Le voilà

---

[1] L'excommunication est employée comme moyen de contrainte en plusieurs cas pour forcer un paiement. Ainsi un homme peut être excommunié pour être pauvre. Bienheureux ceux qui sont pauvres, a dit Jésus-Christ. On voit que ce langage n'est pas celui des hommes qui se disent ses successeurs.

donc placé parmi les païens, c'est-à-dire parmi
les adorateurs de Jupiter et des autres dieux de
la mythologie; parmi les publicains, c'est-à-dire
les officiers du revenu public, les financiers, les
lords de la trésorerie, etc. C'était autrefois une
injure grave, mais de nos jours c'est une épithète burlesque dont le ridicule retombe sur les
lois.

4° L'exclusion des églises. Beaucoup de personnes qui s'en abstiennent fort aisément, et
qu'il serait plus difficile d'y conduire que d'en
détourner, trouveront que cette défense, en
forme de peine, est tout au moins bizarre. Cependant elle ne serait pas mal imaginée si elle
avait pour objet d'aiguiser le désir par la privation. Car, en général, l'effet de toute prohibition
est de faire naître un penchant à l'enfreindre.
C'est d'abord une présomption que la chose défendue est désirable par elle-même dans l'opinion du législateur, car autrement pourquoi la
défendre? Telle est au moins la supposition naturelle, quand l'interdiction porte sur un objet
inconnu. Mais dans le cas même où l'acte défendu
est du nombre de ceux qu'on a pu connaître par
expérience, et qu'on a négligés par dégoût, la
prohibition lui donnera un tout autre aspect.
Aussitôt l'attention est excitée sur les avantages
possibles de cet acte : à force de s'en occuper,

on commence à les sentir et à les exagérer; on
se trouve dans une situation inférieure par comparaison avec ceux qui jouissent de cette liberté;
et par degrés, le désir le plus vif peut succéder
à la plus grande indifférence.

Ceux qui rapportent l'inclination si commune
de transgresser les lois prohibitives à une perversité naturelle du cœur humain, sont des moralistes bien superficiels. Trop indolents pour
examiner, au lieu de voir que tous les sentiments
moraux s'expliquent par les peines et les plaisirs, ils ne savent considérer l'homme que comme
un composé de contradictions et d'inconséquen-
ces. C'est pour eux un être inconcevable, une
énigme profonde, un abîme qu'on ne saurait
sonder. Pascal, qui était né pour pénétrer les
lois de la nature physique, avait défendu à son
génie de reconnaître les principes simples qui
gouvernent la nature humaine.

Quant à l'exclusion des sacrements et aux autres peines religieuses, leur imperfection sail-
lante est dans leur extrême inégalité : leur effet
pénal dépend de la croyance et de la sensibilité
des individus. Le coup qui produit dans les uns
les tourments de l'agonie, ne fait que chatouiller
l'épiderme des autres. Point de proportion, et
rien d'exemplaire. Celui qui souffre de la peine
languit en secret, et dévore son âme en silence.

I.   27

Celui qui n'en souffre point s'en moque tout
haut, et insulte à la loi. C'est une peine qu'on
jette en masse, au hasard, sans s'embarrasser si
elle s'applique, ou si elle tombe sans effet.

Je ne parle de ces peines que relativement à
la vie présente : car qui peut supposer aujour-
d'hui que l'excommunication puisse entraîner
des conséquences funestes dans un période futur ?
Quel homme, raisonnant sans préjugé, peut croire
que Dieu ait remis un pouvoir si terrible à des
êtres si faibles et si imparfaits ? que la justice divine s'asservisse à exécuter les décrets de l'aveugle humanité ? qu'elle se laisse commander de
punir autrement qu'elle n'aurait puni elle-même ?
Une vérité si simple et si évidente n'a pu être
méconnue que par un degré d'abrutissement
qu'on avait préparé pendant des siècles d'ignorance [1].

[1] Je n'ai pas, à beaucoup près, suivi mon auteur dans
toutes ses observations sur ces peines spirituelles. Il en est
plusieurs qui n'auraient pas été comprises, sans entrer dans
beaucoup de détails sur la jurisprudence anglaise. D'ailleurs
le sujet est d'autant moins intéressant, que ces armes ecclésiastiques se rouillent de plus en plus, par défaut d'usage ;
et s'il importe de combattre encore ces lois si généralement
condamnées, c'est pour faire sentir la nécessité de les abolir
formellement.

CHAPITRE III.

§ I.

FÉLONIE.

Félonie est un mot dont le sens paraît avoir subi plusieurs révolutions. C'était d'abord une expression qui s'appliquait vaguement à un mode très complexe de délit, ou plutôt qui se prenait pour le délit en général, dans un temps où les lois ne connaissaient guère d'autre espèce de délit soumis à des règles fixes, que la violation d'un engagement politique, et où tous les engagements politiques étaient compris dans un seul, le devoir féodal. Par les principes féodaux, toute la propriété du sujet était considérée comme un don : en acceptant ce don, l'acquéreur contractait une sorte d'obligation indéfinie, dont la nature n'a jamais été exactement expliquée, qui consistait, de la part du donataire, à rendre au donateur des services stipulés, et à s'abstenir en général de tout ce qui était préjudiciable à ses intérêts. C'était ce principe de soumission plutôt moral que politique qui, au premier partage des terres conquises, unissait les barons au prince, les che-

valiers aux barons, et les paysans aux chevaliers
Si le donataire ou vassal venait à faillir en quelque point de ce devoir, à s'écarter de cette ligne
qui lui était tracée, il trompait l'attente de son
bienfaiteur; le motif du bienfait cessait; il perdait son fief, la seule source de son importance
politique, et le fonds de sa subsistance. Il retom-
bait dans la foule ignoble qui vivait d'une façon
précaire aux dépens de ceux qui voulaient les
employer: et cette dégradation était une peine
si grande, et faisait une telle impression sur l'esprit des hommes, que, dans la suite, lorsqu'on
vint en plusieurs cas à y joindre la peine de mort,
celle-ci ne parut qu'un accessoire, une conséquence naturelle, un objet inférieur. Elle s'établit plutôt par coutume que par une loi positive:
ôter la vie était peu de chose après qu'on avait
ôté tout ce qui alors lui donnait du prix.

Tel a été, ce semble, l'état des choses dans le
commencement du droit féodal: mais il était
trop précaire pour durer long-temps. C'est toutefois à ce premier temps qu'il faut remonter
pour trouver l'origine de ce mot *félonie*, qui,
tantôt comme le nom d'un crime, tantôt comme
celui d'une peine, se présente dans les plus anciens monuments des lois féodales.

Quelques étymologistes, pour montrer qu'ils
savaient le grec, l'ont dérivé du grec: s'ils avaient

su l'arabe, ils n'auraient pas manqué de lui trouver une origine arabe. Sir Edward Cooke, qui ne
savait pas le grec, mais qui savait un peu de latin,
et qui ne perd aucune occasion de l'étaler, fait
venir ce mot de *fel*, le fiel. Il aurait pu avec autant de probabilité le faire venir de *felis*, le chat,
animal infidèle et fripon. Spelman a proposé plusieurs étymologies. L'une est tirée de deux mots
anglo - saxons, *fee*, qui, dans cette ancienne
langue et dans l'anglais moderne, a une signifi-
tion approchante de celle de propriété et d'argent, et *lon*, qui, dans l'allemand moderne,
signifie *prix*. *Fee-lon* par conséquent signifie
pretium feudi. L'auteur des *Commentaires* adopte
cette étymologie. Mais *félonie* est un terme qui
emporte un sens actif; c'est une action : et je
crois qu'il doit dériver d'un verbe, plutôt que de
deux substantifs, qui, séparés ou combinés, n'ont
aucune signification active.

Le verbe *fallere* est probablement l'origine du
français *faillir*. L'anglo-saxon a un verbe *feallan*,
qui est la racine de l'anglais *to fail*[1].

Par un procédé métaphysique très commun
dans toutes les langues, ce mot, passant du propre au figuré, a signifié *tomber en faute, offenser*,

---

[1] To *fell*. He *fell* from his duty ; he *fell* from his alle-
giance.

tromper, sortir de son devoir. Cette dérivation,
qui est une de celles de Spelman, me paraît la
plus naturelle. En voilà assez sur l'origine du mot
félonie. N'importe d'où il vient, pourvu qu'il s'en
aille.

A mesure que la rigueur de la police féodale
se relâchait, et que les fiefs devenaient permanents et héréditaires, les forfaitures devenaient
plus rares, et n'étaient plus appliquées à de petits délits. Un feudataire pouvait commettre des
fautes qui n'étaient pas des *félonies*. D'un autre
côté, la forfaiture devenait une peine insuffisante
pour plusieurs délits. Un feudataire pouvait tenir
des fiefs de différentes personnes. Le suzerain
interposait aussi ses réclamations, soit pour ses
intérêts personnels, soit pour ceux de la communauté, et imposait des peines pour des délits que
le suzerain immédiat aurait négligé de punir dans
ses vassaux, n'ayant aucun intérêt à le faire. Ainsi
par degrés les peines corporelles et pécuniaires,
et la mort même, furent substituées ou ajoutées par
des lois positives à cette peine qui, dans l'origine,
était appliquée à presque tous les délits. Cette
peine demeura toujours inséparablement annexée
à tous ceux auxquels on attachait la peine de
mort, en partie pour donner au suzerain l'occasion de se délivrer d'une race de vassaux flétris
par une tache héréditaire, en partie pour com-

pléter la destruction de l'existence politique du
délinquant, comme celle de son existence naturelle. La forfaiture, étant la peine primitive, a
continué à servir de dénomination à une masse
complexe de peines dont elle ne constitue à présent qu'une partie. Le terme félonie est venu à
signifier une peine (cette masse complexe de
peines dont la simple forfaiture était anciennement le principal ingrédient).

Lorsque ce mot fut introduit dans la jurisprudence anglaise par la conquête des Normands, il
ne s'appliquait qu'à un petit nombre de crimes
de la plus grande énormité, le vol à main armée,
le brigandage, l'incendiat, l'homicide comme
résultat de ces hostilités : tels étaient alors les délits qui emportaient félonie. Mais les gens de loi,
par différentes subtilités, ajoutaient peines sur
peines, en gardant toujours le même nom. En
même temps, la législature, ne sachant faire
mieux, ajoutait toujours à la liste des délits punissables par la peine appelée félonie : jusqu'à ce
qu'enfin elle est devenue la dénomination, non
d'une seule peine, mais d'un amas de peines
hétérogènes ; ni d'un seul délit, mais de délits
de toutes les classes et de toutes les espèces. Dites-
moi qu'un homme a commis une félonie, je n'en
suis pas plus avancé pour la connaissance de son
délit : tout ce que ce mot me présente, c'est une

certaine idée de ce qu'il doit souffrir. Ce peut être un délit contre un individu, un délit contre une société particulière, un délit contre l'état, un délit contre lui-même : c'est un terme qui confond toute espèce d'arrangement, et répand des ténèbres sur toute la législation pénale. Les délinquants, entassés pêle-mêle sous ce nom, sont exposés sans distinction à un feu roulant de peines incongrues, ou fortuites et aberrantes.

La félonie, considérée comme un mode complexe de punition, est à présent divisée en deux espèces : l'une est appelée *Félonie sans bénéfice de clergie*, ou par abréviation, *sans clergie* ; l'autre est *Félonie avec bénéfice de clergie*, ou *clergiable*. Ces deux peines, ainsi renfermées sous le même nom par une routine aveugle et un arrangement qui confond tout principe de méthode, sont très différentes l'une de l'autre, comme nous le verrons bientôt.

§ II. Bénéfice de clergie, — son développement.

La religion chrétienne, avant même d'être devenue dominante dans l'état, avait donné naissance à un ordre d'hommes qui prétendaient disposer, de plusieurs manières, des récompenses et des peines que cette religion annonce dans une vie future. Cette prétention, qui met l'homme

à la place de Dieu, n'eut que trop de succès dans
des siècles de crédulité et d'ignorance, et devint
la base de la puissance du clergé : car la puissance est-elle autre chose que la faculté de contribuer au bonheur ou au malheur des hommes ?
A mesure que le clergé obtint cette puissance
d'opinion, il s'efforça, selon la disposition naturelle au cœur humain, de la convertir à son
propre avantage, d'abord à celui de l'ordre entier, et ensuite à celui des individus de cet ordre.
Dans ce système d'usurpation, le petit nombre
avait les yeux ouverts, mais le grand nombre
agissait de bonne foi, avec la pleine persuasion
qu'en élevant leur ordre par dessus tout ils fai-
saient le plus grand bien de l'état. Cette puissance,
dans son progrès, tendait naturellement à l'a-
baissement et même au renversement de la puissance politique. Ses opérations, conduites par
une multitude de personnes qui tendaient au
même but, avaient l'apparence d'être concertées,
comme si le clergé eût formé un plan systématique de subjuguer toutes les classes laïques. Au
lieu que, dans le fait, ce plan ne fut jamais universel, et même jamais nécessaire : il s'exécutait,
pour ainsi dire, sans avoir été formé : les moyens
étaient évidents, le but était simple, les intérêts
dans le clergé ne se croisaient point. D'un bout
du monde à l'autre, ils agissaient de concert sans

se connaître ni s'entendre. Chaque coopérateur reprenait l'ouvrage où son prédécesseur l'avait laissé, et le portait aussi loin que l'intérêt le demandait, et que l'occasion le permettait.

En conséquence de ce plan, suivi unanimement sans être concerté, et plus sûrement que s'il eût été concerté, le clergé obtint ces exemptions dans les lois criminelles, qui, par un enchaînement bizarre de causes et d'effets, ont produit cette division de la peine de félonie dans les deux espèces qui existent à présent.

La personne de ces mortels favorisés, qui entretenaient un commerce plus immédiat avec la Divinité, et qui avaient le maniement des grands intérêts du genre humain, devait bientôt devenir non seulement respectable, mais *sacrée*; expression dont le sens est vague, et par là très propre à agir sur l'imagination; la personne à qui on l'applique devient un objet de terreur. Il ne fallait donc pas les juger, ces personnes sacrées, par des tribunaux profanes, les condamner par des bouches profanes, les toucher, contre leur gré, avec des mains profanes. Les lieux même de leur habitation participèrent à l'essence de cette mystérieuse qualité : les pierres arrangées pour former un certain édifice devenaient sacrées. La terre même, à une certaine distance de cet édifice, s'imbibait de la même vertu. De là les

priviléges des sanctuaires. En un mot, le monde
entier, matériel ou intellectuel, fut divisé en
sacré et en profane : tout ce qui était eux et à
eux était sacré ; tout le reste était destitué de ce
privilége inestimable, et marqué, comme le mot
l'exprime, d'une espèce de note de réprobation
ou d'infamie. Je passe rapidement sur les progrès
de cette prétention du clergé à l'indépendance
des juridictions profanes. Blackstone les a décrits
dans ses *Commentaires* avec autant de fidélité que
d'élégance.

Me renfermant ici dans les causes qui se rangent sous la dénomination de félonie, le clergé
eut pour premier objet de protéger ceux qui te-
naient immédiatement à son ordre, et successivement d'autres classes de personnes qu'il envi-
sageait comme relevant de son pouvoir. Par
degrés, il étendit si loin ces exceptions, qu'enfin
la patience de juges laïques fut lassée, et ces
juges en vinrent à une résolution générale de ne
plus en reconnaître aucune. Cette réforme soudaine et violente était trop forte pour l'esprit
du temps : le clergé eut assez d'influence sur la
législature pour en obtenir un statut favorable [1]
Il fut établi que tous les clercs, religieux et sécu-
liers, convaincus de quelque félonie ou trahison,

[1] 25 Édouard III, stat. III, c. 4.

concernant autres que le roi lui-même, jouiraient pleinement à l'avenir des priviléges de la sainte église, et seraient remis sans empêchement ni délai à leurs supérieurs ecclésiastiques.

Ce statut ne marqua pas assez clairement la distinction entre les clercs et les laïques. Pour établir le droit à l'exemption, la seule preuve concluante était de produire l'acte d'*ordination*. Mais il y avait plusieurs classes comprises sous le nom commun de clercs, participant à leurs priviléges, et admises à leurs offices sans aucun acte civil d'ordination. Cette distinction ne se trouvait point dans le statut. Le clergé fut assez adroit pour se faire dispenser de produire l'acte d'ordination, et fit recevoir dans les tribunaux une autre espèce de preuve, qui, toute ridicule qu'elle nous paraît aujourd'hui, n'était pas alors si incompétente. « Les actes d'ordination (pou- » vait-il dire) seraient une preuve équivoque ; » on peut en faire de faux pour l'occasion : mais » un moyen sûr et à l'abri de toute fraude, pour » reconnaître l'homme qui nous appartient, c'est » qu'il puisse faire ce que nous faisons, qu'il soit » en état de lire comme nous. » Le livre d'épreuve était une Bible ou une Liturgie. Peu de person- nes, autres que les ecclésiastiques, savaient lire, et surtout du latin : et les juges, s'ils se doutèrent de la supercherie, y connivèrent peut-être avec

plaisir en faveur de ceux qui possédaient une
qualification si rare et si précieuse. Mais il était
facile de substituer un livre à un autre, ou d'apprendre par cœur quelque passage particulier :
et d'ailleurs, le progrès naturel de la société tendait à rendre l'instruction plus commune, surtout
après la découverte de l'imprimerie. Il ne faut
donc pas s'étonner que, dès le temps de Henri VII,
comme le dit Blackstone, il y eût autant de
laïques que d'ecclésiastiques admis aux priviléges
de l'église : il est même naturel de penser que le
nombre des premiers était plus grand ; car dans
les temps même les plus corrompus, les ecclésiastiques ont dû tomber plus rarement que les
autres dans les grands délits : il y a toujours eu
dans cette classe plus d'instruction et moins de
pauvreté. Un nouveau statut devint nécessaire
pour remédier à cet abus ; mais s'avisa-t-on de
faire produire le titre d'ordination ? Non, — on
statua que le bénéfice de clergie ne pourrait être
réclamé qu'une fois par les laïques, et que tous
ceux qui en auraient joui seraient marqués dans
la main, pour être reconnus. Quant aux vrais
ecclésiastiques, il fut expressément statué qu'ils
jouiraient de ce bénéfice, *toties quoties*, autant
de fois qu'ils en auraient besoin ; privilége qu'ils
ont encore aujourd'hui.

Un félon admis à sa clergie était livré à un

tribunal ecclésiastique. Le grand objet de ce tribunal était de déclarer innocent celui qu'un tribunal profane avait condamné : car cela tendait
à discréditer le tribunal profane. S'il n'était pas
possible d'absoudre, le supérieur ecclésiastique
imposait quelque pénitence, qui ordinairement
était loin d'être rigoureuse. C'est ainsi que le
clergé se faisait valoir par sa protection, et sou-
mettait à son joug les hommes honnêtes par leurs
craintes; les scélérats par leurs espérances.

Il y a bien des indices qu'un individu mis entre
les mains du clergé était ordinairement absous
et purgé : car ce mot de *purgation* était le terme
employé pour cette procédure en révision de la
première. Quand les juges laïques voulaient soumettre le délinquant aux peines de la loi, leur
unique ressource était de s'opposer à ce qu'il fût
admis à faire sa purgation. Il en résultait une lutte
continuelle entre le juge temporel et le juge spi-
rituel; et dans ces efforts irréguliers, les succès
variaient sans cesse selon le caractère des individus et les circonstances du temps.

Je ne suivrai pas l'historique des mutations de
ce singulier privilége; le statut de la reine Anne,
qui l'étendit à ceux même qui ne savaient pas
lire, en le conservant nominalement l'abolissait
en réalité. Ce n'est plus dans le fait qu'un adoucissement pour une classe de délits, une exemp-

tion de certaines peines, exemption qui autrefois appartenait à une classe seulement, et à laquelle tous ont été admis à participer.

Blackstone se plaisant à considérer comment ce privilége a été diminué par degrés, admire la sagesse des législateurs qui ont su, comme des chimistes habiles, extraire un remède d'un poison : mais s'il eût été moins disposé à ces éternels panégyriques, il aurait vu que tant d'opérations croisées et tortueuses introduisaient nécessairement dans la loi des désordres et des vices que rien ne pouvait guérir qu'une révision générale. C'est un voile de ténèbres qui a couvert toute la jurisprudence anglaise.

§ III. Félonie sans clergie.

Pour ce qui concerne la félonie sans bénéfice de clergie, il faut d'abord distinguer dans cette peine la part qui tombe sur le coupable, et celle qui porte sur des innocents.

La peine propre au coupable comprend :

1° Une forfaiture totale des propriétés mobiliaires ;

2° Une forfaiture des terres et tenures (*ténéments*). Cette forfaiture des immeubles est totale[1] ou partielle suivant la nature des biens ;

[1] Elle n'est pas totale dans tous les cas. La femme du

3° L'emprisonnement; le temps est indéfini, il dépend en partie du juge, en partie du roi;

4° La peine de mort, la mort simple par la potence.

La peine qui porte sur des innocents comprend :

1° Ses héritiers en général (c'est-à-dire la personne ou les personnes dans l'ordre de succession par rapport à sa propriété réelle) sont exclus de toute la propriété réelle ¹ qu'il a eue en jouissance, et dont ils auraient hérité de droit, à moins d'une disposition contraire de sa part. Cette forfaiture est une conséquence de la doctrine de la *corruption du sang.* Si, avant le délit commis, le délinquant a disposé de sa propriété réelle en faveur de son héritier, elle ne lui est pas ôtée. Ainsi la forfaiture est casuelle, elle peut être tout ou rien ;

2° L'héritier perd toutes les successions en terre et en propriétés réelles auxquelles il n'aurait pu établir son titre qu'en qualité d'héritier le plus proche du délinquant. C'est une forfaiture contingente et éloignée. La peine est encore plus incertaine que dans le cas précédent ;

3° Les créanciers dont la dette était fondée

_____

délinquant a droit à son douaire pris sur les biens confisqués.

¹ Avec l'exception ci-dessus.

sur les biens réels du délinquant perdent leur droit, dans le cas où la dette est subséquente à la commission du délit. C'est une peine incertaine quant à la personne sur qui elle tombe, mais certaine quant à l'événement, s'il y a des créanciers de cette espèce;

4° Les personnes qui ont acheté du délinquant une partie quelconque de ses biens réels perdent leur acquisition, dans le cas où l'achat a eu lieu après la commission du délit.

Dans le langage fictif des gens de loi, c'est le délinquant lui-même qui est censé puni par ces forfaitures postérieures : dans le langage de la vérité, ce sont les héritiers, les créanciers, les acheteurs qui sont en souffrance ; et la souffrance est pour eux seuls.

La forfaiture de sa propriété personnelle est une autre branche de la peine qui peut tomber sur des personnes innocentes,

1° Sa femme : par là, elle sera privée de tout ce qu'elle aurait pu avoir par son testament ou par la loi des distributions;

2° Ses enfants ou ses proches : de la même manière;

3° Ses créanciers : ils ne peuvent rien réclamer sur la propriété personnelle, dans le cas où leur titre n'est pas antérieur à la commission du délit.

§ IV. Félonie avec clergie.

Les peines qu'elle renferme sont beaucoup moins variées et beaucoup moins sévères.

Des peines propres au délinquant, elle comprend la première et la troisième, c'est-à-dire la forfaiture des biens meubles et l'emprisonnement.

Au lieu de la peine de mort, on imprime une marque dans la main. Cette partie de la punition est devenue une farce. Elle est supposée avoir lieu en plein tribunal, immédiatement après que le coupable a déclaré par un mensonge solennel qu'il est un clerc; ou si c'est une femme, qu'elle réclame le privilége du statut. La marque à infliger est la lettre T [1].

La partie où on doit l'imprimer est le gros du pouce gauche. De sorte que si un homme a perdu le pouce gauche, il ne peut pas recevoir la marque, ou s'il choisit ensuite de se couper le pouce, il perd la marque destinée à le distinguer des autres hommes.

L'instrument anciennement employé était un fer avec une empreinte, et le fer était brûlant.

---

[1] Si le délit était un meurtre, on imprimait la lettre M. Le meurtre n'avait pas encore été tiré des cas clergiables (c'est-à-dire ayant le bénéfice de clergie).

Les juges d'alors ne connaissaient pas d'autre
moyen de faire dans la chair une marque indélébile. A présent l'usage est encore d'employer
le fer, mais il est froid : on touche sans brûler,
il n'y a point de marque. Le juge préside à cette
parodie de la loi ; personne ne se plaint, beaucoup de gens approuvent : c'est de la douceur,
c'est de l'humanité : il est vrai que la loi est éludée, qu'elle est tournée en ridicule, mais un
juge s'épargne le désagrément d'entendre les cris
d'un homme à qui on applique un fer rouge. On
demandera peut-être pourquoi les juges ne pro-
posent pas eux-mêmes un changement dans la
loi, plutôt que de se permettre un changement
arbitraire dans la pratique ? Je l'ignore.

Celui qui altéra le premier la loi fit un acte
d'autorité arbitraire : celui qui aurait le courage
de la rétablir pourrait employer un moyen plus
doux que celui du feu [1].

Une autre peine, qui peut, dans tous les cas
de félonie clergiable, être ajoutée ou non à
celles que nous avons énumérées, est la *trans-
portation*.

---

[1] Le statut ordonne que le convict soit marqué : le mode
est laissé au juge. Blacksktone (4 Comm. 360) dit que le
convict doit être marqué avec un fer rouge. Il est évident
par là qu'il n'avait pas lu le statut. Il n'y est pas fait mention de fer chaud ni de brûlure.

La récidive dans une félonie clergiable entraîne félonie avec peine capitale.

Les clercs qui ont pris les ordres sont seuls exceptés. Les pairs ne le sont pas : les femmes y sont expressément sujettes.

C'est une distinction sans doute très honorable au clergé que le droit de commettre avec peu de risque plusieurs espèces de délits pour lesquels les autres membres de la société sont pendus. On entend souvent parler d'aventuriers qui ont fait des fortunes considérables en prenant cinq ou six femmes à la fois. Cependant un laïque convaincu de polygamie doit prendre garde à lui, avant de récidiver ; mais les ecclésiastiques, à raison de la sainteté de leur vocation, peuvent jouir d'un sérail. Je voudrais recommander à des jeunes gens qui ont de la figure et des grâces, et qui veulent s'en servir pour leur fortune, de prendre les ordres : ceux du diacre peuvent suffire, et ils ne sont pas pesants, on peut s'en débarrasser quand on veut. S'ils sont découverts, ils en seront quittes à bon marché ; le fer froid ne leur fera pas grand mal ; l'emprisonnement pour peu de mois n'est qu'une bagatelle quand on est riche ; il vaut mieux être en prison et riche, que libre et indigent. Il est vrai qu'il y a une forfaiture des effets mobiliers : mais qu'importe ? il est si aisé de cacher dix mille livres sterling en portefeuille ! et d'ailleurs quel risque court-on, tant qu'on peut convertir ses effets mobiliers en bons fonds de terre qui ne sont point sujets à forfaiture ?

Il y a une chose qu'on ne perd point par une félonie clergiable, c'est la réputation. La loi, dans ce cas seul, protège un délinquant autant qu'elle peut le protéger. Un homme a-t-il volé douze sous, et a-t-il été convaincu? chacun peut le traiter de voleur; mais qu'un homme ait fait un vol, et qu'il ait été puni comme félon, avec bénéfice de clergie, il faut bien se garder de lui en faire un reproche, on serait puni par la loi. Cela a été solennellement adjugé. Que je traite un individu de voleur, je ne suis pas coupable de diffamation si je prouve le vol; mais dans ce cas-ci, où la preuve du vol est faite juridiquement, il faut me taire, sous peine d'être diffamateur. On ne devinerait pas la raison de cette différence : c'est que le statut qui accorde le bénéfice de clergie opère comme un pardon. Il a la vertu de défaire ce qui a été fait : et un homme, disent de graves personnages, ne peut pas plus être appelé voleur quand il a été puni de cette manière, qu'on ne peut dire, au présent, qu'il a une maladie honteuse quand il l'a eue et qu'il en a été guéri.

Tous ces sophismes et d'autres semblables ne tendent qu'à affaiblir l'influence de la sanction

morale. Voudriez-vous donner une telle protection à tous les délinquants ? Non, sans doute,
et on ne l'a pas fait : pourquoi donc la donner
en particulier à ceux-ci ? Le jurisconsulte qui a
le plus subtilisé sur cette doctrine du pardon,
comme renfermé dans la félonie clergiable, est
sir Edward Cooke ; et il ne faut pas s'en étonner :
par la tournure de son esprit, il se complaisait
dans le labyrinthe des lois; d'ailleurs, toujours
ennemi par principe de la liberté politique,
dont il était par passion le plus zélé partisan.

FIN DU TOME PREMIER.

TABLE

DES MATIÈRES.

Expression nouvelle expliquée et justifiée. — Quelle peine peut être dite économique ou dispendieuse. — Distinction dans les peines entre valeur apparente et valeur réelle. — L'apparence est l'objet essentiel.

Note. Stratagème des Hollandais au cap, pour pacifier des Hottentots. — Trois maximes sur les peines.

Proportion entre peine et délit. — Idée vague. — Six règles à établir : 1° que le mal de la peine surpasse le profit du délit. — Insigne des lois anglo-saxonnes. — Erreur de plusieurs écrivains et d'Adam Smith. — Une peine inefficace est doublement un mal; 2° punir plus sévèrement un acte qui prouve une habitude; 3° compenser en sévérité ce qui manque à la peine, en certitude; 4° entre deux délits qui sont en concurrence, punir davantage le plus nuisible; 5° hasarder une grande peine pour la chance de prévenir de grands délits; 6° se réserver dans l'assiette des peines les moyens d'avoir égard aux circonstances qui influent sur la sensibilité des individus, l'âge, le sexe, l'éducation, le rang, les infirmités, etc.

Le *trop peu* en fait de peine plus facile à voir que le *trop.* — L'erreur en moins plus dangereuse que l'erreur en plus, mais peu probable : la pente naturelle est pour une sévérité outrée.

Objection. Les règles de proportions inutiles, parceque les passions ne calculent pas. Réponse.

1° Divisibilité; 2° certitude. — Égalité; 3° commensurabilité; 4° analogie; 5° exemplarité; 6° économie; 7° rémissibilité; 8° suppression du pouvoir de nuire; 9°

tendance à l'amendement moral; 10° conversibilité en
profit; 11° simplicité dans la description; 12° popularité.

Échelle d'importance de ces qualités, selon la nature des
délits. — Note de l'éditeur sur la marche progressive des
idées. — Qualités pénales requises par Montesquieu, —
par Beccaria. — Utilité des formes méthodiques. — Des
catalogues.

Source d'analogie : 1° même instrument dans le délit
et dans la peine. — Réflexion sur le supplice du feu;
2° pour injure corporelle, même peine corporelle; 3° affecter la partie du corps qui sert au délit; 4° empreinte
délébile ou indélébile dans les délits commis sous le masque; 5° analogies accidentelles tirées du lieu, etc., etc.

Note de l'éditeur. — Qu'il faut user des peines caractéristiques ou analogiques avec beaucoup de précaution. — Exemple de leur heureuse application dans un
cas particulier.

Ce que c'est. — Simplicité, son mérite. — Mais inapplicable dans les délits publics, semi-publics, — contre
la réputation, — contre la propriété, — contre la condition. Applicable dans les délits qui affectent la personne,
mais trop sévère. — Extravagant éloge du talion dans
l'alcoran.

L'approbation publique naturellement attachée à l'utilité. — Mais il y a des antipathies, — des préjugés, — des
objections fondées sur des mots respectés, — liberté, —
décence, — religion, — humanité, — langage des sentimentaux. — Le sentiment récusé comme arbitre, non

L'examen d'une peine consiste à la comparer avec toutes les qualités ci-dessus énoncées. — Les peines afflictives simples sont divisibles en — certaines, — exemplaires, — mais accompagnées de plus ou moins d'ignominie, et la plus légère peut être infamante. — Vice d'une loi anglaise sur le vol des chiens. — Vice du code pénal de Russie.

Simple emprisonnement ayant pour objet la sûregarde. — Emprisonnement pénal, susceptible de divers degrés de sévérité.

Note de l'éditeur. — Sur l'état des prisons en Angleterre avant Howard. — Sur la fièvre des prisons, etc.

Quatre tableaux : 1° inconvénients nécessairement attachés à l'état de prisonnier ; 2° peines accessoires et incidentes ; 3° maux abusifs ; 4° moyens préventifs. — La diversité des castes aux Indes demande des précautions particulières pour les prisons.

1° Très efficace par rapport au pouvoir de nuire ; 2° improductif et coûteux; 3° peine très inégale; 4° divisible; 5° exemplaire jusqu'à un certain point ; 6° facile à concevoir.

Peines pénitentielles à employer pour un temps très court : 1° solitude ; 2° obscurité ; 3° diète. — Examen des effets salutaires de ces peines bien ménagées.

Inconvénients du mélange confus des prisonniers. — Corruption qui en résulte. — Analyse de ce mot. — Il renferme trois conséquences nuisibles de cette association promiscueuse : 1° renforcement des motifs séducteurs; 2° affaiblissement des motifs tutélaires ; 3° instruction de perversité. — Nature du point d'honneur dans une prison. — Note sur la phrase, *probité de voleur.*

Droits ou émoluments des geôliers, l'un des plus graves abus des prisons; — bien plus grave encore quand ces frais sont exigés de personnes acquittées.

Trois espèces de prisons : 1° l'une de détention pour les débiteurs, les prévenus, les délits qui ne rangent point le coupable dans la classe des malfaiteurs.

et servitude laborieuse. Vices de ce mode pénal. — Rien d'exemplaire ; les souffrances excessives et si peu apparentes que la peine est plus séduisante qu'effrayante pour la jeunesse. — Point de tendance à réformer le moral des convicts, par défaut d'inspection et la facilité de se livrer à tous les vices. — Histoire de seize ans de cette colonie par un juge. — Preuves de fait de la multiplicité des crimes et de l'impuissance des freins qu'on y oppose. — Des évasions, — de l'énormité de la dépense pour l'état,—de la mortalité qui a eu lieu dans les transports, de l'accumulation de rigueurs accidentelles qui ne sont pas dans l'intention de la loi.

Examen des prétendus avantages politiques de cette colonie. — Que des malfaiteurs ont tout ce qu'il faut pour ruiner une colonie, et rien de ce qui est nécessaire pour la fonder.

Renvoi au troisième volume des traités de législation pour l'explication du panoptique : ses traits principaux : 1° bâtiment polygone avec inspection centrale ; 2° administration par contrat ; 3° responsabilité de l'administrateur par une assurance sur les vies et le mode de publicité.

Réponse à une objection sentimentale contre l'inspection continuelle. — Le panoptique répond aux divers buts : 1° exemple, facilité de voir tout l'intérieur depuis le centre ; 2° la réformation par le travail, — la tempérance, — la séparation des classes, — les instructions religieuses ; 3° la suppression du pouvoir de nuire. — Idée d'un établissement auxiliaire pour les prisonniers élargis ; — 4° pour compensation à la partie lésée ; 5° économie. — Supériorité de la prison panoptique sur la déportation. —

malfaiteurs. — Le malheur est l'état habituel de leur vie.
Objection. — Si la mort leur paraît moins dure que des
peines longues, telles que les travaux forcés, ils se suici-
deront.—Rép. Le courage de se donner la mort est tout
autre chose que celui de la recevoir. — Réflexion sur le
suicide. — Qu'il y a loin de la résolution à l'exécution.
— On se prête par degrés aux situations les plus fâcheuses; comparaison de l'organisation physique où un sens
supplée à celui qui manque, et de l'aptitude de l'âme à
remplacer un objet par un autre. 4° La peine de mort
n'étant pas rémissible, présente tout le danger des erreurs
judiciaires et des imperfections attachées à toutes les
preuves, même à la confession libre de l'accusé. — Jeux
cruels du hasard pour accumuler les vraisemblances du
crime sur un accusé innocent. — Le nombre des témoins
rend les témoignages plus douteux quand les passions sont
en mouvement. — Que l'habitude dispose les juges à
croire trop aisément au crime. — Que la peine de mort
offre une sécurité aux faux témoins et aux juges corrompus. — Que dans les révolutions politiques on abuse
de la peine de mort plus facilement que de toutes les autres. — Que si elle était abolie, on n'oserait pas la rétablir
dans les affaires d'état.

5° Autre inconvénient de la peine capitale. —Destruction d'une source de preuves testimoniales.

6° La peine de mort devient plus impopulaire à mesure
que la civilisation fait plus de progrès : de là une disposition dans les jurys à des prévarications miséricor-
dieuses.

III. Comparaison de la peine capitale avec celles qu'on
peut lui substituer.

Les qualités avantageuses reconnues dans la peine de

mort ont séparément peu de force. — On peut ôter le pouvoir de nuire par la clôture, témoins les fous furieux. — Exception pour certains cas politiques où un homme est le chef d'une faction. — Et même alors un acte de rigueur peut susciter des vengeurs. — Beau mot d'un Irlandais. — L'exemplarité de la peine capitale, le plus fort argument dans le cas des malfaiteurs abjects. — L'emprisonnement perpétuel et laborieux fait plus d'impression sur eux que la peine de mort. — La prodigalité de cette peine est une grande méprise des législateurs. — Délits pour lesquels on pourrait la conserver *in terrorem*.

IV. Mauvais effets collatéraux de la peine de mort.

Quand elle choque l'opinion, elle tend à multiplier les crimes en favorisant l'impunité. — Refus de témoigner. — Parjure. — Mépris des lois. — Arbitraire dans les jugements et dans les pardons. — Ouvrage de sir Samuel Romilly sur la loi criminelle d'Angleterre. — Bills proposés par lui. — Lenteur des réformes dans un pays libre. — Vue parallèle de ce qu'on appelle opinions paradoxales des réformateurs et des opinions contraires.

Peines pour appuyer une première peine ou pour la suppléer.

Quatre règles pour les peines subsidiaires.

L'emprisonnement pour remplacer la peine pécuniaire. — Combien un jour de prison acquittera-t-il d'une dette ? — Si une journée de prison est égale au revenu d'une journée, comment calculera-t-on le revenu pour les divers états de la société ? — Table. — Points à fixer.

légales; 2° leur opération est locale; on s'y soustrait en grande partie par un déplacement; 3° elles sont très inégales. — Les maux casuels variant à l'infini, — la sensibilité et la honte varient de même selon le sexe, — l'âge, — la fortune, — la profession, — le rang; — pourquoi les états mitoyens sont plus vertueux; 4° ces peines en général peu exemplaires; 5° bonnes sous le rapport de la réformation; 6° rémissibles; 7° certaines. Leur certitude est leur grand point de supériorité sur les tribunaux. — Caractère du tribunal de l'opinion publique : sa puissance varie selon les degrés de la civilisation, — selon la nature du gouvernement, — selon les moyens de publicité; — comment elle s'affaiblit par les divisions en partis politiques et en sectes religieuses.

Infamie, terme extrême. *Perte de réputation*, expression applicable à tous les degrés.

Deux moyens d'influer sur l'opinion : 1° simplement législatifs; 2° exécutifs.

Moyens simplement législatifs, directs ou indirects : *directs*, quand le législateur se borne à énoncer un acte comme nuisible : exemple de la loi Valéria, — et autres; *indirects*, quand il transfère un acte dans une classe d'actes déjà flétris : exemples des lois de Zaleucus.

Moyens exécutifs : 1° publication du délit; 2° admonition judiciaire; divers degrés de gravité qu'on peut lui donner; 3° application des peines infamantes; — examen des différentes peines dans leur influence sur l'honneur; 4° autres peines infamantes, — quasi-corporelles, — peines symboliques, — ex. : chez les Perses, le fouet appliqué aux habits du délinquant noble, — exécution en effigie, — potence à la porte du palais d'un duc de Medina-Celi, — infamie posthume; — exemples tirés de la loi anglaise; 5° dégradation : — deux espèces de réputation, l'une naturelle, l'autre factice ou politique. — Effets de la perte de rang. — Limites du pouvoir du magistrat sur l'opinion. 6° Déchéance de crédibilité, ou exclusion de la faculté de témoigner en justice.

II. Examen des peines simplement ignominieuses, — ainsi nommées : 1° parceque la loi déclare l'acte en question censurable ou infamant; 2° parceque sans l'infamie la peine serait nulle. Moyens qui requièrent une grande habileté de la part du législateur; très bons en eux-mêmes : 1° susceptibles de divers degrés, et applicables selon toutes les circonstances qui influent sur la sensibilité; 2° le jugement s'exécute par l'opinion publique; 3° ces peines sont éminemment exemplaires; 4° elles sont rémissibles. Cas où le préjugé public ne s'accorde pas avec le vœu du législateur.

Moyens de ramener l'opinion publique lorsqu'elle est erronée; — exemple : duel. *Renvoi aux Traités de législation.* — S'adresser à la raison publique en faisant connaître les motifs des lois : — 1° exemple dans une loi sur la contrebande; 2° exemple dans une loi sur les informateurs; — que les anciens ont mieux connu cet art que les modernes. — Critique d'un passage de Montesquieu. — Pourquoi le législateur échoue souvent dans ses efforts pour gouverner l'opinion : — exemple tiré de l'Angleterre, sur le libelle politique, — Distinction entre deux sortes de libelles, le criminatif et le vitupératif. — Deux modes de poursuite, civile et criminelle.

454   TABLE

donne sur des êtres existants. — Dignité ; qu'est-ce ?
les priviléges qu'elle donne. — Emploi public, — de
même. — Droit d'élection. — Droits et avantages qu'il
confère.

En quoi consiste la déchéance. — Condition matrimoniale. — Énumération des pertes résultant de la déchéance de cette condition, dix. — Condition paternelle.
— Énumération des maux résultant de la déchéance de
cette condition, neuf. — Condition filiale ; — de même.
Condition d'emploi judiciaire. Plaisirs résultant de la
possession.

Observation générale. Tous les plaisirs appartenant
à ces divers états sujets à être altérés par des peines correspondantes.

Par quels moyens on peut opérer la déchéance des
conditions. — On ne peut pas dissoudre des relations
naturelles, — mais on peut procéder par des fictions.
— Corruption du sang. — Bâtardise, etc. — Déchéance
de nom de famille. — Déchéance de crédibilité. — Déchéance de condition d'homme libre. — Divers degrés
de servitude. — Déchéance de liberté constitutionnelle ;
comment elle peut s'opérer : 1° par conquête ; 2° par
corruption politique.

à tracer. — Rejeter un témoin parcequ'il peut mentir, c'est admettre un principe d'exclusion contre tous les témoins. — Comparaison du danger entre l'admission d'un témoin taré par un jugement antérieur, et sa non-admission. — L'exclusion de ce témoin en justice, 1° le met lui-même hors de la protection de la loi ; 2° assure l'impunité aux crimes dont il a été le seul témoin ; 3° détruit la sécurité dans les actes qui requièrent plusieurs témoins. — Aucun danger dans l'admission du témoignage même de la part d'hommes flétris, pourvu que cette circonstance soit connue du tribunal. — Erreur de croire qu'un homme coupable d'un délit sera disposé à commettre un faux témoignage quand il n'a point d'intérêt à le faire. — Erreur de Justinien, qui attacha l'incompétence de témoigner à un délit contre les mœurs.

Lois complexes vicieuses, celles qui sont obscures. — Le législateur en les ordonnant ne sait pas ce qu'il fait. Les maux qu'elles entraînent, n'étant pas connus d'avance, ne se présentent point aux individus comme motifs pour les détourner du délit.

Excommunication mineure : tableau des peines ou conséquences qu'elle entraîne d'après la loi anglaise, — au nombre de douze.

Excommunication majeure en entraîne deux de plus. Bizarrerie de cette peine, la seule pour tous les délits dans le code pénal ecclésiastique.

Réflexions sur quelques unes des peines comprises dans l'excommunication ; — sur la pénitence publique ;

EXTRAIT

DE LA REVUE D'ÉDIMBOURG.

(N° XLIII (octobre 1813).

Nous avons déjà eu occasion de mentionner ce très intéressant ouvrage (*la Théorie des peines et des récompenses*),
et d'exprimer notre regret des incidents qui, plus d'une fois,
nous ont empêché d'exécuter le dessein que nous avions formé de mettre une esquisse de son contenu sous les yeux de
nos lecteurs. Nous sommes enfin à même de remplir notre
intention ; et le délai que nous y avons apporté, en nous
donnant plus de temps pour méditer sur le sujet de ce
livre, n'a fait que confirmer notre conviction primitive des
services essentiels qu'a rendus aux branches les plus importantes de la législation cette promulgation des doctrines de
M. Bentham.

Dans cette occasion, comme dans une précédente, c'est
à M. Dumont que nous sommes redevables de la connaissance de ces précieuses compositions. La plupart d'entre
elles avaient été terminées (en ce qui concerne la part qu'y
a eue leur premier auteur) plus de trente ans avant leur publication actuelle ; pendant cette longue période de temps,
elles sont demeurées dans son cabinet, négligées par lui,
ou considérées comme des matériaux pour une partie de son
grand ouvrage sur la législation, dans lequel il les eût fait
entrer un jour, ou peut-être regardées seulement comme
des notes amassées pour son propre usage dans le cours de
ses études.

Si le même esprit zélé et la même main amie auxquels nous devons les *Traités de Législation* ne se fussent point interposés, ce traité, quoique presque complet et tout-à-fait capable d'être séparé du vaste système de morale pratique (*Practical ethics*), auquel il appartient naturellement, aurait, selon toute probabilité, été dérobé au public jusqu'à l'époque où ce grand ouvrage pourra être terminé, avec la chance encore plus probable d'une entière suppression due à l'extrême sévérité de M. Bentham envers ses compositions. Heureusement M. Dumont le décida à lui confier ses matériaux, et, nonobstant tous les désavantages qu'offre la confection d'une œuvre de cette nature, il est si parfaitement entré dans l'esprit de son auteur, il connaît si bien les sujets discutés, et il écrit avec une si admirable précision, en même temps qu'avec beaucoup de vivacité et d'élégance, que, sans ce que nous apprennent le titre et la préface, il eût été difficile d'imaginer que ce livre ne contenait pas l'exposé des principes de l'auteur tel qu'il l'avait tracé lui-même.

Le mérite de M. Dumont étant si grand, et sa part dans l'*exécution* de l'ouvrage si considérable, nous ne faisons que lui payer un juste tribut, en nous arrêtant un moment pour lui contester le titre de *rédacteur* que sa modestie l'a porté à prendre. Il ressemble beaucoup plus à un adepte développant les doctrines de l'école de philosophie à laquelle il appartient. Les matériaux remis entre ses mains étaient pour la plupart extrêmement imparfaits, quoique beaucoup plus volumineux que l'ouvrage, dans lequel il en a fait entrer l'esprit, plutôt qu'il ne les a incorporés eux-mêmes. Ils lui offraient souvent, sur le même sujet, différents essais qu'il devait assembler, coordonner et expliquer lui-même, ou accompagner des explications de l'auteur, selon les circonstances. Dans quelques chapitres, il n'avait pour se diriger

que des notes marginales. Il composa un livre entier avec
des fragments épars qu'il eut non seulement à assembler et
arranger, mais encore à lier ensemble et à étendre. L'importante discussion sur les peines capitales, entre autres, n'était
point finie.

En traitant de semblables branches de l'ouvrage, M. Dumont a eu évidemment à remplir une tâche pareille à celle
des restaurateurs de la géométrie ancienne, qui, d'après les
précieux restes trouvés dans Pappus, tantôt un énoncé sans
développement ni construction, tantôt une proposition sans
démonstration, où quelques propositions servant de préli-
minaires à des théorèmes perdus, et souvent une remarque
obscure ou une allusion à des livres inconnus aujourd'hui et
donnant de vagues indices de leur contenu, ont, par leur
tact et leur habileté extraordinaire, été en état d'offrir au
monde moderne les plus savantes spéculations des anciens,
dans un état de perfection probablement beaucoup plus
grande qu'elles ne l'avaient primitivement reçue du génie de
leurs illustres auteurs.

M. Dumont a été à même de remplir les lacunes laissées
dans une partie des matériaux qu'il a mis en œuvre, en pui-
sant dans quelques unes des publications antérieures de
M. Bentham; et, dans le choix qu'il en a fait, comme dans
la manière de les intercaler pour conserver l'unité du plan,
il a montré son habileté accoutumée. Cependant, quoiqu'en cela, comme dans l'exécution générale de sa tâche, il
ait été forcé de prendre une latitude bien différente de celle
des éditeurs ordinaires, ayant à traduire, à commenter, à
abréger ou à suppléer, selon la nature du texte et l'occasion,
il rappelle à son lecteur, comme il le fit pour la précédente
publication, que les détails de l'exécution lui appartiennent
seuls, et qu'après tout, ce n'est point son propre ouvrage

qu'il présente au public; mais, aussi fidèlement que la nature
de la chose le permet, celui de M. Bentham.

M. Dumont conclut que M. Bentham a été satisfait de la
fidélité de sa dernière publication, d'après la confiance qu'il
lui a de nouveau accordée; mais il ajoute que M. Bentham
n'est nullement intervenu dans l'exécution du présent ouvrage, et qu'il a même refusé d'en prendre communication
avant qu'il ne fût terminé. Le fait est que, conservant les
mêmes opinions qu'il avait sur le fond du sujet, lorsqu'il
prépara ces matériaux, et toujours pénétré de ce goût difficile qui les lui avait fait supprimer, il n'aurait pu être
satisfait de la forme sous laquelle il les avait disposés, et s'il
les eût retouchés, c'eût été pour les composer de nouveau.
« Que M. Bentham (dit son ami), trop difficile sur ses pro-
» ductions, ne crût pas celle-ci digne des regards du public,
» c'est ce qui n'étonnera point ceux qui savent tout ce qu'il
» exige de lui-même, et les idées qu'il se forme d'un ouvrage
» achevé. »

Nous ne pouvions, sans injustice envers M. Dumont,
omettre de mentionner ces particularités ; car les travaux de
ceux qui, avec assez de capacité pour composer des ouvrages originaux, se dévouent à exposer les systèmes des
autres, obtiennent rarement les suffrages qui leur sont si
justement dus; il est encore plus rare que de semblables
commentateurs participent à un tel point au mérite de l'auteur original.

Avant d'entrer dans l'examen du livre lui-même, nous
parlerons avec une véritable satisfaction de l'annonce contenue dans la préface, concernant le succès du premier traité
de M. Bentham, publié par M. Dumont. Malgré tous les
désavantages au milieu desquels il a paru, et les convulsions
qui ont depuis agité le continent où il était principalement

destiné à circuler, en conséquence de la langue dans laquelle il est écrit et du lieu où il a été publié, trois mille exemplaires se sont écoulés en très peu de temps, et cependant le nom de l'auteur n'était auparavant guère connu hors de l'Angleterre. Ses principes n'ont pas été sans influence; c'est ce qu'on peut inférer des allusions fréquentes qu'on y a faites dans les diverses publications officielles sur les codes civils ou criminels, promulguées dans les différentes parties de l'Europe.

L'ouvrage est partagé en deux grandes divisions ou branches: la théorie de la législation pénale, et celle de la législation rémunératrice.

Dans la première sont exposés systématiquement tous les principes qui doivent régler les choix des différents modes de châtiment, et les proportions des châtiments aux crimes.

Dans le monde on montre les principes d'après lesquels le législateur doit procéder quand il présente des encouragements (*inducement*), soit seuls, soit accompagnés de peines correspondantes, pour influencer la conduite de ses sujets.

L'enquête sur ces deux matières est appuyée de références constantes à l'état actuel des choses, en relation avec les principes posés ou déduits, pour montrer la concordance de la pratique des législateurs avec la théorie, ou sa divergence d'avec cette théorie. L'ouvrage a éminemment droit au titre d'original dans toutes ses parties. La doctrine des *peines* avait été plutôt esquissée que systématiquement exposée, même par le petit nombre des auteurs anciens ou modernes qui, ayant écrit sur ce sujet, avaient fait profession de le traiter le plus amplement. La doctrine des *récompenses* avait à peine été traitée, et jamais sous une forme distincte et séparée.

Nous suivrons les deux branches de l'enquête dans leur ordre; mais comme elles sont susceptibles d'être examinées séparément, et que chacune forme par elle-même un tout distinct et indépendant de l'autre; nous nous proposons, quant à présent, de nous borner à porter notre attention sur la théorie des *peines*, qui est développée en cinq livres.

I. Le premier livre expose les principes généraux du système, et commence par des définitions et des classifications dont nous ne citerons ici que les plus essentielles. Punir, dans le sens le plus général, c'est infliger un mal à un individu, avec l'intention qu'il souffre ce mal à raison de quelque acte qui paraît avoir été fait ou omis. Punir, dans le sens légal, c'est infliger un mal, selon des formes juridiques, à un individu convaincu de quelque acte défendu par la loi (1), et avec l'intention de prévenir de semblables actes. Les peines comme les délits sont divisibles en quatre classes, selon qu'elles affectent la *personne*, la *propriété*, la *réputation* ou la *condition*. Les peines qui affectent la personne, ou, comme on les appelle ordinairement, les peines *corporelles*, sont subdivisées en plusieurs genres; elles peuvent être ou *simplement afflictives*, ou *afflictives complexes*, ou *restrictives*, ou *actives* (c'est-à-dire laborieuses), ou *capitales*. Les trois autres classes sont toutes *privatives*, et affectent le délinquant de pertes et de déchéances. De là résulte une autre classification des peines, qui se trouvent divisées en *corporelles* et *privatives* (2).

---

(1) Notre auteur a mis : « quelque acte nuisible défendu par la loi, » ce qui est une tautologie.

(2) Peut-être les termes, sinon la division elle-même, blessent-ils un peu les idées communes. Ainsi, par exemple, l'emprisonnement est communément regardé comme une privation de la liberté; néanmoins, dans l'arrangement dont il s'agit, il ne rentre pas dans la classe

Il suit de la définition que nous avons citée, que le but de toute peine est la prévention du délit pour l'avenir. Or, comme il peut être commis, ou derechef par le même individu, ou par d'autres placés dans de semblables circonstances, et comme le législateur a à pourvoir à chacun de ces cas, il doit régler la peine en ayant égard à l'un et à l'autre. Elle peut tendre de trois manières à empêcher la récidive de la part du délinquant lui-même : 1° en lui ôtant le pouvoir physique de la commettre; 2° en lui en faisant perdre le désir; 3° en lui en ôtant l'audace. L'autre objet de la peine, et qui en est le principal, celui de retenir les autres, ne peut être rempli que par la menace offerte d'un semblable châtiment. Ces objets, qui forment les seuls justes motifs des peines, en constituent aussi la seule raison justificative.

« A ne considérer le délit passé, dit notre auteur, que
»comme un fait isolé qui ne peut plus revenir, la peine
»serait en pure perte; elle ne ferait qu'ajouter un mal à
»un autre; mais quand on considère qu'un délit impuni
»laisserait la carrière libre, non seulement au même délin-
»quant, mais encore à tous ceux qui auraient les mêmes
»motifs et les mêmes occasions pour s'y livrer, on sent que
»la peine appliquée à un individu devient la sauvegarde uni-
»verselle. La peine, moyen vil en lui-même, qui répugne
»à tous les sentiments généreux, s'élève au premier rang des
»services publics, quand on l'envisage, non comme un acte
»de colère ou de vengeance contre un coupable infortuné qui
»cède à des penchants funestes, mais comme un sacrifice in-
»dispensable pour le salut commun. »

privative; mais dans le restrictive, qui est une subdivision des peines corporelles. De même le pilori (si l'on peut citer cette peine qui déshonore toute législation criminelle) n'est plus une peine corporelle, mais est ou privative ou mixte.

Quoique l'objet direct et principal des peines soit la prévention des délits futurs, le magistrat civil a un autre devoir
à remplir, après avoir pourvu à cet objet : c'est de réparer
autant qu'il est possible le dommage éprouvé par l'effet du
délit passé.

Il est évident que l'examen de ce sujet rentre dans les limites du premier traité (celui des *peines*), en tant qu'on
peut faire servir les peines comme moyens de réparation. Il est
possible que quelques lecteurs considèrent au premier aspect
ces principes comme de toute évidence, et n'exigeant pour
ainsi dire point de développement ; mais un peu de réflexion
apportée aux codes de tous les siècles et de tous les pays, et une
légère attention prêtée aux arguments favoris de la législation criminelle, en faisant voir combien constamment l'on
s'en est écarté en théorie et en pratique, montreront la nécessité de les envisager une fois pour toutes sous leur véritable
point de vue, et de graver dans notre esprit, comme une une
maxime fondamentale et qui doit être perpétuellement in-
voquée, qu'il ne saurait jamais y avoir pour les peines d'autres objets légitimes que ceux qu'on vient d'exposer.

La dépense de toute peine, d'après le système de l'ouvrage, est la totalité du mal qu'elle occasione, y compris
les souffrances du délinquant, la perte de son travail ou de
sa vie pour l'état, les frais pécuniaires de son châtiment, en
un mot, tout ce qui est souffert, payé ou abandonné pour
obtenir le double effet de prévention que la peine est destinée
à produire.

Le gain ou profit de la peine consiste dans cette prévention ou dans la tendance de la peine à l'assurer.

On peut appeler *économique* une peine qui produit l'effet
désiré avec le moindre emploi possible de souffrance ; car,
en évaluant la dépense d'une peine, toutes les autres par-

ties sont en si faible proportion vis-à-vis du grand article de la souffrance infligée au délinquant, qu'on peut, généralement parlant, les négliger, excepté quand ils font le sujet d'une discussion distincte et séparée.

De même on peut appeler *dispendieuse* une peine dont l'effet utile aurait pu être obtenu avec un moindre degré de souffrance.

De plus, il faut distinguer la valeur réelle des peines de leur valeur apparente. La première est le mal entier de la peine lorsqu'elle est infligée ; l'autre, la portion de souffrance rendue visible ou compréhensible pour le public.

La dépense d'une peine est équivalente à sa valeur réelle ; le profit est en proportion de sa valeur apparente seulement.

On peut déduire de là trois maximes importantes :

1° Que, *cæteris paribus*, une peine facile à concevoir est préférable à une autre qui l'est moins ;

2° Que celle qui se grave dans la mémoire est préférable à celle qui serait facilement oubliée (1) ;

3° Qu'une peine qui est aussi grande ou plus grande en apparence qu'en réalité, est préférable à celle qui serait plus grande en réalité qu'en apparence ; l'excès de valeur réelle étant employé en pure perte, pour ce qui concerne l'objet principal des peines, l'exemple donné au commun des hommes.

Les principes qui doivent régler la mesure des peines, relativement aux délits qu'on se propose de prévenir, sont exposés ensuite. Le législateur ayant constamment en vue l'objet sur lequel il veut agir (l'esprit de l'homme en proie

_____

(1) Cette seconde maxime a quelque relation avec la première, mais n'y est point contenue ; car la facilité de compréhension est une des nombreuses causes qui facilitent le souvenir.

à la tentation de commettre le délit), doit proportionner la peine de manière à réprimer la tentation. Soutenir que les hommes ne calculent pas quand ils font mal, serait, généralement parlant, avancer une proposition erronée. Il serait plus exact de dire qu'aucun homme, quelque inconsidéré qu'il soit, ne fait une démarche aussi importante que celle de commettre un acte criminel, sans quelque réflexion ou quelque raisonnement. Au reste, il y a une considération qui, bien que notre auteur ait omis de la mentionner, est suffisante pour justifier la pratique de proportionner les peines, même dans le cas où le crime est le fruit des passions les plus violentes. La connaissance de la peine qu'on encourrait forme à la longue une sorte de frein, en agissant sur l'esprit dans les moments de calme, où les passions qui portent à de violents excès se taisent; et un penchant général ou perpétuel établi de la sorte produira, dans la plupart des cas, son effet au moment critique de la tentation. Nous tracerons donc les limites entre lesquelles les peines doivent être renfermées, d'après la supposition que le législateur les emploie comme des contre-poids pour empêcher ses sujets de céder à leurs inclinations criminelles.

La théorie de la mesure des peines se trouve contenue dans les propositions suivantes :

1° Il faut que le mal de la peine surpasse le profit du délit. (Ici est renfermée implicitement la proposition que, généralement parlant, plus la tentation à commettre un délit est forte, et plus la peine doit être sévère, sauf certaines exceptions déterminées par des cas extraordinaires qu'on peut aisément se figurer.)

2° Quand l'acte criminel est de nature à fournir une preuve concluante d'une habitude, la peine doit être en proportion, non du profit d'un seul délit, mais de celui de tous les délits semblables que peut avoir commis le même individu.

3° On doit ajouter à la peine, au point de compenser ce qui lui manque en fait de *certitude* et de *proximité*. (Ainsi, par exemple; s'il était tout-à-fait certain que, l'instant d'après qu'un vol a été commis, le voleur serait contraint à restituer la valeur de l'objet volé, il n'y a pas de doute qu'il s'abstiendrait de commettre le vol, mais l'incertitude et l'éloignement de la peine la rend tout-à-fait insuffisante pour l'arrêter.)

4° Dans le cas où il y a tentation à commettre différents délits, on doit appliquer une peine plus sévère au plus nuisible. (Un des plus forts arguments contre la multiplicité des peines sévères peut se déduire comme corollaire de cette proposition.)

5° Plus un délit est nuisible, plus on peut hasarder une grande peine pour la chance de le prévenir. (Cette règle, dont la justesse est de toute évidence, a presque généralement été négligée par les législateurs.)

6° La valeur de la peine, pour un même délit, doit souvent être variée, à la discrétion du juge, selon les circonstances, afin de conserver la même quantité réelle de souffrance.

De l'examen de la mesure des peines on passe naturellement à celui de leurs qualités. Celles qui sont principalement désirables dans une peine sont d'être *divisible*, *invariable*, ou *certaine*, ou *égale*, *commensurable* avec d'autres, *analogue* au délit, *exemplaire*, *économique*, *rémissible*; d'empêcher le délinquant de nuire, de tendre à son amendement moral, de procurer un profit dans le sens ordinaire de ce mot, d'être *simple* dans la description, et assez *populaire* pour ne choquer aucun des sentiments ou des préjugés établis.

Ces qualités sont pour la plupart comprises aussitôt qu'énoncées. Nous ferons néanmoins observer que, par une peine *invariable* ou *certaine*, on entend ici, non pas une peine qui suit certainement le délit, car cette considération est applicable indifféremment à toutes les espèces de peines, mais une qui, infligée en quelque temps et à quelque personne que ce soit, est la même ou toujours égale. Peut-être la qualité de *commensurabilité* se trouve-t-elle comprise dans celle de la *divisibilité;* du moins il semble qu'il n'y a pas d'autre manière de calculer les peines, et nous avons remarqué que le mot de *commensurable* ne revient plus dans tout le traité. On peut également supposer que la qualité d'être exemplaire comprend l'*analogie* et la *simplicité.* Il est évident que ces diverses qualités ne sont pas énumérées comme toutes nécessaires pour concourir à l'établissement de chaque peine, mais seulement comme des circonstances qu'on doit toujours avoir en vue lorsqu'il s'agit de choisir un mode de punir. Il est presque constamment nécessaire de diriger sa route entre les écueils que présentent des qualités opposées ou inconciliables, de faire des compromis, et d'abandonner certains avantages pour s'en assurer d'autres plus grands, mais incompatibles avec ceux qu'on sacrifie.

Il y a deux des qualités énumérées ci-dessus, assez importantes pour exiger une discussion particulière; ce sont l'*analogie* et la *popularité.* Dans cette division sont exposés les divers points de relation par lesquels l'imagination est conduite de la peine au délit, et réciproquement, afin que ceux qui voient infliger une peine, aient l'esprit le plus vivement possible frappé de la terreur de cette peine, chaque fois qu'ils pourraient être tentés de commettre le délit. La discussion de ce sujet exige une grande délicatesse de tact, pour éviter un certain degré de ridicule qui accompagne presque toujours la démonstration d'un principe incontestable par lui-même. Notre auteur le traite avec sa hardiesse et sa franchise accoutumées, et nous croyons convenable de cit textuellement ses réflexions sur le sujet en général et sur la tendance des observateurs superficiels à en dédaigner les détails.

« Je ne sache pas, dit-il à la fin du chapitre, qu'on ait fait »aucune objection contre l'utilité de l'analogie dans les peines; »Tant qu'on s'en tient à énoncer le principe général, tout »le monde est assez d'accord : vient-on à l'application, les va- »riétés d'opinions sont infinies ; c'est que l'imagination est le »premier juge d'une circonstance où c'est à l'imagination »qu'on s'adresse. J'ai vu des personnes frappées d'une ex- »trême répugnance contre quelques uns des procédés carac- »téristiques proposés par M. Bentham. J'ai vu des hommes »d'esprit tourner ces mêmes procédés en ridicule, et n'y voir »que des sujets de caricature.

»Tout le succès dépend du choix des moyens. Il faut sans »doute éviter ceux qui n'auraient pas un caractère assez »grave pour être pénal, mais il faut observer que, par rap- »port à certains délits, par exemple, des délits d'insolence »et d'insulte, telle peine caractéristique qui prête au ridicule »est précisément la plus convenable pour humilier l'orgueil »de l'offenseur et satisfaire l'offensé.

»Il faut encore éviter tout ce qui aurait trop l'air de re- »cherche et de subtilité. L'acte de punir est un acte de néces- »sité fait avec regret et avec répugnance. On admire la va- »riété des instruments de chirurgie, parceque plus on les »voit variés et multipliés, plus on suppose qu'ils ont pour »but et pour effet de produire la guérison ou d'opérer avec »moins de douleur. Une grande variété dans les modes de »punir n'obtiendrait pas la même approbation : on croirait y »voir un esprit minutieux qui dégraderait le législateur. »

Avec ces sages restrictions, notre auteur conçoit que l'observance de quelques analogies dans le mode de punition peut produire un avantage exempt d'inconvénients. Il cite un exemple où le principe a été très heureusement appliqué par une personne tout-à-fait étrangère à la théorie et instruite seulement par l'expérience dans la connaissance du cœur humain. Il est d'usage dans la marine d'accorder aux hommes d'équipage la permission d'aller à terre pour vingt-quatre heures chaque fois, et de les fustiger s'ils excèdent le temps de leur permission. La crainte de cette punition occasione de nombreuses désertions, ainsi qu'il est facile de le concevoir; et, afin de prévenir cet inconvénient, beaucoup de capitaines refusent absolument d'accorder des permissions, quel que soit le temps que leurs matelots ont passé à bord du vaisseau, en rade ou à la mer. L'officier en question trouva un meilleur remède, en changeant simplement la peine de la fustigation en une de celles nommées *analogiques* dans le système de M. Bentham. Quand un homme dépassait de vingt-quatre heures le temps fixé, il perdait sa prochaine permission ; s'il le dépassait de quarante-huit heures, il perdait deux tours, et ainsi de suite. L'expérience lui réussit complètement. Le délit de rester trop long-temps à terre ne devint pas plus fréquent après l'adoucissement de la peine, et les désertions cessèrent entièrement.

Les différentes sources d'analogie indiquées par M. Bentham peuvent être résumées ainsi : l'une d'elles consiste à employer pour la punition le même instrument ou la même opération qui ont servi au crime, comme, par exemple, de brûler un incendiaire qui aurait commis son délit avec des circonstances aggravantes, telles que si quelqu'un avait péri par le feu. Une autre méthode est d'infliger au délinquant le même mal qu'il a fait. Une troisième consiste à soumettre à la peine la partie du corps qui a servi au délit.

Une quatrième, à défigurer le visage d'une manière semblable au déguisement dont on a fait le moyen du crime.
Enfin, il y a d'autres analogies d'une nature mixte et qui
ne sont pas susceptibles d'être rapportées à des classes générales.

Jusque là nous n'avons rien à désapprouver, mais nous
devons élever des objections contre quelques uns des détails
auxquels l'imagination fertile et ingénieuse de notre auteur
s'est laissé entraîner dans presque tous les articles du chapitre de l'analogie. En effet, ils contiennent les parties les
plus attaquables de tout l'ouvrage ; et c'est parceque nous
nous déclarons admirateurs et même disciples du système, et que, généralement parlant, nous en adoptons
aussi cette branche, que nous regrettons la prise que plusieurs de ses exemples et observations donnent aux ad-
versaires de ses doctrines.

Il dit, par exemple, que l'homme qui a empoisonné un
autre, devrait être empoisonné lui-même, parceque la nature
du crime prouve une préméditation particulière, et que celui
qui le commet est capable d'une réflexion sérieuse sur le
sort qui l'attend ; comme si, dans ce calcul, il était vrai-
semblable qu'il entrât autre chose que la chance d'être découvert. Toutefois ceci est comparativement de peu d'importance. C'est lorsqu'il raffine davantage sur le principe
général, que nous désapprouvons principalement les conséquences qu'il en déduit.

« Si le poison administré par le criminel, dit M. Dumont,
» n'avait pas été fatal, on pourrait lui faire prendre un anti-
» dote avant que l'opération du poison pénal fût mortelle.
» La dose et le temps seraient fixés par le juge, sur le rapport
» des experts. »

De même en punissant un individu pour avoir causé une

inondation dans un pays coupé de canaux, on dit que, si les principes du code excluaient la peine de mort, on pourrait noyer le criminel et le rendre à la vie.

Dans le cas de faux actes, de faux écrits, une partie de la punition pourrait être, nous dit-on, d'exposer le criminel avec la main transpercée par un instrument de fer en forme de plume ; pour calomnies, on pourrait en agir de même avec la langue. C'est aller un peu loin. Cependant le raffinement ne s'arrête pas là ; car il paraît que la partie de l'instrument qui perce devrait être très ténue et suffisante pour pénétrer, tandis que les parties extérieures étant grosses donneraient aux spectateurs l'idée que la langue ou la main sont traversées par l'instrument dans toute sa grosseur. Ceci ressemble un peu à la méthode de pendre un homme en effigie, afin d'intimider les spectateurs. Notre auteur paraît appréhender que cette peine ne présente quelque apparence de ridicule ; mais il devance les objections en disant que, dans ce cas, ce serait un mérite de plus, et que ce ridicule tournerait contre l'imposture et ne ferait que la rendre plus méprisable. Il oubliait sûrement que la dérision tomberait, non sur le criminel, mais sur la punition et sur la loi ; tandis que, par une conséquence naturelle, l'intérêt pencherait en faveur du criminel, ou du moins l'attention serait détournée de lui d'une manière très peu avantageuse aux fins de la justice.

En défendant de semblables propositions, c'est en vain que notre auteur dit qu'on n'en rit que parceque les hommes ne les jugent que d'après leur imagination. Le fait est que c'est lui qui s'est laissé égarer par son imagination, tandis que nous ne raisonnons que sur les effets que de semblables méthodes produiraient probablement sur l'imagination de la multitude à laquelle elles s'adressent. Nous ne pouvions point laisser passer ce chapitre sans faire ces réflexions qui, toutefois, nous présentons dans un parfait esprit de bienveillance et de respect ; et elles ne s'appliquent qu'à l'excès de raffinement avec lequel des principes incontestablement sages ont, dans certains cas, été poussés au-delà des limites de leur application légitime.

Un chapitre séparé est consacré au talion (*lex talionis*); mais nous ne voyons pas bien la convenance de cette disposition, car le talion forme une des sources de *l'analogie* et n'est autre chose que la cause la plus générale de la seconde des sources d'analogie énumérées par notre auteur. Comme mode de punition, le talion, avec tous les avantages de simplicité, d'analogie, et, dans quelques cas, de proportion, est une règle si dure et si grossière, que, dans beaucoup de circonstances, elle est tout-à-fait inapplicable, et, dans tant d'autres si évidemment blâmable, que nous la trouvons, avec juste raison, presque entièrement rejetée du système que nous examinons.

Lorsqu'un code pénal est fondé sur de sages principes, et tend, avec le moindre degré de souffrance, à réparer et prévenir les délits de la manière la plus efficace, il devrait avoir l'opinion publique en sa faveur. Il peut néanmoins arriver que cela ne soit point, et cela par suite de l'existence de sentiments erronés et de préjugés, nés de diverses manières fausses d'envisager les choses.

Les erreurs ainsi propagées sont classées sous quatre chefs, selon qu'elles consistent dans de fausses notions de *liberté*, de *décence*, de *religion* et d'*humanité*. Ce sont, dit notre auteur, les quatre noms les plus fréquemment *pris en vain* par la multitude (1); cependant il avoue sagement qu'un législateur doit, pour un temps du moins, plier ses

(1) Allusion au Décalogue : *Tu ne prendras pas en vain le nom de Dieu.*

institutions au caractère et même aux caprices et aux erreurs
de son peuple, quand il les trouve trop enracinés ou trop
répandues pour pouvoir en triompher ou n'en tenir aucun
compte. Par conséquent on ne doit avoir aucun égard à des
arguments théoriques fondés sur de fausses manières d'envisager ces différents sujets, comme, par exemple, à ceux de
certains fanatiques de religion, de politique ou de sentiment,
qui réprouvent l'emprisonnement parcequ'il viole la liberté,
et qui voudraient abolir la peine de mort parcequ'elle est une
sorte d'usurpation du pouvoir de la divinité, ou parcequ'elle
afflige la sensibilité.

Le premier livre, c'est-à-dire celui dans lequel on discute
les principes fondamentaux, se termine par une énumération des quatre cas où la peine est tout-à-fait absurde (*inept*),
et ne doit pas être infligée.

1° Quand le crime étant ou imaginaire ou hors de l'inter-
vention législative, il est censé ne pas exister, et la peine
serait *mal fondée*.

2° Quand la peine serait tout-à-fait *inefficace* à l'égard du
délinquant, ou d'autres dans le même cas, comme les in-
sensés.

3° Quand les moyens étant suffisants pour l'objet en vue,
la peine serait *superflue*.

4° Quand il devrait résulter plus de mal de punir les coupables que de les laisser échapper au châtiment, et qu'alors
la peine serait trop *dispendieuse*; comme dans le cas d'une
émeute ou d'une rébellion très étendue.

II. Nous avons déjà vu que les peines sont divisées en deux
grandes classes, les *corporelles* et les *privatives*. Conformé-
ment à cette division, le second livre traite des premières
et le troisième des dernières. On peut se souvenir que les
peines corporelles se subdivisent en cinq classes, et les pri-

vatives en trois : le second et le troisième livre suivent cette classification. La symétrie de la plus grande partie de l'ouvrage est véritablement parfaite, quoiqu'on ne lui ait fait aucun sacrifice.

1. La première classe des peines corporelles se compose des peines *afflictives simples.* Par ce mot l'on doit entendre celles qui consistent principalement dans la douleur physique immédiate, avec peu de mal en outre; car même les plus simples, comme la flagellation, sont accompagnées d'une certaine ignominie produite par l'exposition publique, et qui forme une partie essentielle de la peine.

L'énumération des diverses espèces de peines afflictives simples serait aussi inutile que dégoûtante. On donne la préférence à celle du fouet, quoique avec une modification, car lorsqu'elle est infligée par la main d'un exécuteur, il y en a nécessairement une trop grande partie abandonnée à sa discrétion ou à son plus ou moins de vigueur; mais on pourrait sans difficulté substituer au bras de l'homme une machine qui ne prêterait pas à cette objection.

Les peines afflictives simples sont ensuite examinées relativement aux règles générales précédemment posées; et des douze qualités essentielles, on trouve qu'elles en possèdent trois à un degré suffisant pour les rendre susceptibles d'être choisies, excepté dans les cas où l'indécence les rend inapplicables. Elles sont *certaines* ou *égales*, pourvu, comme de raison, qu'on laisse au juge une latitude convenable pour les approprier à l'âge et au sexe du délinquant. Elles sont *divisibles* au point d'être susceptibles de la plus grande exactitude dans la proportion. Elles sont *exemplaires* à un haut degré, et attirent principalement l'attention des classes à qui leur impression est particulièrement salutaire. Sous les autres points de vue, elles n'offrent rien de bien remarquable, excepté qu'elles tendent plus à intimider qu'à réformer. Nous pensons que l'auteur n'a pas apporté suffisamment d'attention à leurs mauvais effets sous ce rapport.

Quelque peu d'influence que le sentiment de l'honneur puisse avoir sur les basses classes de la société, nous doutons qu'il soit assez complètement éteint chez aucune d'elles pour empêcher la certitude de ces sortes de peines de rendre le délinquant toujours pire après l'exposition. Au reste, peut-être que le système lui-même fournit un moyen d'éviter cette conséquence jusqu'à un certain point; car on peut remarquer que le mal dont on se plaint provient de la déviation de ces sortes de peines, de la classe des afflictives simples, et existe en proportion de cette déviation. Ne pourrait-on pas y remédier en quelque sorte, en réduisant la peine, autant que possible, à la simple douleur physique ? Le délinquant ne pourrait-il pas être puni avec le visage voilé ; au moyen de quoi la punition serait connue de beaucoup moins de personnes, et la conscience de sa propre ignominie serait considérablement diminuée ?

2. La seconde classe se compose des peines *afflictives complexes*, ou de celles dans lesquelles la douleur physique est accompagnée immédiatement ou suivie de quelque perte, soit de jouissance personnelle, soit de réputation. Elles sont de trois sortes, avec diverses subdivisions, toutes très communes dans les codes criminels des différents âges du monde. On les inflige en altérant l'extérieur de la personne; ce qui s'opère par *décoloration*, comme la brûlure à la main; par *défiguration*, comme de fendre le nez ou couper une oreille ; en *déshabilitant* (1) un membre ou un organe sans le détruire; en *mutilant* ou détruisant la partie. L'examen do

(1) *Voyez* la note, tome I, page 102.

cette classe de peines, en les comparant aux règles établies plus haut, est très difficile, à cause de la grande variété de ses subdivisions. On en donne néanmoins un aperçu dont le résultat est en général défavorable à cette classe. Les défigurations temporaires, celles cachées et destinées à marquer un coupable en cas de récidive, et les permanentes, qui peuvent être jointes à l'emprisonnement perpétuel, fournissent à peu près les seules exceptions. Il y a une mutilation recommandée par l'analogie, dit notre auteur, dans le cas de viol ; mais nous différons entièrement d'opinion avec lui sur ce sujet.

3. La troisième classe se compose des peines *restrictives*, les plus importantes de toutes, sous tous les points de vue. Elles consistent à empêcher le délinquant, soit de recevoir les impressions qui lui seraient agréables, soit de faire ce dont il a envie.

Les restrictions ainsi imposées sont de deux sortes : les empêchements simples, et les empêchements appliqués à la faculté locomotive.

La première espèce de peines est exclusivement bornée dans son application, si on la distingue soigneusement des règlements de police et des lois d'exclusion qu'un esprit de persécution religieuse ou politique a trop souvent engendrés, et dont aucun n'appartient proprement à la classe des peines.

Notre auteur, après avoir fait observer que les défenses simples sont sujettes, ou à être éludées, ou à perdre leurs effets de pénalité, et qu'en général elles forment un mode de punition peu convenable, est disposé à en recommander un qu'il appelle *bannissement de la présence*, et dont il cite des exemples tirés de l'ancienne législation française. Il consiste à défendre à une personne qui s'est rendue coupable d'une offense personnelle envers une autre de rester dans le même lieu avec cette autre ; ou, en d'autres termes, dans l'obligation imposée à l'offenseur de se retirer immédiatement de chaque lieu où il se rencontre avec l'offensé. C'est une invention qui, selon notre humble jugement, est on ne peut mieux faite pour produire des duels ou des assassinats, selon le caractère national et les lois du pays où on la mettrait en pratique.

L'autre division, celle des restrictions apportées à la locomotion, renferme cinq sous-divisions : *l'emprisonnement*, dans le sens ordinaire du mot ; le *quasi-emprisonnement*, ou confinement dans le district que le délinquant habite ; a *relégation*, ou confinement dans quelque autre district du territoire de l'état ; l'*interdiction locale*, ou bannissement d'un district particulier ; le *bannissement* du territoire de l'état, soit *indéfini*, soit *défini*, c'est-à-dire quand l'individu peut aller où bon lui semble, ou quand on lui permet d'habiter quelque district particulier. Le premier chef (l'emprisonnement) est le plus étendu et le plus essentiel de tous.

L'*emprisonnement*, pour être efficace, comme punition, devrait placer le délinquant, pendant un temps limité, sous la restreinte la plus complète, au lieu d'être long et doux.

On trouve sur l'emprisonnement une énumération à la manière de M. Bentham (1), des maux attachés à ce mode de punition. Ils se divisent en *inséparables*, *accessoires* et *abusifs*. La dernière division est la plus intéressante des trois, et consiste dans une table de dix articles, avec des remèdes ou correctifs correspondants, désignés sous le nom de moyens préventifs.

(1) Il y a dans l'anglais ᴇxʜᴀᴜsᴛɪᴠᴇ ᴍᴇᴛʜᴏᴅ, *méthode épuisante*, parcequ'en effet, en pareil cas, M. Bentham a pour habitude d'épuiser son sujet.

Lorsqu'on examine l'emprisonnement d'après les règles générales posées au commencement de ce traité, on trouve qu'il possède de grands avantages sous le rapport de la *prévention*, de la *divisibilité* et de la *simplicité*; mais qu'il est extrêmement défectueux en ce qui regarde l'*égalité*, et que, de la manière dont il est généralement réglé, il n'est ni très *profitable* ni très *exemplaire*. Les deux derniers défauts mettent sur la voie des améliorations proposées par M. Bentham pour cette branche importante de la police; mais elles appartiennent à une autre division.

On pourrait, dans certains cas, et toujours pour un temps limité, joindre très avantageusement à l'emprisonnement la *solitude*, l'*obscurité* et la *diète*. Rien n'est plus heureux que les explications données de la tendance de ces moyens pour réformer les dispositions vicieuses du délinquant. Cet objet est traité de main de maître. L'exposé des inconvénients qui résultent d'entasser ensemble une multitude de délinquants est également satisfaisant. Les effets que produit cet entassement, d'augmenter les inclinations criminelles, d'affaiblir les freins qui peuvent encore arrêter l'homme non encore parvenu au dernier degré de la perversité, et d'enseigner les arts qui servent à la consommation des crimes, sont exposés en détail, avec une plénitude de démonstration extrêmement satisfaisante pour tout esprit habitué à la marche régulière des recherches scientifiques. On n'a jamais pu rien alléguer contre les conclusions irréfragables en faveur de la séparation des prisonniers que l'augmentation de dépense que cette méthode entraînerait. La réfutation de cet argument, c'est-à-dire le remède à cet inconvénient, ou le moyen d'atteindre le but désiré avec économie, a été l'objet de quelques unes des améliorations de M. Bentham, auxquelles nous arrivons ainsi par une autre route, qui, de même que la première, se présente en cherchant à appliquer les règles fondamentales concernant les qualités désirables dans les peines.

Après l'exposé du système absurde des frais de prison (*Prison fees*), l'auteur arrive à l'importante conséquence des principes généraux, qu'il devrait y avoir trois sortes de prisons adaptées aux divers objets de la détention simple, de l'emprisonnement temporaire, et de l'emprisonnement perpétuel. La première espèce de prison n'étant applicable qu'aux débiteurs insolvables, coupables d'imprudence et de prodigalité, et aux accusés en attendant leur jugement, la détention n'y devrait être accompagnée d'aucune espèce de rigueur. Le principe fondamental pour distinguer les deux autres espèces, c'est que les habitants de la seconde sont destinés à rentrer dans la société, tandis que ceux de la troisième en étant à jamais exclus, c'est à la nature exemplaire de leurs souffrances qu'on doit principalement avoir égard. Les noms des trois prisons devraient être différents, de même que leur aspect extérieur, et tout ce qui peut frapper l'imagination sans éveiller la compassion devrait être réuni, tant dans la construction de la prison perpétuelle que dans la condition de ses habitants. M. Dumont développe cette idée d'une manière éloquente, et l'appuie d'exemples heureusement choisis. Il dit à ce sujet : « Je sais que les beaux-esprits rient de toutes ces idées emblématiques ; ils les admirent en théorie et les méprisent dans la pratique ; mais il est plus aisé de les attaquer par des railleries que par des raisons. »

Des quatre autres espèces de restrictions apportées à la faculté locomotive, l'*interdiction locale* a été traitée avec les défenses simples. Le *quasi-emprisonnement* est très peu connu en pratique ; on n'en trouve des exemples que sous les gouvernements arbitraires, et il y est appliqué aux délits politiques. La *relégation* et le *bannissement* sont d'un usage beaucoup plus fréquent, bien que, chose singulière, ils soient inconnus à présent dans la législation anglaise. La *déportation* est une peine d'une nature toute différente. Le *bannissement* de l'espèce nommée indéfinie existe dans les lois écossaises.

Examinés d'après les règles générales, la relégation et le bannissement se trouvent extrêmement défectueux dans presque toutes les qualités essentielles aux peines. Ils ne se recommandent guère que sous le rapport de la réformation des délinquants; mais leur grande et manifeste défectuosité sous celui de l'égalité et de l'exemple, les rend applicables à très peu de cas aux yeux d'un sage législateur. Pour l'économie, ils sont supérieurs à l'emprisonnement tel qu'il est réglé aujourd'hui. On peut dire qu'ils ne coûtent presque rien, mais aussi ils ne rendent aucun profit.

4. L'auteur nous a amenés par différentes routes à un point unique, la convenance de faire en sorte que les délinquants soumis à des peines ne deviennent plus que des objets passifs du châtiment de la loi. Là, nous entrons dans la quatrième classe de peines, celles nommées *actives* ou laborieuses. Cette classe comprend nécessairement la partie la plus importante de la troisième, le confinement, dont elle est une addition. Les exemples ordinaires de ces peines, en Angleterre, comprennent l'emprisonnement et la relégation, et dans la plupart des pays étrangers, il y a des cas où elles sont ajoutées au quasi-emprisonnement; comme lorsque les condamnés sont employés aux travaux publics. Quand on examine les peines de cette classe d'après les règles générales, on trouve qu'elles réunissent la plus grande somme d'avantages avec le plus petit nombre de

défauts. Elles procurent un profit, elles sont suffisamment divisibles, quoique, à cause de l'ignominie qui y est attachée, elles ne puis··· ··· ··· appliquées aux délits très légers. On peut les rendre ··· ···ment exemplaires; elles peuvent, par-dessus toutes les ··· tres, contribuer à la réformation des criminels, et jusqu'à un certain point être rendues analogues au délit, par la raison que ceux qui les subissent sont généralement conduits au crime par des habitudes d'oisiveté et de vagabondage. Sous le rapport de l'égalité, elles ont moins d'avantages; mais on peut obvier à ce défaut par des dispositions judicieuses. Enfin elles sont rémissibles, préventives, et simples dans leur description. Ces avantages sont, jusqu'à un certain point, communs à toutes les espèces de peines actives ou laborieuses, quelque imparfaites que soient aujourd'hui la plupart d'entre elles, pour la conception, comme pour l'exécution; mais le législateur habile et éclairé est particulièrement intéressé à tourner son attention vers cette classe de peines, parcequ'elles sont susceptibles d'un perfectionnement presque illimité, en observant les principes posés antérieurement.

L'examen de cette branche importante du sujet ne pouvait être mieux amené que par la discussion de ce qu'on peut justement appeler le cas extrême de mal-administration des peines actives; d'un cas où l'on a échoué si complètement, qu'il peut être excepté de la conclusion générale qu'on vient de tirer en faveur de ces peines. Le lecteur doit voir tout d'un coup que nous voulons parler de Botany-Bay. Il serait bien à désirer que le chapitre admirable qui traite de ce sujet fût traduit dans notre langue et publié avec quelques additions tirées des ouvrages précédents de M. Bentham sur la même matière. Il forme en effet un tout par lui-même, et contient un tableau tracé de main de maître, de cette déplorable expérience ; jugée d'après les principes généraux : il en résulte une démonstration évidente de l'erreur signalée qu'on a commise, démonstration appuyée sur des faits, et qui prouve la sagesse des principes en question.

Nous ne pouvons que passer rapidement sur les principaux points de la discussion, et nous désirons sincèrement qu'elle ait pour effet d'appeler sur cette criante atrocité une plus grande portion de l'attention publique, qu'elle n'en a encore obtenu jusqu'ici. Nous disons que c'est une atrocité que nous commettons plutôt qu'un mode de punition que nous mettons en pratique, parceque, quelles que puissent être les intentions, le résultat est manifeste : nous fondons, au moyen d'une dépense énorme d'argent, de travail et de souffrance, une société radicalement vicieuse et misérable, et qui devient d'année en année plus perverse et plus dépravée.

La déportation en Amérique qui se pratiquait avant l'adoption du système actuel, malgré de grands désavantages, était en somme infiniment préférable. C'était une peine extrêmement inégale, en ce qu'elle devenait exil et servitude pour le pauvre, tandis qu'elle n'était que simple relégation pour ceux qui pouvaient payer leur passage. Elle était aussi défectueuse en ce qui concernait la prévention, parceque les facilités d'évasion étaient nécessairement fort grandes. Sous ces deux rapports, la déportation pratiquée aujourd'hui a évidemment l'avantage ; mais, sous tout autre point de vue, elle est ou aussi mauvaise ou bien pire. Elle est exemplaire aussi peu que possible : la disproportion entre la souffrance réelle et apparente, c'est-à-dire l'excès de la première sur la seconde, est effectivement portée au maximum. Le peuple de notre pays voit envoyer un condamné dans une contrée fertile et située sous un beau climat ;

voilà pour l'exemple. La réalité est que ce malheureux, après avoir pourri dans les pontons pendant un an ou deux, est jeté au milieu de plusieurs centaines d'hommes de son espèce entassés dans une prison flottante; et s'il échappe aux dangers de la famine, de la peste, de la révolte, enfin du naufrage ou d'une explosion, qui le menacent pendant une pénible traversée de dix mois, c'est pour mener une vie marquée tour à tour par la servitude et la rébellion, où des excès de crime et de barbarie succèdent à des souffrances inouïes, et, quelque chose qu'on fasse, on est toujours misérable. Tout cela se passe à l'autre extrémité du diamètre de la terre, et n'opère pas plus sur les habitants de l'Angleterre que si cela se passait dans la lune.

On peut facilement apprécier la tendance de la discipline de la colonie pour réformer les condamnés, en les y supposant arrivés. Ils ne sont point séparés des autres criminels, n'ont pas de meilleurs exemples sous les yeux, ni personne pour les surveiller.

L'historien partial de l'établissement naissant dont il occupait la première magistrature civile (1) nous a fourni les détails de ce qui s'y passait, et, en dépit de son penchant à voir tout sous le plus beau jour, a tracé dans les pages d'un journal de seize années le tableau le plus sombre qu'on ait jamais présenté d'une société humaine. Son livre est un catalogue de crimes, et le serait de châtiments, si le parjure n'avait pas été assez général pour assurer l'impunité de quiconque n'était pas pris sur le fait. Le vice était enraciné partout, ainsi qu'une passion pour les liqueurs spiritueuses qui allait jusqu'à la frénésie, et qu'on ne pouvait

(1) M. Collins. Son livre contient des renseignements très précieux, et surtout très authentiques.

ni guérir, ni empêcher de se satisfaire. Loin que les condamnés se corrigeassent par leur séjour à Botany-Bay, ce ne fut que dans les premiers temps de l'établissement qu'on aperçut quelques signes d'amendement. Aussitôt que les premiers arrivés eurent fini leur temps de servitude, leur affranchissement amena dans la colonie un esprit de désordre et de dépravation qui sembla s'accroître d'année en année.

D'après cela, si ce système de déportation empêche le délinquant de répéter ses crimes, ce n'est qu'en en transférant le théâtre dans un lieu éloigné, où sa perversité ne fait qu'augmenter; et si, par rapport à une partie de l'empire, on peut appeler cela prévention, le législateur, dont les soins doivent embrasser le tout, n'a pas le droit de lui donner un pareil nom. Quant aux dépenses par lesquelles on achète une si grande somme de mal, nous les trouvons estimées, dans les rapports parlementaires, à plus d'un million sterling en dix ans, ce qui fait trente-huit livres sterling par an pour chaque condamné, outre la valeur de son travail. Enfin, il faut dire que la peine infligée est tout-à-fait différente de celle portée dans la sentence de la loi. Sans parler de la détention qui précède la déportation, ni de l'arrivée, quelquefois, lorsque le terme de la peine est presque expiré, la faculté de revenir après l'expiration n'est accordée qu'à fort peu d'hommes, et à aucune femme. On peut se faire une idée des horreurs et des dangers du voyage, d'après le taux moyen de la mortalité de 1787 à 1795, qui s'éleva à dix sur cent, et une fièvre de prison, chose toujours probable, qui en 1799 enleva cent individus sur trois cents. Si nous examinions l'établissement comme spéculation coloniale, nous trouverions ses profits dans la même proportion; mais cette appréciation serait aussi superflue, après ce qui vient d'être dit, qu'elle serait étrangère au plan de cette enquête.

Étant arrivé en premier lieu à la base des perfectionnements pratiques de M. Bentham, par la route directe, nous y voilà parvenus maintenant par un côté opposé, par le contraste avec le cas où tous les principes sont le plus fortement violés. Les détails les plus amples concernant ces perfectionnements ayant été publiés dans des traités séparés et dans le premier ouvrage de M. Dumont, ne sont point répétés dans le livre que nous examinons; mais on y donne une esquisse générale du plan, pour faire voir sa liaison avec les principes exposés antérieurement, et démontrer ses prodigieux avantages sur le système actuel.

Le panoptique se distingue par trois qualités principales.

1° D'après la forme de l'édifice, et la disposition des cellules, l'inspecteur peut à tout moment voir chaque prisonnier sans en être vu, et peut le diriger sans quitter son poste.

2° L'administration de l'établissement est donnée à l'entreprise, le gouvernement payant un prix fixé pour toutes les dépenses de chaque condamné et l'entrepreneur se réservant tous les profits. Il a la charge entière et la direction du travail; mais il alloue à chaque condamné une portion du produit.

3° L'entrepreneur est constitué assureur de la vie et de la garde des prisonniers. On lui alloue annuellement une certaine somme pour chacun de ceux qui doivent mourir, d'après le taux des tables ordinaires de population; et il doit rembourser à la fin de l'année une somme égale pour chacun de ceux qu'il a perdus par décès ou par évasion.

Si nous ne nous trompons pas, M. Bentham, par son contrat avec le gouvernement, s'était de plus engagé à payer tant par chaque prisonnier qui, après sa libération, se serait fait condamner pour quelque nouveau délit. L'entière publicité de ses comptes était une autre condition sur laquelle il avait insisté. Le panoptique devait être ouvert en tout temps à tous les magistrats, et au public à certaines heures.

En examinant ce plan d'après les règles générales applicables aux peines, on est frappé de la manière dont il s'accorde avec elles toutes. Nous ne nous arrêterons que sur les points les plus saillants de la comparaison. La peine y est exemplaire au plus haut degré ; elle est vue et comprise dans son entier ; elle paraît beaucoup plus rigoureuse qu'elle ne l'est en réalité, parceque les commodités dont jouissent les prisonniers dans leurs relations mutuelles suivant leur amendement ; et qui consistent aussi dans la vie laborieuse, la propreté et le régime sain, contre lesquels ils ont échangé leurs anciennes habitudes, quoique très réelles, ne sont pas de nature à frapper la multitude des observateurs, qui ne voient que le confinement, le travail forcé et l'ignominie. Les effets de ce plan pour réformer les prisonniers sont de toute évidence ; le travail, vers lequel les prisonniers sont en partie attirés par l'allocation d'une portion de produit, la parfaite tempérance de leur régime, la facilité de les diviser en classes suivant les divers degrés de bonne conduite, les moyens d'instruction morale et religieuse qu'offre l'établissement ; toutes ces choses présentent autant de chances pour racheter ceux de ces malheureux qui ne sont pas encore endurcis dans le crime, qu'on peut raisonnablement l'espérer d'une semblable discipline. Pour ce qui regarde la prévention des délits, l'effet du panoptique est complet, tant que les prisonniers y sont renfermés ; et, comme ce n'est que par la réformation du prisonnier qu'on peut se garantir d'une rechute dans le crime, après la libération, on a imaginé un établissement auxiliaire, admirablement combiné pour parer aux premiers dangers de l'élargissement d'un prisonnier. On le transfère dans cette succursale, où il est plutôt sur-veillé que gardé, jouit de divers degrés de liberté d'après sa conduite, et d'où il finit par pouvoir sortir tout-à-fait.

Quant aux dépenses nécessitées par ce plan, on peut s'en former une idée par les conditions du contrat de M. Ben-tham. Chaque prisonnier devait coûter au gouvernement 13 liv. 10 sterling, y compris les frais de construction de l'édifice et l'achat du terrain. Il devait assurer une indem-nité aux parties lésées, allouer un quart des profits aux prisonniers, et, après le premier essai, réduire les frais du gouvernement. Des hommes très versés dans les affaires ne doutaient pas qu'on ne pût promptement faire une réduction considérable, et qu'au bout de très peu d'années les profits ne couvrissent entièrement les dépenses de l'établissement, de manière que les prisonniers ne coûteraient plus rien à l'état.

Tandis qu'en Angleterre on entravait cette expérience par toutes sortes de délais et d'obstacles, que des frondeurs et des gens intéressés, qui se qualifiaient de praticiens et d'en-nemis des théories et des nouveautés, s'appliquaient à dé-créditer ce système, on essayait en Amérique des maisons de pénitence organisées d'après des principes semblables, quoique d'une manière beaucoup moins parfaite, et sans quelques unes des principales dispositions de M. Bentham. On trouve la preuve irréfragable de leurs succès dans les intéressantes relations du duc de La Rochefoucauld Lian-court et du capitaine Turnbull; le premier très versé dans le régime des hôpitaux et des prisons, et l'autre simple obser-vateur ne possédant que les connaissances relatives à sa profession de marin. Tous deux s'accordent à rendre témoignage des résultats avantageux du plan dont il s'agit ; et si nous voulions établir un contraste parfait avec la triste narration de M. Collins, nous ne pourrions certainement mieux faire que de lui opposer les descriptions que ces deux voyageurs ont tracées de la situation des condamnés enfermés dans les maisons de pénitence de New-York et de Philadelphie.

5. Les peines capitales composent la cinquième classe. D'autres auteurs ont traité ce sujet beaucoup plus en détail ; et comme nous avons eu occasion de le discuter assez amplement en parlant des bills de sir Samuel Romilly, nous lui accorderons ici un peu moins d'attention qu'autrement son immense importance l'aurait exigé. Les peines de cette classe consistent, ou à infliger simplement la mort avec le moins de souffrance possible, ou à accompagner de tourments la destruction de la vie. La dernière méthode, qui fut générale à une époque, et qui est encore pratiquée dans la plupart des pays, a été heureusement presque abolie chez les deux nations les plus civilisées. En France, le code Napoléon ne l'autorise que dans les cas de parricide et d'attentat contre la vie du souverain : à la peine de mort est ajoutée celle du poing droit coupé. En Angleterre, il n'y a que le seul cas de haute trahison où de semblables additions soient autorisées. La peine portée par la loi est sans doute barbare à l'extrême ; mais elle est toujours remise, c'est-à-dire réduite à la mort simple. Toutes les cruautés de ce genre ont pour effet d'inspirer la pitié envers le criminel, et de rendre les criminels plus endurcis et plus féroces.

Si l'on examine la peine de mort d'après les règles générales, on trouve qu'elle a sur toutes les autres peines plusieurs avantages importants ; par exemple, sous le rapport de la prévention des crimes et sous celui de l'exemple. Nous tombons d'accord avec l'auteur relativement à ses objections contre la doctrine de Beccaria, qui soutient qu'une peine de longue durée est plus terrible pour le spectateur. Il est clair que rien n'est aussi terrible que la mort. M. Dumont ajoute que la peine apparente est plus forte que la souffrance réelle. D'un autre côté la peine de mort se distingue par quelques défauts majeurs : non seulement elle est dispendieuse, mais encore elle commence à devenir impopulaire; elle est tout-à-fait irrémissible, et au plus haut degré inégale, et n'est pas susceptible de proportion.

On trouve dans ce chapitre une dissertation très bien faite sur la pernicieuse tendance des fréquentes exécutions, sur l'espèce de raisonnement par lequel les criminels, au moment de la tentation, se débarrassent de la crainte de la mort, et sur l'énorme différence entre se livrer à une mort certaine et céder à des impulsions qui peuvent y conduire. Les conséquences fâcheuses qui résultent de ce que cette peine est irrémissible sont aussi très habilement exposées. Cependant nous trouvons que l'auteur a négligé de faire remarquer combien le défaut de rémissibilité ajoute à l'horreur de la peine de mort. Il est manifeste qu'aucune autre peine n'exclut entièrement l'espérance.

En comparant les peines capitales avec les autres, notre auteur donne la préférence aux dernières presque à l'exclusion des premières. Il base cette préférence principalement sur ce que, quelque exemplaire que soit en général l'application de la peine de mort, et quelque profonde que soit l'impression qu'elle fait sur l'esprit de la masse des hommes, elle n'a pas les mêmes terreurs pour la classe de ceux qui sont dans le cas de commettre les crimes les plus odieux, celle des voleurs et des brigands de profession. Nous admettons volontiers que l'application de cette peine devrait être extrêmement limitée ; mais nous différons d'avec l'auteur quand il dit que, pour cette classe d'hommes, l'emprisonnement *perpétuel* et *laborieux* aurait plus de terreurs que la mort. L'extinction totale de l'existence, sans aucune chance d'évasion, de pardon ou de mitigation, doit toujours être la punition des crimes les plus atroces, et en la bornant à ceux-là, il est hors de doute qu'elle deviendra doublement terrible. Les mauvais effets collatéraux de l'abus de la peine capitale ont été si habilement exposés par sir Samuel Romilly, que notre auteur passe rapidement sur ce sujet, en renvoyant à l'ouvrage de ce savant criminaliste. Nous en avons nous-mêmes parlé très longuement dans un précédent article.

Dans beaucoup de cas, les peines portées par la loi ne sauraient être infligées. Ainsi, par exemple, on ne peut imposer une amende à l'homme qui ne possède rien. Dans d'autres cas le condamné refuse de se soumettre à la sentence, comme lorsque le travail en fait partie ; de là la nécessité de peines *supplémentaires* et *subsidiaires*. La première doit toujours être aussi égale que possible à la peine primitive ; la dernière doit toujours être plus forte que celle à laquelle on l'ajoute. Les peines qui conviennent le mieux dans le cas le plus ordinaire, celui du refus de se soumettre à la peine primitive, sont les corrections et autres châtiments corporels. Pour le cas le plus commun d'impossibilité de se soumettre à la peine, celui d'une amende, ce qu'il y a de plus convenable, c'est l'emprisonnement. On prétend qu'une table ou échelle de comparaison entre l'argent et l'emprisonnement peut être établie, en proportionnant la durée du temps de prison à celui qu'il faudrait pour que le revenu ordinaire du délinquant, ou des personnes de la même condition, acquittât l'amende imposée. L'examen des peines subsidiaires termine le second livre de ce traité.

III. Nous voici arrivés à une autre grande division des peines, celles que notre auteur appelle *peines privatives*, et qui consistent plus particulièrement en privations. Elles sont évidemment aussi variées que les objets dont on peut avoir la possession ; mais, de même que ces objets, elles sont susceptibles d'être rangées en trois classes, selon qu'elles emportent la perte de la réputation, de la propriété ou de la condition. L'auteur adopte de nombreuses divisions et sous-divisions qui se rapportent toutes à cette triple classification, et que par conséquent on peut négliger.

1. Les peines qui affectent la réputation d'une personne consistent dans des appels à l'opinion publique, et sont des mesures que prend le législateur pour diriger l'opinion contre cette personne. La simple censure à laquelle elle est exposée est une souffrance, quoique rien autre chose ne doive s'ensuivre ; mais la conséquence naturelle de cette punition, pour celui à qui on l'inflige, est de changer la conduite de ses concitoyens à son égard, et de l'exposer à des outrages ou trop fugitifs ou trop universels pour être prévenus par la loi, et de le priver de bons offices qui n'ont aucun rapport avec la loi.

Les peines infligées de la sorte par la société sont vivement senties par quelques classes, et quoique trop bornées dans leur action pour être généralement afflictives, ou pour tenir lieu de toute autre peine, on peut les employer avec un grand avantage, en les renfermant dans des limites convenables. Le législateur peut les infliger, ou plutôt exposer le délinquant à ce qu'on les lui inflige, soit en déclarant, avec l'autorité inhérente à ses fonctions, que certains actes seront regardés comme infâmes, ou en traitant juridiquement le délinquant d'une certaine manière. On trouve fréquemment des exemples de la première méthode dans les actes des anciennes républiques; la dernière est celle usitée dans les temps modernes. Elle est mise en pratique de différentes manières; par la *publication* du délit; par une *admonition* judiciaire; en infligeant des peines des autres classes, corporelles ou privatives, dont l'objet immédiat n'est pas la perte de la réputation; en infligeant ce qu'on peut appeler des peines *quasi-corporelles* dont le seul objet est l'infamie; par la *dégradation*, c'est-à-dire en privant le délinquant de son rang naturel ou conventionnel; en le décréditant, ou en empêchant son témoignage d'être admis. Il n'y a de peines appartenantes à la classe que nous examinons, que celles dont l'unique objet est d'affecter la réputation, ou dont un des objets est expressément déclaré tel par la loi.

Ces peines ont quelques grands avantages qu'on découvre en les examinant d'après les règles générales. Le principal est qu'elles s'exécutent et se proportionnent elles-mêmes. Une matière très intéressante appartient à cette partie du sujet, savoir: les limites de la puissance du législateur pour diriger et former l'opinion publique. On sait très bien que plusieurs délits, quelque sévèrement qu'on les punisse, sont considérés comme peu ou point infâmes; et cependant, par leur nature, ils appartiennent à la classe de ceux qu'on tient le plus généralement pour ignominieux. La contrebande en est un exemple remarquable. Notre auteur pense que la législature, armée comme elle l'est d'un immense pouvoir, et investie de la plus haute dignité, doit avoir une autorité suffisante pour commander les sentiments du public et l'affranchir de semblables préjugés. Toutefois, dans les cas où l'acte criminel, ou plutôt l'acte défendu, est équivoque, et où les motifs pour le commettre ne sont pas nécessairement honteux, comme celui de libelle, c'est en vain que le législateur voudrait lutter contre l'opinion bien fondée de la masse du

peuple. Le délit est d'une nature trop mixte pour être pas-
sible d'une peine ignominieuse.

2. La classe des peines affectant la *propriété* se compose
des peines *pécuniaires* et *quasi-pécuniaires*, comme les confiscations de terre, etc. Cette classe ne nous arrêtera pas
long-temps. Les peines qu'elle renferme possèdent de grands
avantages sous le rapport de la divisibilité, de l'égalité et
du profit; mais elles sont sujettes à quelques défaut graves,
en ce qu'elles tendent à affecter d'autres que le délinquant,
et qu'elles sont peu exemplaires, excepté dans le cas des confiscations, contre lesquelles d'autres objections seront élevées
ci-après. Quand la peine est infligée par le paiement des frais
de justice, l'exemple est tout-à-fait perdu.

3. La perte de la condition ou *status* est une classe très
étendue, théoriquement parlant, mais en pratique restreinte
dans d'étroites limites. Toutes les conditions qui naissent de
relations créées par les institutions civiles, et même les qualités annexées par ces institutions aux relations naturelles,
peuvent être détruites par le magistrat civil. Le mariage
peut être dissous, les enfants déclarés bâtards; le sang peut
être corrompu (1); les différentes espèce de confiance peuvent être enlevées; une personne peut être réduite en servitude; une commune ou une corporation peut perdre ses
droits ou privilèges. Il y a une autre peine qu'on peut ranger
sous le même chef, mais qui doit être sévèrement réprouvée,
à cause de la manière dont elle a été fréquemment appliquée;
nous voulons parler de la mise hors la loi, soit dans les procès criminels, soit dans les causes civiles. Son extrême inégalité, même comme elle est mitigée aujourd'hui, et sa ten-

(1) *Voyez* dans l'ouvrage même, tome I, pages 356 et 380, des détails
sur ce que les Anglais appellent la *corruption du sang*.

dance à occasioner des infractions aux devoirs moraux de l'homme envers son semblable, sont suffisamment évidentes, et réclament hautement de nouvelles modifications.

4. Jusqu'ici nous nous sommes occupés des peines qui, moyennant quelques restrictions convenables, méritent plus ou moins l'attention d'un sage législateur, à l'exception d'une ou deux, qui, par suite d'une imperfection inévitable dans la classification, nous ont, pour ainsi dire, barré le chemin, quoiqu'on eût pu les rapporter à d'autres classes. Les autres espèces de peines qui nous restent à examiner sont de celles que tous les principes de raison et de sagesse nous commandent d'éviter quand c'est praticable, et de diminuer autant que possible, lorsque, par suite de l'imperfection de toutes les inventions humaines, elles se mêlent aux modes légitimes de punition. D'après le système de l'auteur, ces peines sont rangées en deux classes : les peines *déplacées*, ou qui tombent sur d'autres personnes que le délinquant, et les peines *complexes*, ou qui ne présentent ni au législateur, ni au juge, ni à la partie, ni au public, aucune idée fixe et définie. La première classe forme le sujet du quatrième livre, et la seconde celui du cinquième. La disposition des matières aurait été peut-être plus concise et plus satisfaisante, si ces deux livres eussent été condensés en un seul.

Il faut observer que quelques peines qui, au premier coup d'œil, paraissent déplacées, ne le sont point en réalité. Ainsi celles qui, suivant les règles de la responsabilité civile, sont infligées à une personne pour la faute d'une autre sur laquelle elle avait autorité, ne sont réellement que des peines appliquées à la première par sa négligence coupable à remplir ses devoirs. On doit remarquer en outre que presque toutes les peines affectent plus ou moins d'autres personnes que le délinquant; mais le législateur doit faire tous ses efforts pour

restreindre ce malheureux débordement, si l'on peut parler
ainsi, dans les limites les plus étroites possibles. Ainsi l'on
devrait tenir compte de la condition du délinquant, par rapport à ses relations de famille; et dans tous les cas où une
peine pécuniaire est infligée, on devrait préférer les droits
des créanciers à ceux du fisc.

La classe des peines qu'on appelle proprement *déplacées*
renferme celles que le législateur établit dans l'intention de
punir une autre personne que le délinquant, soit conjointement avec lui, soit à sa place. Elles sont de quatre sortes :
vicaires, quand elles n'atteignent pas le délinquant; *transitives*,
quand on punit à dessein une personne liée avec le délinquant; *collectives*, lorsqu'on frappe un corps d'individus innocents, sur la présomption que le coupable en fait partie;
fortuites, lorsqu'un innocent est puni de même que le coupable, quoique étranger à celui-ci.

Le seul exemple qu'on donne des peines *vicaires*, et le
seul qui existe, à ce que nous présumons, est celui de la
peine appliquée aux familles et aux créanciers des suicides
par la loi anglaise. (1). De même que les autres lois absurdes
et injustes, celle-ci est presque toujours éludée par le parjure des témoins, ou l'exercice de la prérogative du souverain. L'exemple donné des peines *transitives* est la corruption du sang. On ne saurait trouver nulle part, en aussi peu
de lignes, un meilleur exposé de l'absurdité de cette peine.
Elle doit souvent être impraticable, dit notre auteur, faute
de parents sur qui elle puisse tomber. En pareil cas, on est

(1) Les actes rendus à certaines époques par la législature, et qui
portaient condamnation de personnes mortes, appartiennent peut-être
à la classe des peines vicaires. L'Angleterre, l'Écosse et l'Irlande en
ont fourni des exemples; l'Irlande très récemment, et l'Angleterre à la
restauration.

forcé de la remplacer par quelque autre augmentation de la peine principale. Alors, pourquoi ne pas préférer cette augmentation dans tous les cas? Cette peine suppose au délinquant des sentiments que souvent il n'a pas. En pareil cas, elle manque totalement son effet, sans qu'il y ait possibilité de le prévoir. Elle est exorbitante par l'étendue de son action et la variété de maux qu'elle produit. Finalement, elle est en opposition directe avec les sentiments populaires, et les tourne promptement en faveur de ceux que, dans les seuls cas où elle est applicable, l'état est le plus intéressé à rendre odieux. L'ensemble des sciences morales offre-t-il une démonstration plus claire et plus concise? Les cas principaux de l'application des peines collectives sont ceux où des corporations sont punies pour les fautes de certains de leurs membres; mesure qui n'est jamais justifiable, excepté dans le cas difficile à supposer où, les délinquants étant inconnus, le mal résultant de l'impunité serait plus grand que celui de punir des innocents.

La classe des peines *fortuites* est plus féconde en exemples, et trois bien connus sont tirés de la loi anglaise. Le plus remarquable peut être la confiscation des biens-fonds (*free holds*), dans les cas de haute trahison et de félonie. La confiscation, dans ce cas, remonte jusqu'à l'époque où le crime a été commis, et toutes les ventes, cessions et tranferts sont annulés; de sorte qu'un homme peut commettre secrètement un crime et vendre ensuite son domaine à un innocent acquéreur, entre les mains duquel la couronne ou le seigneur le saisit ensuite, en vertu de la condamnation du vendeur; et, comme ses propriétés mobilières et personnelles sont également confisquées, il n'y a pas de compensation à espérer. Les *déodandes* sont une autre espèce d'injustice d'une nature semblable; et la peine d'*inadmissibilité à témoigner* est

manifestement une de celles qui peuvent tomber plus fortement sur des personnes tout-à-fait étrangères au coupable,
que sur le coupable même. D'un autre côté, elle n'est nullement infligée dans l'unique vue de mettre les cours de justice en garde contre les dépositions de mauvais témoins, car
c'est souvent la punition de crimes qui n'ont aucune relation
particulière avec la violation de la vérité. Un des exemples
les plus frappants des inconvénients graves qui peuvent résulter de cette peine, se trouve dans le cas cité par l'auteur,
où un testament relatif à un fonds de terre fut cassé nombre
d'années après que le légataire en avait obtenu possession,
parcequ'on découvrit qu'un des trois témoins exigés par la
loi était frappé de cette incapacité, chose inconnue, comme
de raison, du testateur, et probablement de tous les habitants du lieu où il résidait.

5. Dans le dernier livre, après avoir exposé brièvement les
vices des peines complexes, et fait remarquer que deux
d'entre elles, la *mise hors la loi* et *l'inadmissibilité à témoigner*, ont déjà été examinées, l'auteur procède à l'examen
des deux restantes, *l'excommunication* et la *félonie*.

Relativement à la première, depuis la publication de l'ouvrage, il est heureusement arrivé une circonstance qui dispense de lui accorder toute l'attention qu'autrement elle aurait exigée. Frappés de quelques abus extrêmement graves
dans l'application de cette peine, plusieurs hommes distingués
ont entrepris de lui substituer quelque autre genre de punition. Sir William Scott a présenté un bill au parlement dans
cette vue, et il n'y a pas de doute que le mal ne disparaisse
bientôt.

Sous la dénomination de *félonie*, c'est-à-dire, dans le
langage du jour, la punition des individus considérés comme
félons, se trouvent compris un grand nombre de châtiments

très différents les uns des autres, et notre auteur se plaint
de ce que, lorsqu'on dit qu'un homme est coupable de
félonie, on ne donne aucune idée précise ou intelligible du
crime qu'il a commis. Ceci est vrai sans doute; mais nous
pensons qu'il pousse son objection trop loin, quand il soutient que la punition d'un individu comme félon est une expression également vague et indéfinie.

La félonie comprend deux sortes de peines : l'une capitale,
avec confiscation des propriétés mobilières et immobilières;
l'autre qui n'est pas capitale, mais qui consiste dans la confiscation des biens meubles, et l'application d'une marque à la
main, et à laquelle on peut ajouter, par sentence spéciale,
l'emprisonnement, la déportation ou toute autre peine. Il
n'y a pas de doute que le terme de félonie est devenu tout-à-
fait inutile et même plus qu'inutile, car il semble signifier
quelque chose, lorsqu'en réalité il ne présente aucune idée
distincte. Tout le monde doit convenir qu'une manière beaucoup plus simple et meilleure de statuer la peine portée contre un délit serait de dire tout d'un coup de quoi elle se
compose, et au lieu de déclarer que certains actes sont des
félonies, ce qui n'apprend rien, les défendre, et donner
l'idée précise de ce que doit souffrir celui qui les commet.

Dans l'analyse que nous venons de terminer, il nous a été
impossible de donner même un simple échantillon des développements intéressants répandus avec abondance dans
toutes les parties de ce traité. Il ne manque jamais d'exemples tirés de l'histoire de tous les siècles et de toutes les nations, pour expliquer ou appuyer les propositions générales.
Le livre, sous ce rapport, a une supériorité manifeste sur
le célèbre ouvrage de Montesquieu. Notre auteur n'entasse
pas comme lui dans ses chapitres des faits et des anecdotes
qui, loin d'être subordonnés au plan général pour en dévelop-

per les principes, deviennent, dans beaucoup de cas, l'objet principal. Quiconque a une connaissance même superficielle de *l'Esprit des lois*, doit se rappeler dans combien d'occasions, non seulement une subdivision est établie, mais même une division générale formée, et un principe posé, pour le seul objet d'amener une histoire singulière; et combien peu l'illustre président a l'habitude de considérer la valeur des faits qu'il rapproche les uns des autres. Il s'inquiète également peu du degré d'évidence de ces faits; il les trouve dans un ouvrage imprimé, et c'est assez. Il les note sur ses tablettes, et ils y restent jusqu'à ce qu'il leur trouve une place dans quelqu'un des compartiments du traité, et s'il n'en trouve pas, il faut en faire une, afin qu'ils ne soient pas perdus. Qu'ils viennent de France, du Japon ou du royaume de Bantam; qu'ils soient évidemment possibles, ou bien qu'aucun témoignage ne soit capable de nous les faire croire (comme, par exemple, que dans certains pays il y a dix femmes pour un homme), tout cela ne signifie rien pour lui; ce sont également des faits, et ils doivent être mentionnés avec le même respect (1).

Le lecteur de l'ouvrage de M. Bentham n'a jamais à se plaindre de pareille chose. Il ne rencontre pas non plus des épigrammes et de belles sentences substituées à des propositions philosophiques. En effet un sens clair, rendu par une

_____

(1) «Est-il possible, dit Voltaire, qu'un homme sérieux daigne nous »parler si souvent des lois de Bantam, de Macassar, de Bornéo, »d'Achem; qu'il répète tant de contes de voyageurs, ou plutôt d'hommes »errants, qui ont débité tant de fables, qui ont pris tant d'abus pour »des lois, qui, sans sortir du comptoir d'un marchand hollandais, ont »pénétré dans les palais de tant de princes de l'Asie?» *OEuvres*, tome *XXXV*, page 37. Une croyance implicite de tout ce qu'on lit dans l'histoire ancienne est également indigne d'un homme sérieux.

expression énergique et même souvent rude, forme le trait caractéristique de ses doctrines.

Si nous considérons combien peu de chose avait été fait, dans cette branche de la science de la législation, avant la publication du présent ouvrage et des parties correspondantes des *Traité de législation*, nous apercevrons encore mieux toute l'étendue de nos obligations envers son auteur. Si l'on rassemblait, dit M. Dumont, toutes les remarques sur le même sujet qui se trouvent éparses dans *l'Esprit des lois*, elles rempliraient à peine douze pages. Beccaria, dont le plan embrasse toute la science de la jurisprudence criminelle, n'a donné qu'une simple esquisse de quelques unes de ses parties détachées; et nonobstant la grande libéralité, la hardiesse et souvent la nature judicieuse de ses observations, on est forcé de regretter qu'il ne traite jamais un sujet complètement, et qu'il n'ait pas été un légiste pratique, défaut presque irremédiable. Le grand mérite de M. Bentham est d'entrer pleinement dans son sujet, et de n'en laisser aucune partie sans explication. Il paraît moins redouter l'imputation de minutie et de superfluité, ou même d'être fastidieux et de prouver des choses évidentes, que l'accusation plus sérieuse de traiter superficiellement les objets d'une enquête dont chaque partie est jusqu'à un certain point liée avec le reste.

Sa méthode de manier un sujet qui, par analogie mathématique très peu applicable, a été nommée épuisante (*exhaustive*) (1), est sans doute admirablement calculée pour en assurer la discussion soigneuse et complète. En l'analysant avec attention, séparant toutes ses parties, et les observant chacune isolément, on évite certainement tout risque de confondre ensemble des idées différentes, et de

_____

(1) *Analytique* est un terme plus approprié.

négliger aucune des prémisses qui doivent contribuer à déterminer la conclusion. Toutefois ceux qui attendent davantage d'un semblable mode d'investigation (et nous avons souvent cru apercevoir des symptômes de cette attente chez
M. Dumont) se trompent, probablement par l'effet de quelques idées vagues d'une comparaison avec la marche analytique des sciences mathématiques et physiques. Mais dans les
sciences même qui traitent de la matière et des quantités abstraites, l'investigateur doit se borner à rechercher les res-
semblances et les différences ; il ne peut comparer les choses
qui n'ont pas de commune mesure.

Le chimiste peut dissoudre un corps et le ramener à ses
parties constituantes, et le moraliste peut examiner de quelles
sortes de souffrances une disposition pénale se compose. Mais
si les relations communes de poids et de volume fournissent toujours au premier les moyens d'évaluer les proportions
relatives de divers ingrédients simples, le dernier n'a pas de
semblables termes de comparaison ; il ne peut dire de combien de parties de douleur et de combien d'anxiété se compose l'ensemble d'une peine. De même on peut tout d'un
coup savoir combien il faudrait prendre de parties d'un corps
léger pour surpasser en poids une portion donnée d'un corps
spécifiquement plus pesant ; mais on chercherait en vain une
réponse précise à la question de savoir combien on doit
ajouter à une sorte de peine ou en retrancher pour la rendre
égale à une peine d'une autre sorte. En effet, nous énumé-
rons et examinons, d'après la méthode de M. Bentham,
toutes les circonstances qui militent en faveur d'une certaine
peine ; nous exposons ensuite toutes celles qui lui sont contraires ; mais nous n'avons aucun moyen de comparer exactement
les avantages avec les désavantages, ni de retrancher les uns
des autres et d'établir la balance. Ainsi en choisissant deux

genres de peines, nous pouvons énumérer les circonstances qui doivent faire pencher pour l'une et pour l'autre, mais nous ne pouvons calculer la supériorité de celle-ci sur celle-là, ou de celle-là sur celle-ci, et nous pouvons encore moins trouver quelque ligne moyenne exactement déterminée par l'opération combinée de différentes imitations. Nous sommes dans la situation d'un mathématicien qui, d'après les données qu'offre l'énoncé d'un problème, entrevoit vaguement et généralement les relations qui doivent déterminer la solution, qui aperçoit, par la nature de son équation, que cette solution est renfermée dans certaines limites, qui sait de quelles conditions elle dépend, mais qui ne peut achever le calcul et arriver au résultat. Qu'on ne pense pas, néanmoins, que cette conséquence nécessaire de la nature différente du sujet enlève rien au mérite de M. Bentham, ni que sa méthode soit de peu d'utilité, parcequ'elle ne peut exécuter des choses impossibles. Elle présente à notre vue tout ce qui exige considération, nous remémorie perpétuellement des points sujets à être omis dans les promptes et tranchantes déductions d'investigateurs plus ambitieux, et assure à chaque détail l'attention qui lui est due. Ce n'est pas non plus un petit mérite, que de n'avoir point poussé la méthode plus loin que la nature du sujet ne le permettait. Des esprits inférieurs se seraient facilement laissé entraîner à quelque tentative d'une union extravagante du calcul avec l'énumération, comme ils l'ont été à de bizarres applications des mathématiques à la nosologie et à la morale.

La disposition de toutes les branches du sujet forme une partie nécessaire du plan de l'ouvrage, et prouve une très grande habitude. Elle fournit de moyens de comparaison, assiste la mémoire, conduit à se former des idées claires, et en préparant les plans que doivent occuper les faits, enseigne

à les observer et à se les rappeler. La classification, particulièrement dans la dernière partie de l'ouvrage, est peut-être
poussée un peu trop loin, quelques divisions n'étant en apparence composées que d'exemples uniques, et un certain
défaut d'harmonie se faisant remarquer entre les diverses
parties du sujet. En effet, M. Dumont appuie souvent autant
sur les divisions les plus stériles que sur les plus fécondes en
applications. Toutefois ces imperfections sont peu de chose
en elles-mêmes, et elles résultent en partie de la nature de la
méthode employée par cet écrivain, et en partie, sans doute,
de l'état de morcellement dans lequel il a souvent trouvé ses
matériaux.

Les gens qui ne font que parcourir un ouvrage ont souvent
le malheur de tomber tout d'un coup au milieu d'une des recherches de M. Bentham, et le trouvant occupé à établir une
proposition claire et même de toute évidence, ferment le
livre comme n'étant qu'une collection de démonstrations
d'axiomes. Nous dirons, une fois pour toutes, que ce n'est
pas en s'y prenant de cette manière qu'on peut aimer ni même
comprendre son système. Les parties en sont entièrement
liées, et l'évidence et la simplicité de ses propositions prises
isolément sont précisément ce qui donne aux conclusions leur
justesse extraordinaire.

Un bel-esprit pourrait demander pourquoi le géomètre
l'arrête pour lui dire que le tout est plus grand que la partie;
et quelques philosophes, amateurs de paradoxes, ont tourné
en ridicule la peine que s'est donnée le père de la science
pour prouver que la somme de deux côtés quelconques d'un
triangle est plus grande que le troisième. Cependant, à l'aide
de cette proposition si simple, l'habileté des géomètres qui
lui ont succédé nous a amenés à la magnifique découverte que,
par des méthodes élémentaires, on peut déterminer la place

d'une planète dans le ciel pour un temps donné (1); et la chaîne qui lie les axiomes avec la comparaison des solides, les propriétés des courbes, et l'exposition du système du monde, n'est ni interrompue ni surchargée d'aucun anneau inutile.

Dans l'examen analytique du système des peines que nous avons présenté au lecteur, nous nous sommes efforcés de rendre apparente la connexion entre les premiers principes de M. Bentham, et ses inductions pratiques ou ses résultats définitifs. Nous pensons que personne ne soutiendra que sa méthode est un simple enchaînement de vérités triviales ou une vaine parade de classification stérile, lorsqu'elle nous conduit à une démonstration claire et palpable des imperfections de la principale branche de dispositions pénales connue dans notre pays, et nous met en possession d'un autre mode à y substituer, lequel est inattaquable par le raisonnement, et que l'expérience a prouvé être très efficace. Et si quelqu'un prétendait que les notions relatives à la *déportation* et la connaissance du *panoptique* auraient pu être obtenues indépendamment de la théorie, la réponse est facile; car en admettant cette assertion, il serait encore vrai que celui qui possède les méthodes indiquées par la théorie est toujours à même de les appliquer à chaque cas nouveau qui se présente à son examen. Ici du moins l'analogie entre les sciences morales et les sciences exactes est parfaite. Le géomètre peut, sans employer les méthodes perfectionnées d'invention moderne, réussir heureusement à résoudre un problème difficile; mais qu'il s'en offre un autre à son attention, il n'est pas plus avancé d'un pas vers la solution de ce dernier; tandis qu'un mathématicien très inférieur, à l'aide de ces précieux instruments d'analyse, est prêt à traiter toute

(1) *Voyez* la solution du problème de Kepler par le docteur Kepler.

question qui peut se présenter, sans éprouver le moindre embarras, et avec une certitude raisonnable d'en trouver facilement la réponse.

Nous examinerons plus tard la seconde partie de l'ouvrage de M. Bentham, qui, en effet, forme un traité séparé. En attendant nous le prierons instamment, de même que son habile coadjuteur, de ne pas différer à publier celles des autres parties de son grand système de législation qui sont terminées. Le traité de l'*évidence* (1) est peut-être celui qu'on attend avec l'impatience la plus vive et la plus générale. Les recherches de cette nature procurent un plaisir qui fait plus que contre-balancer la peine qu'elles demandent. Outre le charme attaché aux spéculations abstraites, celles-ci ont une relation intime et constante avec les plus précieux intérêts de l'espèce humaine; et à une époque où, de toutes parts, on ne voit guère que démoralisation et corruption, qu'apostasie ou bassesse, il y a peut-être plus de sagesse que d'égoïsme à partager l'apathie générale avec laquelle on paraît envisager tout cela, et à diriger notre curiosité sur des siècles écoulés ou des objets différents de ceux que nous avons sous les yeux.

(1) Mot qui, dans l'acception anglaise, signifie la masse des preuves juridiques dans un procès.

FIN.

TABLE DES CHAPITRES

CONTENUS DANS LE TOME PREMIER.

FIN DE LA TABLE DES CHAPITRES
DU PREMIER VOLUME.

www.ingramcontent.com/pod-product-compliance
Lightning Source LLC
Chambersburg PA
CBHW052056230326
41599CB00054B/2898